新出简帛与古文字古文献研究

赵平安 著

商务印书馆
2019年·北京

图书在版编目(CIP)数据

新出简帛与古文字古文献研究/赵平安著.—北京：商务印书馆,2009(2019.5重印)
ISBN 978-7-100-06597-9

Ⅰ.①新… Ⅱ.①赵… Ⅲ.①简(考古)-中国-文集②帛书-中国-文集 Ⅳ.①K877.04-53

中国版本图书馆CIP数据核字(2009)第032884号

权利保留,侵权必究。

XĪNCHŪ JIĂNBÓ YǓ GǓWÉNZÌ GǓWÉNXIÀN YÁNJIŪ
新出简帛与古文字古文献研究
赵平安 著

商 务 印 书 馆 出 版
(北京王府井大街36号 邮政编码100710)
商 务 印 书 馆 发 行
北 京 冠 中 印 刷 厂 印 刷
ISBN 978-7-100-06597-9

2009年12月第1版　　开本 850×1168 1/32
2019年5月北京第2次印刷　印张 13⅜
定价:39.00元

目　录

序 ·· 1

新出简帛与古文字考论

释甲骨文中的"🜨"和"🜪" ·· 3

[附一]　从语源学的角度看东周时期鼎的一类别名 ············ 10

[附二]　谈一种铸有齐文字的楚国金币 ······························ 20

[附三]　从畀字的释读谈到畀族的来源 ······························ 27

续释甲骨文中的"乇"、"舌"、"祜"

　　——兼释舌(舌)的结构、流变以及其他古文字资料中

　　　从舌诸字 ··· 37

战国文字的"遬"与甲骨文"䢼"为一字说 ······························ 42

从楚简"娩"的释读谈到甲骨文的"娩幼"

　　——附释古文字中的"冥" ·· 47

从失字的释读谈到商代的佚侯 ·· 56

甲骨文"🝆"即"曷"字说

　　——兼谈羯的族源 ·· 65

"達"字两系说

　　——兼释甲骨文所谓"途"和齐金文中所谓"造"字 ············ 77

［附］"达"字"针"义的文字学解释
　——从一个实例看古文字字形对词义训诂研究的
　　　特殊重要性 ………………………………………………… 90
关于及的形义来源 ………………………………………………… 97
释古文字资料中的"叜"及相关诸字
　——从郭店楚简谈起 ……………………………………………… 106
释"鞞"及相关诸字 ………………………………………………… 114
释"罙" ……………………………………………………………… 121
释"杳"及相关诸字
　——论两周时代的职官"醢" ……………………………………… 124
战国文字中的盐及相关资料研究 ………………………………… 131
战国文字中的"宛"及其相关问题研究 …………………………… 143
两种汉代瓦当文字的释读问题 …………………………………… 155
秦至汉初简帛文字与假借改造字字源考证 ……………………… 163
秦汉简帛通假字的文字学研究 …………………………………… 171
汉字形体结构围绕字音字义的表现而进行的改造 ……………… 183
隶变对汉字的影响
　——以实例阐析汉字重要转变期之现象 ………………………… 210

新出简帛与古文献求索

《穷达以时》第9号简考论
　——兼及先秦两汉文献中比干故事的衍变 ……………………… 237
楚竹书《容成氏》的篇名及其性质 ………………………………… 248
《容成氏》所载"炮烙之刑"考 ……………………………………… 255
上博藏楚竹书《竞建内之》第9至10号简考辨 …………………… 260

对上古汉语语气词"只"的新认识……………………………………267
周家台30号秦墓竹简"秦始皇三十四年历谱"的
定名及其性质
　——谈谈秦汉时期的一种随葬竹书"记"…………………276
新出《史律》与《史籀篇》的性质……………………………287
"君子不重伤"正解……………………………………………298
"大布黄千"的读法及其蕴义
　——学术史中的一件个案研究……………………………307

新出简帛释读研究

河南淅川和尚岭所出镇墓兽铭文和秦汉简中的宛奇………317
释曾侯乙墓竹简中的"䋽"和"桿"
　——兼及昆、黾的形体来源………………………………326
夬的形义和它在楚简中的用法
　——兼释其他古文字资料中的夬字………………………332
释包山楚简中的"衙"和"遳"………………………………339
试释包山简中的"笣"…………………………………………343
释郭店简《成之闻之》中的"迖"字…………………………350
上博藏《缁衣》简字诂四篇……………………………………354
上博简《三德》"毋累贫"解读………………………………357
睡虎地秦简"伊阙"、"旅=札"新诠…………………………363
云梦龙岗秦简释文注释订补
　——附论"书同文"的历史作用……………………………369
"足下"与"马足下"
　——尹湾汉简词语札记之一………………………………379

尹湾汉简地名的整理与研究 ………………………………… 383
汉简中有关印章的资料 …………………………………… 393

后记 ………………………………………………………… 416

序

赵平安教授将其近年论著辑集修订,汇成《新出简帛与古文字古文献研究》一书,即由商务印书馆出版。他把书的校样送给我看,翻阅一过,深深感到所收内容尽管大多数是我以前在报刊上读过的,然而集中在一起,更显示出他在学术研究上的风格特点。用我的感受来说,就是在踏实的训练、广博的知识基础上,善于及时探讨新的发现,提出新的见解,使自己站在学科发展的前沿。

1993年,我曾为赵平安教授的《隶变研究》初版写序。当时他还在河北大学中文系任教,已经就七十年代以来出土的简牍帛书做了较深入的研索。那段时间有一系列重大的简帛发现,例如临沂银雀山汉简、长沙马王堆帛书、云梦睡虎地秦简等等,都在学术界造成轰动,而其所属时代主要是秦至汉初这一中国文字演变嬗化的关键时期。怎样从商周古文变革成为汉以下的所谓"今文",是非常重要的问题,但是过去材料缺乏,学者想要研究也无法着手,上述这些简帛正好属于这个段落,为研究者提供了机遇。赵平安教授的《隶变研究》把握住这一机会,探讨新的发现,提出新的见解,于是取得了显著的成功。

九十年代初,曾有学者叹息简帛出土一时沉寂,似乎七十年代开始的盛况已归衰歇。谁想就在1993年,荆门郭店楚简发现的消息,迅速传遍国内外学术界。随后,1994年又有上海博物馆入藏的楚简。这两批简以及其他一些新出材料，在九十年代末激起了新一轮研究讨论的热潮，越过世纪，迄今未衰。

郭店简、上博简等一系列楚简的出现，进一步补充了中国文字发展研究中的又一薄弱环节，便是战国时期东土六国，特别是楚国的文字。经过王国维先生以来许多学者的长期探索，战国时"言语异声，文字异形"，而当时文字大别为西土即秦，东土即六国已成定论，而六国古文在许多方面较之秦的文字更接近商与西周的文字。及至秦并兼六国，在文字方面也推行强力统一的政策，"罢其不与秦文合者"，六国古文遂被废弃，汉以下的"今文"，后世所说真草隶篆，一概出自秦的文字。即使是汉初的孔安国，晋世的荀勖、束晳，看到那时发现的"孔壁中经"、"汲冢竹书"，释读也非易事，况且宋代以下，汉晋古文之学也湮没失传了。战国楚简的出现，正又为研究者提供了机遇。

《新出简帛与古文字古文献研究》这部书，充分表明赵平安教授再次把握了新的机遇，而且是更广泛地探讨新的发现，提出新的见解。特别值得注意的是，他不仅对简的文字进行释读，对简的内容作出分析，而且自简上文字解读出发，上溯商西周，下及秦汉，对特定文字的整个演变过程提出看法。如书中"新出简帛与古文字考论"部分，多据简文推论商代甲骨文中的疑难文字，有不少精彩出人意外之处，很值得推荐给读者们。再有《秦至汉初简帛文字与假借改造字字源考证》到《隶变对汉字的影响》等几篇，可说是他《隶变研究》的深入继续。至于"新出简帛与古文献求索"、"新出简帛释读研究"两部分，就更多涉及文献学、历史学了。

2008年秋，清华大学新入藏了一批战国竹简，在媒体上通称为"清华简"。这批简和郭店简、上博简一样，内容都是书籍，但郭店简、上博简是以儒道学术著作为主,而清华简多系经、史之类典籍,性质有所不同,可说为研究者又提供了新的机遇。使我们高兴的是,赵平安教授已来清华,参加这批简的整理研究工作。相信在今后若干年内,读者会不断看到他新的研究成果。

李学勤

2009年10月20日于清华园

新出简帛与古文字考论

释甲骨文中的"㿝"和"㿞"

㿝在卜辞中出现频率很高,异体也不少,如果不计正反(朝向),大致可以归纳为四种:

a. 㿝(《合集》8496)、㿝(《英》589 正)

b. 㿝(《合集》6427)、㿝(《合集》6483 正)

c. 㿝(《合集》811 正)、㿝(《合集》6504)

d. 㿝(《合集》32 正)、㿝(《合集》10094 正)

a 最为常见,应是较早的写法,b、c 是简体,d 是繁体。

这个字孙诒让释台、林义光释旨、叶玉森释椒、郭沫若释勺[①]、丁山释由、平心释俞、于省吾释庐[②]、郑杰祥释古[③]。以于说影响最大,从者最多。于先生说:"按各家所释,均属臆测。又古玺文㿝字数见(玺征附三二),丁佛言说文古籀补补入于附录,并谓'或者为古庐字'。按丁说是也,但不知其字之源流,故不作肯定之词。甲骨文㿝字乃庐字的初文。庐字孳乳为危,戴侗六书故谓庐即危字。说文庐作庐,并谓:'庐,仰也,从人在厂上。一曰,屋栭也,秦谓之

---

* 本文写作过程中得到李学勤先生的帮助,谨致谢忱。

① 俱见于省吾:《释庐》,载《甲骨文字释林》,中华书局,1979 年,第 17—19 页。

② 以上各说参看于省吾主编:《甲骨文字诂林》,中华书局,1996 年,第 3308—3310 页。

③ 郑杰祥:《商代地理概论》,中州古籍出版社,1994 年,第 364 页。

梱,齐谓之𢉩'。按许氏据已讹之小篆分为两说,均误。其实,𢉩字本象欹(俗作欹)器之形。荀子宥坐:'孔子观于鲁桓公之庙,有欹器焉。孔子问于守庙者曰,此为何器?守庙者曰,此盖为宥坐之器。孔子曰,吾闻宥坐之器者,虚则欹,中则正,满则覆。孔子顾谓弟子曰,注水焉。弟子挹水而注之,中而正,满而覆,虚而欹'。杨注:'欹器倾欹易覆之器。'"[①]于先生立论的基础是古玺中的𢉩,然而这个字是否𢉩字,与甲骨文𢉩又是否一字,是有疑问的。特别是释为𢉩后,甲骨文相关文例也得不到合理的解释。其他各说则更无理据。

实际上,解决问题的线索就在两周文字当中。

我们知道,由于朱德熙和李家浩先生的努力[②],战国文字乃至西周金文中的所谓"弁"和从"弁"的字得以释出,相关文例遂得以通读。这是一项重要的创获。但过去对"弁"形的分析仍然存在一些问题。

朱先生认为𢍰(天星观楚简)字下方所从像人戴冠冕之形,即《说文》训"冠也"的冕字,或体作弁,"冕"即"笲"字。李家浩先生把侯马盟书中"改"上一字的不同写法归纳为五组:

A组:

1. 𢍰 𢍰

2. 𢍰 𢍰

3. 𢍰 𢍰

[①] 于省吾:《释𢉩》,载《甲骨文字释林》,中华书局,1979年,第17—18页。
[②] 参看李家浩:《释"弁"》,《古文字研究》第一辑,中华书局,1979年,第391—395页。

B组：　〓〓

C组：　〓

D组：　〓〓

E组：　〓〓

在朱先生说的基础上分析道:"我们认为侯马盟书 C 所从左旁就是'兜',而〓和〓则是'兜'字简省的写法。《说文》'兜'字籀文作〓,或体作〓,即'弁'字。我们知道,古文字中作为偏旁的'廾'可以省作'又',因此盟书 A 组的写法应与'弁'字相当。如果我们把 B、D、E 各组中的〓或〓看成是〓、〓之省,那么 B、D、E 三组应分别隶定为:敉、愍、弁。不过我们也可以把〓和〓分析成从'又'从'兜'省,采取这种看法,A、B、D、E 四组则应分别隶定为:叞、敳、慁、兜。"①

李家浩先生把〓〓分析为"从'又'从'兜'省",是不对的,实际上它就是兜字。〓到〓的演进过程,从下列箄字的异体中可以看得很清楚:

〓〓〓〓(《楚系简帛文字编》第 362—363 页)

侯马盟书 B、C 组字也应直接隶作兜,古文字从攴从又是相通的。C 组左边下方的一小画,只是中笔偶尔延长而已,和 E 组第二个字中笔延长相似。

《说文》把弁当作"兜"的异体,可能是后来通用的结果。弁本有自己的形体来源,汉印作:

----

① 参看李家浩:《释"弁"》,《古文字研究》第一辑,中华书局,1979 年,第 391—395 页。

▦(～严之印,《馨室所藏玺印》)

▦(～多,《湖南省博物馆藏古玺印集》515 号)

▦(～之右尉,《文物》1998 年第 8 期,第 45 页)

汉帛书作:

㝬(《五十二病方》21)

但它的形义尚需作进一步的研究。

值得注意的是,在两周文字里,兜总有一种省去又、支或卄的写法。如江陵天星观楚简有人名"兜丑",兜一作㝬,一作㝬。侯马盟书"……而敢或兜改助及㝬(奂)",兜或作㝬,或作㝬(＝为羑刬)。师酉簋中的"㝬月夷",与师询簋的"兜口夷"相对,前者作㝬,后者作㝬①。这充分说明兜可以分析为卄(或又、或支)和㝬(或㝬、或甴)两部分,后者可以读为兜。

甲骨文中有㝬字(《合集》8501 反,《屯》264),辞残,用法不明。多数人认为是㝬的繁构。我们认为,甲骨文中的㝬和㝬㝬㝬相当,㝬和㝬㝬甴相当。演进序列如下:

㝬(《前》7.38.1)——㝬(师询簋,《集成》4321)——㝬(《侯马盟书》77:4)

㝬(《合集》8501)——㝬(《信阳楚简》2.07)——㝬(天星观楚简)——㝬(《汉印文字征》11.18)②——㝬(《说文》卷八兜)

㝬读为兜,卜辞中的用法可以一一落实。

㝬最主要的用法是下㝬,如:

---

① 师酉是询的父亲,两器铭文中册命各项每每可以对应。请参看李学勤:《师兑簋与初吉》,载《中国古文字研究》第一辑,吉林大学出版社,1999 年,第 39—50 页。

② 《汉印文字征》卷十一,第 18 页有㝬,原隶作鲵,所从即兜,应释为鲲。

1. 乙卯卜,殷贞:王比望乘伐下～,受虫又。(《合集》32 正)

2. 癸丑卜,亘贞:王叀望乘比伐下～。(《合集》811)

3. 辛巳卜,争贞:今者(?)王勿比望乘伐下～,弗其受虫又。(《合集》6487)

4. 辛丑卜,殷贞:今者(?)勿乎比望乘伐下～,弗其受虫又。(《合集》6518)

5. 辛丑卜,宾贞:令多纴比望乘伐下～,受虫又。(《合集》6524 正)

6. 丁巳卜,宾贞:尞于王亥十凸,卯十牛,三青,告其比望乘正下～。

(《合集》6527 正)

7. 贞:……比兴方伐下～。二告。(《合集》6530 正)

8. ……宾贞:烬人伐下～,受虫又。……月(《合集》10094 正)

下凸当即下辩(辩凸上古声韵相同)。《史记·曹相国世家》:"项羽至,以沛公为汉王。汉王封参为建成侯。从至汉中,迁为将军。从还定三秦,初攻下辩、故道、雍、斄。"下辩,《汉书·地理志》称"下辩道",王莽称杨德,属武都郡,故治在甘肃成县西,曾是少数民族聚居之地。

卜辞说"王比兴方伐下凸",说明下凸可能与兴方相近。饶宗颐先生考证"兴方"即《说文》之䣹,唐代的兴州,其地在陕西略阳一带[①],正与下辩毗邻。

---

① 饶宗颐:《卜辞中之危方与兴方》,载《徐中舒先生百年诞辰纪念文集》,四川联合大学历史系编,巴蜀书社,1998 年,第 22—25 页。

卜辞又有🔲方:

9. 己酉卜,㱿贞:～方其业囚。二告。(《合集》8492)

10. ……用～方囚于匕庚,王宾。(《合集》28092)

11. 癸未贞:甲申～方用自上甲。(《合集》32026)

12. 丁未贞:王令卯途(编按:此字作者后改释为达)～方。(《合集》32229)

13. 庚辰贞:令乘望途～方。(《合集》32899)

14. 癸亥贞:～方以牛其蒸于来甲申。(《合集》33191)

"🔲方"与"下🔲",或以为两个方国[①],或以为一个方国的异称。当从后一种说法。"下🔲"多见于第一期卜辞,"🔲方"多见于三、四期卜辞,可能是不同时期,称谓有别。

第五期征尸方卜辞亦有🔲:

15. 丁丑王卜贞:今日步截,亡灾。

庚辰王卜,在～贞:今日步于叉,亡灾。

辛巳王卜,在叉贞:今日步于沚,亡灾。

(《合集》41768)

16. 戊寅王卜,在截贞:今日步于～,亡灾。(《东京》940)[②]

这个🔲应读为卞(弁兑通用,卞是弁的异体),为古县名,《汉书·地理志》属鲁国,故治在今山东泗水东部。泗水地处山东南部,正是征尸方所经之地。

---

① 赵诚:《甲骨文简明词典》,商务印书馆,1988年,第144页。
② 饶宗颐先生认为此片与上引《合集》41768片可以缀合,详饶宗颐:《卜辞中之危方与兴方》,载《徐中舒先生百年诞辰纪念文集》,四川联合大学历史系编,巴蜀书社,1988年,第22—25页。

把字音和字形综合起来看,ᘙ很可能是筹的本字。《仪礼·士昏礼》:"妇执笲枣、栗,自门入。"郑玄注:"笲,竹器而衣者,其形盖如今之筥。"《礼记·昏义》:"赞见妇于舅姑,执笲枣、栗、段脩以见。"陆德明释文:"笲,器名,以苇若竹为之,其形如筥,衣之以青缯,以盛枣、栗、腶脩之属。"包山楚简遣策有"梼脯一笲"、"一笲腤(脩)"、"庶鸡一笲"、"四笲飤"、"囗一栗又笲"、"一缱笲"等语,笲所显示的用法比从前训诂学者解释的要宽。这是因为古人注书往往随文而注,泥于具体用例,不能恰当地提升到一般。对于这种情况,应当特别加以注意。

(原载《文物》2000 年第 8 期)

[附一] 从语源学的角度看东周时期鼎的一类别名

东周时期鼎的自名中,有称作緐者,如:

1. 唯正月初吉丁亥,郘王之子庚儿自作飤緐,用征用行,用龢用鬻,眉寿无疆。(庚儿鼎,《集成》2715、2716)

庚儿鼎共有两件,铭文相同,属于春秋中期。自名緐,《说文·糸部》:"马髦饰也。从糸,每声。《春秋传》曰:'可以称旌緐乎!'緐,緐或从弁。弁,籀文弁。"① 段玉裁注:"马髦,谓马鬣也,饰亦装饰之饰。盖集丝缘下垂为饰为緐,引申为緐多,又俗改其字作繁。俗形行而本形废,引申之义行而本义废矣。"② 张舜徽曰:"许所引《春秋传》,乃哀公二十三年《左传》文。今作'其可以称旌繁乎!'杜注云:'繁,马饰,繁缨也。'"③ 緐和繁是一对古今字。

更多的时候写作䤿:

2. 楚子赸之飤䤿。(楚子赸鼎,《集成》2231)

3. 曾孙无㝎自作飤䤿。(曾孙无㝎鼎,《集成》2606)

4. 唯正月初吉丁亥,蔡太师腆媵鄔叔姬可女飤䤿,用祈眉寿迈年无疆,子子孙孙永宝用之。(蔡太师腆鼎,《集成》2738)

5. 唯正月初吉丁亥,养子曰自作飤䤿,其眉寿无期,子孙永保用之。(养子曰鼎,《中原文物》2006年第5期第8页图一)

---

① 许慎:《说文解字》,中华书局,1963年,第276页。
② 段玉裁:《说文解字注》,上海古籍出版社,1981年,第658页。
③ 张舜徽:《说文解字约注》,河南人民出版社,1983年,卷廿五,第36页。

6. 中义君自作飤䵼。（中义君鼎，《集成》2279）

7. 唯正八月初吉壬申，苏公之孙宽儿择其吉金自作飤䵼，眉寿无期，永保用之。（宽儿鼎，《集成》2722）

8. 七月丁亥，乙自作飤䵼，其眉寿无䡇，永保用之。（乙鼎，《集成》2607）

9. □子沱之飤䵼。（□子沱鼎，《集成》2239）

这些鼎时代多在春秋晚期至战国时期。䵼字，《说文》所无，可理解为从鬲，鬵声。䵼本作𩰫，右上部分可释勹，也可释夗①。夗和鬵古音同部，可作鬵的声符。本文为了行文的方便，仍依惯例隶作䵼。

有时也写作鬵：

10. 邓公乘自作飤鬵，其眉寿无期，永保用之。（邓公乘鼎，《集成》2573）

11. 佣之飤鬵。（佣鬵鼎，两件，《淅川下寺春秋楚墓》第105页图85）

分别属于春秋中、晚期。鬵，从鼎，鬵声。

鬵、䵼、鬵可以称为鬵系字。据汉字孳乳演变的一般规律，参考实际行用的状况，作为鼎的自名，大约先借鬵为之，䵼、鬵是在借字上增加偏旁的结果。鬵字从鼎，强化和印证了鬵作为鼎的自名的性质。

除鬵系字外，鼎的自名还写作钣：

---

① 关于夗的古文字字形，请参看刘钊：《释甲骨文中从夗的几个字》，《第二届国际中国古文字学研讨会论文集续编》，问学社有限公司，1995年，第153—172页；刘钊：《释金文中从夗的几个字》，《中国文字》新十九期，中国文字社，1994年，第195—205页；赵平安：《战国文字中的宛及其相关问题研究——以与县有关的资料为中心》，《第四届国际中国古文字学研讨会论文集》，信雅达印制公司，2003年，第529—540页；何琳仪、徐在国《释蒑》，《文字学论丛》第二辑，崇文书局，2004年，第255—258页。

12. 癹孙宋之飤钣。(癹孙宋鼎,《保利藏金》第137—138页)

癹又见于上海博物馆所藏倏戒鼎,《说文》未收,《玉篇》列为古文弼字,《广雅·释诂》解释为"击也"①。从文字和器形风格看,这件鼎明显属于春秋晚期南方某国。癹作为国族名,只能在这一范围内寻求。钣,李零、董珊先生有专门考证。他们说:"这件鼎的'飤钣'可读为'飤繁',繁、反皆唇音元部字,例可通假,如《说文》卷十一'鲦读若饭'即其证。因此,这也是自名为'飤繁'的一件鼎。"②两位先生认为钣读为繁,可从。《尔雅·释器》:"鉼金谓之钣。"郭璞注:"《周礼》曰'祭五帝,即供金钣'是也。"陆德明释文:"钣,本亦作版。"③钣作鼎名,也属于假借。

要指出的是,过去多把"飤(食)鲦(鍴、鐑、钣)"作为一个整体看作鼎的自名,而且认为是一类特殊形制的鼎的专名,李零、董珊先生正是沿袭了这种看法。实际上飤(食)只是一个修饰词。《说文》把飤食别为二字。郫孝子鼎器文作飤而盖文作食,显示飤食是一对异文。张日升曰:"食飤当为一字,食从倒口在皂上,飤更从人,其义一也,歓从倒口(从今声乃会意字声化)在西上,欮更从欠,亦一也。飤与食、欮与歓,其构造正相类。飤食古音并在之部,阴阳对转。"④张说可从。金文食、飤常修饰器名,"食彝"、"食簠"、"飤器"、"飤鼎"、"飤鼯"、"飤鈃"、"飤镐"、"飤盨"、"飤甗"等,⑤数以十计。"飤(食)鲦(鍴、鐑、钣)"与之相类,是一个偏正词组,"飤

---

① 陈佩芬:《释倏戒鼎》,《第三届国际中国古文字学研讨会论文集》,问学社有限公司,1997年,第317—320页。
② 保利艺术博物馆:《保利藏金》,岭南美术出版社,1999年,第138页。
③ 郝懿行:《尔雅义疏》,中国书店,1982年,中之二第18页。
④ 转引自陈初生编纂:《金文常用字典》,陕西人民出版社,1987年,第571页。
⑤ 张亚初编著:《殷周金文集成引得》,中华书局,2001年,第592—593页。

（食）"起修饰作用，"䰰（䤾、䰰、䭃）"才是器名。在春秋楚器中，自名"䰰（䤾、䰰、䭃）"的鼎，形制并不完全相同，在类型学上可以属于不同的亚型①；而形制完全相同的鼎，可以称为"䰰（䤾、䰰、䭃）"，也可以称为䥝、䥝②，这说明"䰰（䤾、䰰、䭃）"也不是一类特殊形制的鼎的专名，而只能看作鼎的笼统的自名。

䰰、䤾、䰰、䭃要么是借字，要么是在借字上产生的增累字，这就给弄清语源带来了困难。以往有释䭃③、释䰰训丰盛④之说，都没有什么坚强的证据。

䰰、䤾、䰰、䭃的语源可以结合下列铭文来考察。

13. 子陕□之孙□□□□行𠙴。（子陕□之孙鼎，《集成》2285）

春秋鼎。𠙴也是鼎的自名。或释为䚘⑤。从字形看，确实可以释为䚘，但不能讲通文例。实际上它和师酉簋导字上部所从，和侯马盟书导字简体写法相同（详下文），应释为导。导和兑是一个字的分化。我曾在李家浩先生《释弁》⑥一文的基础上，先后释出甲骨文的兑、楚国金币中的彭和汉晋印章中的导⑦，比较

---

① 朱凤瀚：《古代中国青铜器》，南开大学出版社，1995年，第900—901页。
② 同上书，第900页。
③ 杨权喜：《襄阳山湾出土的鄀国和邓国铜器》，《江汉考古》1983年第1期，第53页引陈邦怀说。
④ 朱凤瀚：《古代中国青铜器》，南开大学出版社，1995年，第902页。
⑤ 如容庚：《金文编》，中华书局，1985年，第847页；于省吾：《甲骨文字释林》，中华书局，1979年，第69—71页。
⑥ 李家浩：《释"弁"》，《古文字研究》第一辑，中华书局，1979年，第391—395页。
⑦ 赵平安：《释甲骨文中的"𠂇"和"𠂆"》，《文物》2000年第8期，第61—63页；《释楚国金币中的"彭"字》，《语言研究》2004年第4期，第35—37页；《从导字的释读谈到导族的来源》，《中国文字学报》第一辑，商务印书馆，2006年，第92—99页。

清晰地描写出兒的演变谱系。

简体：

▽(《前》7.38.1)——▽(师询簋，《集成》4321)——▽(《侯马盟书》77：4)

先在空处加一横，然后竖笔贯穿横笔到底部。这种写法，秦代书同文时被废弃了。

繁体：

(《合集》8501反)（信阳楚简 2.07）（战国玉璜箴铭①）（《说文》卷八兒）

(《合集》8501反)（师酉簋，《集成》4288、4289）（《侯马盟书》1.21）

(《说文》卷六𦥑)

很显然，小篆分化为兒和𦥑。演变为兒的一路，上部空处加横，两边裂开，下部廾省作又，又讹变为人②。演变为𦥑的一路，上部同简体之变，而后从中裂开，下部廾省作又。由于兒和𦥑是一个字的分化，所以对于它们的早期写法，隶作兒和𦥑都是可以的。下面为了行文的方便，一般隶作兒。

在《释甲骨文中的"▽"和""》一文中，我曾指出：

---

① 裘锡圭：《战国文字释读二则》，《于省吾教授百年诞辰纪念文集》，吉林大学出版社，1996年，第154—158页；李学勤：《释战国玉璜箴铭》，《于省吾教授百年诞辰纪念文集》，吉林大学出版社，1996年，第159—161页。

② 滕壬生：《楚系简帛文字编》，湖北教育出版社，1995年，第362—363页。

在两周金文里，竟总有一种省去又、攴或廾的写法。如江陵天星观楚简有人名"竟丑"，竟一作🔣，一作🔣。侯马盟书"……而敢或竟改助及𠂤（灷）"，竟或作🔣，或作🔣（＝为羑划）。师酉簋中的"🔣月夷"，与师询簋的"竟□夷"相对，前者作🔣，后者作🔣。这充分说明竟可以分析为廾（或又、或攴）和🔣（或🔣、或🔣）两部分，后者可以读为竟①。

其实它们一个是繁体，一个是简体，都是竟字，两种写法曾长期共存。简体竟的某些写法，东周时与畄已经混同。依《说文》，竟的籀文作🔣，或体作弁②。甲骨文🔣是一个独体象形字。"把字音和字形综合起来看，🔣很可能是笲的本字。《仪礼·士昏礼》：'妇执笲枣、栗，自门入。'郑玄注：'笲，竹器而衣者，其形盖如今之筥。'《礼记·昏义》：'赞见妇于舅姑，执笲枣、栗、段脩以见。'陆德明释文：'笲，器名，以苇若竹为之，其形如筥，衣之以青缯，以盛枣、栗、段脩之属。'包山楚简遣策有'梼脯一笲'、'一笲脮（脩）'、'庶鸡一笲'、'四笲飤'、'囗一栗又笲'、'一缯笲'等语，笲所显示的用法比从前训诂学者解释的要宽。"③笲是一种盛食物的竹器或苇器，是圆形的，有提梁④，🔣正是它的象形，提梁的表现手法和卣的象形字有异曲同工之妙⑤。由于和鼎功能、形制上有相似之处，所以用笲来表示鼎。竟上面的行是鼎的修饰语，金文有"行鼎"、"行鬲"、

---

① 赵平安：《释甲骨文中的"🔣"和"🔣"》，《文物》2000年第8期，第61—62页。
② 许慎：《说文解字》，中华书局，1963年，第177页。
③ 赵平安：《释甲骨文中的"🔣"和"🔣"》，《文物》2000年第8期，第63页。
④ 吴秋辉遗稿，张乾一辑校，袁兆彬校补：《侘傺轩文存》，齐鲁书社，1997年，第321—322页。
⑤ 徐中舒：《汉语古文字字形表》，四川辞书出版社，1981年，第177页。

"行簠"、"行盂"、"行盆"、"行盘"、"行匜"、"行戈"、"行戟"、"行钟"等说法①。用竹器名表示青铜器，和郢太府铜量、燕客铜量自名"筲"相同。筲，郢太府铜量原作笯，裘锡圭先生已指出是筲的异体②，燕客铜量原作从斗、少声，冯胜君先生认为也是筲的异体③。筲或作箱，《说文·竹部》："箱，陈留谓饭帚曰箱。从竹，捎声。一曰饭器，容五升。一曰宋魏谓箸筲为箱。"④两件铜量恰是容五升的圆筒形器⑤。筲、箱从竹，表明原来应指竹器。

14. 朕所造𠦪鼎。中胾。(朕鼎，《集成》2302)

战国晚期器。鼎前一字也是𠦪。𠦪鼎犹言筲一样的鼎。𠦪（筲）和鼎的关系，颇似盂和鼎。盂是食器，由于形制和用途与鼎相似⑥，所以鼎可以称盂（原从金从盂，是盂的加旁字，鄁公平侯鼎，《集成》2771—2772），也可以称盂鼎（卫鼎，《集成》2616，痎鼎，《集成》2742）。

从读音和功能两方面考虑，𩰫、鎃、𩰬、钣都应读为𠦪（笲、弁）。它们都是元部字，声母都是唇音。古代𩰫、反声系和𠦪（笲、弁）声

---

① 张亚初编著:《殷周金文集成引得》，中华书局，2001年，第492—494页。

② 裘锡圭:《关于郢太府铜量》，《文物》1978年第12期，第73页；又收入《古文字论集》，中华书局，1992年，第490页。

③ 冯胜君:《论郭店简〈唐虞之道〉、〈忠信之道〉、〈语丛〉一——三以及上博简〈缁衣〉为具有齐系文字特点的抄本》，北京大学中国语言文学系博士后出站报告，2004年，第267页。

④ 许慎:《说文解字》，中华书局，1963年，第96页。

⑤ 安徽阜阳地区展览馆文博组:《安徽凤台发现楚国"郢太府"铜量》，《文物》1978年第5期，第96页；裘锡圭:《关于郢太府铜量》，《文物》1978年第12期，第73页；又收入《古文字论集》，中华书局，1992年，第490页。李零:《楚燕客铜量铭文补正》，《江汉考古》1988年第4期，第102—103页。

⑥ 张亚初:《殷周青铜鼎器名、用途研究》，《古文字研究》第十八辑，中华书局，1992年，第285页。

新出简帛与古文字考论　17

系多通用。如緕的或体作䋣，从糸䆄声①；䉋从泉緕声，读若饭（从食反声）②；饭或写作饙（从食弁声）③。兑是笋的本字。緕、䤔、䉋、钣共同的语源极可能就是笋。

保利艺术博物馆收藏一对西周时期的铜盨，盖器同铭。甲盨盖铭："白敢㝬䋣作宝簋，其万年子子孙孙其永宝用。"甲盨器铭："白敢㝬作宝簋，其万年永宝用。"（《保利藏金》第93—94页）其中㝬、㝬和师酉簋写法相同，是兑（䇂）字。䋣是䋣的异体字。緕字《说文》说"从糸每声"，段玉裁改为"从糸每"，曰："各本下有声字，非也。今删。每者，艸盛上出，故从糸每会意。"④緕的古文字字形，一般从每从糸，有时写作从女从糸⑤，像女人编发之形。引申表示马鬣，表示繁多。䋣所从为緕之异体，用人取代每或女，像侧立之人编发之形。厂为声符，和䋣所从夗都是元部字。王世民先生考释盨铭时指出，白敢㝬和䋣可能是名和字的关系⑥，极是。古人名和字往往意义相因，透露出兑和緐有意义上的联系。

和兑一样，緕、䤔除独用表示鼎外，也与鼎连用，如：

15. 唯正月初吉丁亥，楚叔之孙以邓择其吉金，铸其緕鼎，永宝用之。（以邓緕鼎，《淅川下寺春秋楚墓》第8页图五）

这是春秋晚期鼎，緕鼎和兑鼎相当（编按：自名"緕鼎"的还有与子□鼎，出土于四川茂县牟托一号石棺墓，属于春秋中晚期。见《四川茂县牟托一号石棺墓及陪葬坑清理简报》，《文物》1994年第

---

① 许慎：《说文解字》，中华书局，1963年，第276页。
② 同上书，第239页。
③ 朱起凤：《辞通》，上海古籍出版社，1982年，卷十四阮第50页。
④ 段玉裁：《说文解字注》，上海古籍出版社，1981年，第658页。
⑤ 董楚平：《吴越徐舒金文集释》，浙江古籍出版社，1992年，第84—86页。
⑥ 保利艺术博物馆：《保利藏金》，岭南美术出版社，1999年，第96页。

3期,第4—40页)。

16. 唯八月初吉乙亥,蔡子夒择其吉金自作䥅鼎,其眉寿万年无疆,子子孙孙永宝用之。(蔡子夒盏,《江汉考古》1993年第3期图版贰1、2)

这件器属于春秋中期偏早或春秋早期偏晚。器形为盏,自名䥅鼎,是因为盏来源于鼎[1]。同一来源的器物,像盘匜、簠盨等,名称往往可以替代[2],因为它们在某种程度上具有同质的特点。例16中盏和鼎可以视为同质的,当中的䥅鼎和例14中的甝鼎相当。

从上面的论证看,东周金文中的鋉、䥅、鑐、鈑、甝记录语言中的同一个词,语源是笲,应当是可以肯定的。

鋉、䥅、鑐、鈑、甝表示鼎,时代多在春秋中期到战国晚期,地域在江淮流域的南方诸国(如徐、楚、曾、蔡、养、苏、邓等)[3],具有明显的时代和地域特点,是青铜器铭文中特别值得关注的现象。以我们现在的认识水平,可以把它们定性为东周时期楚文化范畴或受楚文化影响的现象。从湖北荆门包山、江陵望山、江陵观音垱和河南信阳长台关等地出土的楚简知道,战国时期楚国还在大量使用笲这种器物。由此可见,在楚地,用笲作鼎的自名是有广泛的社会基础的。

最后有必要提一下春秋时的居簋(《攈古录金文》二之三、八

---

[1] 张昌平:《襄阳县新发现一件铜盏》,《江汉考古》1993年第3期,第43页;陈剑:《青铜器自名代称、连称研究》,《中国文字研究》第一辑,广西教育出版社,1999年,第355页。

[2] 赵平安:《铭文中值得注意的几种用词现象》,《古汉语研究》1993年第2期,第9—10页。

[3] 张亚初指出:"中原的苏国鼎之称食繁,可能是受楚文化的影响所致。"见所著《殷周青铜鼎器名、用途研究》,《古文字研究》第十八辑,中华书局,1992年,第286页。

五)。铭文最后说"余铸此鎺儿",有学者把它看作簋自名鎺的例子。我们认为"鎺儿"是这件簋的私名。楚公逆钟"厥名曰叚和"①,秦公镈钟"其名曰协邦"②,两周铜器往往有私名。所以过去认为鎺是鼎簋自名的说法应予更正。

(本文曾提交"学艺兼修·汉学大师——饶宗颐教授九十华诞国际学术研讨会"(2006.12.13—15,香港),并在会上宣读。后发表于《考古》2008年第12期)

---

① 刘彬徽:《楚系青铜器研究》,湖北教育出版社,1995年,第289—291页。
② 王辉:《秦铜器铭文编年集释》,三秦出版社,1990年,第28—32页。

[附二]　谈一种铸有齐文字的楚国金币

战国时期,楚国使用过一种钤有

印记的金币。这种金币在河南扶沟古城村①和襄城北宋庄村都有发现②,上海市博物馆也有收藏。但所见不过数件,堪称凤毛麟角,十分宝贵。

金币上的印记,字画清晰可辨。旧多以为一字,释作颎或颕,也有人释作蕭。由于形体远隔,几乎无人信从。1980年代,李学勤先生把它隶作"少贞",读为"小鼎"③,对后来的研究者产生了很大的影响。何琳仪先生从之读作"琐钉"。以为琐为地名,在安徽霍邱,"钉"是经过冶炼的金版,"琐钉"即琐地的金版④,黄锡全先生认为:"此说较诸说显然合理一些。楚地有'沙汭',金币之'少(沙)'也可能与沙水、沙汭有关。'少贞'读'沙钉',即沙地铸行之金版。琐与沙汭,均沙水流经处,……均在楚都寿春周围。然究竟应该定在何处,还有待证实。"⑤黄先生也是认同"少贞"的隶定

---

① 河南省博物馆、扶沟县文化馆:《河南扶沟古城村出土的楚金银币》,《文物》1980年第10期,第61—64页。
② 郭建邦:《河南襄城县出土一批古代金币》,《文物》1986年第10期,第87—88页。
③ 李学勤:《东周与秦代文明》,文物出版社,1991年,第319页。
④ 何琳仪:《古币丛考》,文史哲出版社,1996年,第252—254页。
⑤ 黄锡全:《先秦货币通论》,紫禁城出版社,2001年,第353页。

的。只是又提出了一种新的可能性。

应该说,隶定为"少贞"有一定的依据,读为"琐钉"或"沙钉"也颇有理致。但疑问也是很明显的。譬如:一、印记左右两半比较紧凑,大致上占据一字的位置,存在着一字的可能性;二、印记还有另外一种写法作𣆀,右边所从不是"少",而是"彡";三、所有楚金币印记分简繁两式,简式仅为地名,繁式为"地名+币名",币名称"爯"或"金",不称"钉"①。因此我觉得,把它隶作"少贞",解释为"地名+钉",并不妥。还不如看作一个字,解释为地名更为直接。

我们知道,夏韵线韵录《古尚书》"变"作𣆀,敦煌本《尚书》、《尚书释文》残卷和日藏岩崎本隶古定《尚书》作𣆀,日藏内野本隶古定《尚书》和薛季宣《古文尚书训》作𣆀。这些不同版本《尚书》中的所谓"变"可以统一隶作彭。

彭的左边来源于古文字的㝯。

经过学者们考证②,㝯的演进序列已经明确:甲骨文作𤕒,金文作𤕒,战国文字作𤕒、𤕒,汉印作𤕒。彭字左边和㝯一脉相承,已成共识。右边的"彡",或以为欠的讹误③,或以为支的讹变④,或以为是饰笔⑤,一时难以论定。然而不管"彡"来源为何,也不管彭相当于

---

① 赵平安:《商周时期金属称量货币的自名名称及其嬗变》,"中国历史汉字整理与研究"国际学术研讨会,上海华东师范大学,2003年12月13—14日;《中国文字研究》第四辑,广西教育出版社,2003年,第103—107页。

② 参看李家浩:《释"弁"》,《古文字研究》第一辑,中华书局,1979年,第391—395页;赵平安:《释甲骨文中的"𠂤"和"𠂤"》,《文物》2000年第8期,第61—63页。

③ 黄锡全:《汗简注释》,武汉大学出版社,1990年,第320—321页。

④ 徐在国:《隶定古文疏证》,安徽大学出版社,2002年,第73页。

⑤ 林志强:《古本〈尚书〉文字疏证(七则)》,载曾宪通主编:《古文字与汉语史论集》,中山大学出版社,2002年,第315页。

后世的什么字①，彭都可以分析为从宽声，宽、变古音相近可通②。《尚书》中的彭是变的通假字。

回过头来看楚金币上的▢和▢，可以发现它们和彭在形体上有诸多联系。我曾指出：

> 在两周文字里，宽总有一种省去又、支或廾的写法。如江陵天星观楚简有人名"宽丑"，宽一作▢，一作▢。侯马盟书"……而敢或宽改助及肉（纳）"，宽或作▢，或作▢（＝为羡划）。师酉簋中的"▢月夷"，与师询簋的"宽□夷"相对，前者作▢，后者作▢。③

实际上在甲骨文里宽也有两种繁简不同的写法④。币文左边与宽之简体相近。战国以后宽字中部确有从两横者，如前引传抄古文。币文左边多一横正是字形演变的结果。因此币文左半可视为宽之简体。右边和彭所从或相同或相近。在《籀韵》里，頯字或作頔，其中"彡"讹作"分"⑤，战国文字"分"的写法和币文▢右边极为相似，有时候甚至到了从字形上难以分开的程度⑥。闵字，《古文四声韵》作▢，《隶续》卷四录魏三体石经作▢，所从"彡"变成四撇。情形和币文▢相似。可见，▢字右边的所谓"少"系由"彡"变来，币文此字应释为彭。

---

① 林志强认为这个字就是宽字，此说颇有道理，但证据不足。详所著《古本〈尚书〉文字疏证（七则）》。
② 李家浩：《释"弁"》，第391—395页。
③ 赵平安：《释甲骨文中的"▢"和"▢"》，第62页。
④ 同上。
⑤ 徐在国：《隶定古文疏证》，第191页。
⑥ 何琳仪：《战国古文字典》，中华书局，1998年，第1357—1359页；汤余惠主编：《战国文字编》，福建人民出版社，2001年，第54页；张守中等：《郭店楚简文字编》，文物出版社，2000年，第11页。

依据《说文》,覍之异体作弁①。《玉篇·皃部》:"覍,弁也。"《读书杂志·荀子第六·礼论》:"覍今经传皆作弁。"古书弁、卞通用。《左传·成公十八年》"弁纠御戎",《经典释文》:"弁,本又作卞。"《国语·楚语上》"鲁有弁费。"《国语补音》:"弁,《内传》作卞。"《汉书·杜钦传》:"《小卞》之作可为寒心。"今本《诗经》"小卞"作"小弁"。《孔子家语·曲礼子贡问》"卞人有母死而孺子之泣者"孙志祖《书证》:"《礼记·檀弓》作弁人,卞弁通。"类例甚多。楚币上的彭当读为卞。

卞为古地名,商代甲骨文已经出现。如:

丁丑王卜贞:今日步截,亡灾。

庚辰王卜,在卞贞:今日步于叉,亡灾。

辛巳王卜,在叉贞:今日步于沘,亡灾。

(《甲骨文合集》41768)

戊寅王卜,在截:今日步于卞,亡灾。

(《东京大学东洋文化研究所藏甲骨文字》940)

这两例都是第五期征尸方卜辞,卞是商王征尸方所经之地。春秋时成为鲁邑。《春秋·僖公十七年》:"夫人姜氏会齐侯于卞。"杜预注:"卞,今鲁国卞县。"《左传·襄公二十九年》:"季武子取卞。"杜预注:"取卞邑以自益。"《汉书·地理志》鲁国下有卞县,颜师古认为"即春秋僖十七年夫人姜氏会齐侯于卞者也"②。地在今山东泗水东部。

据《史记》,鲁顷公二十四年,楚考烈王伐灭鲁③。但是卞地为

---

① 许慎:《说文解字》覍字下,中华书局,1998年,第177页。
② 班固:《汉书》卷二十八下,中华书局,1962年,第1637页。
③ 司马迁:《史记》卷三十三,中华书局,1982年,第1547页。

楚所有，可能早到楚惠王四十四年（公元前 445 年），"是时越已灭吴而不能正江、淮北；楚东侵，广地至泗上。"①这些记述，可以作为郢币铸造年代的参考。

往岁在山东南部的费县、菏泽、日照、峄县等地，甚至北到临淄，都出土过楚国"郢爯"和"陈爯"金币②。"郢爯"和"陈爯"是从山东境外输入到山东境内的楚币，"郢"字金币不同，是在山东本地铸造的。它的出现应在楚国占领下地之后。

还要注意的是，楚币中"郢"的写法，与楚文字有一定距离（从左边的写法判断），却和前述《尚书》传本属于一路。这一现象颇值得寻味。

黄锡全先生根据前人的研究，对《尚书》的流传作过系统的梳理，他指出：

> 从先秦到唐代，《尚书》的文字、版本和内容，经历了多次的变化和曲折的历史。经历代学者的不断研究，《尚书》流传的情况大致是这样：先秦的《尚书》亡于秦火，汉初伏生所传《今文尚书》亡于晋朝，西汉中叶孔安国所献《古文尚书》亡于唐朝，只有刘宋时期（东晋）出现的伪《古文尚书》流传到现在。而这部伪书，唐玄宗于天宝三年（公元 744 年）命卫包将其中的"古文"改为楷书，开成年间刻成《唐石经》（又称《开成石经》），从此，《尚书》变成了我们今天见到的模样，伪《古文尚书》传至隋唐之际出现有两种本子：一种是陆德明提到的"宋齐旧本"，有徐邈、李轨等人的《音释》。此本奇字较少，从晋代

---

① 《史记》卷四十，中华书局，1982 年，第 1719 页。
② 赵德馨：《楚国的货币》，湖北教育出版社，1996 年，第 144—146 页。

到唐代天宝初，流传的主要原是这一本，陆德明、颜师古、孔颖达等人所用的就是此本。另一种就是段玉裁所说的"伪中之伪本"。此本陆德明于《经典释文·序》中认为"穿凿之徒，务欲立异，依傍字部，改变经文，疑惑丛生，不可承用"。段玉裁认为，"此则自唐以前久有此伪书，盖集《说文》《字林》、魏石经及一切离奇之字为之"（《古文尚书撰异序》）。此本传至五代，郭忠恕定《古文尚书》及《释文》。《汉简》中的《古文尚书》可能就是取自这个传本，只是将其中的"隶古定字"仿流传之"古文"写成所谓"蝌蚪文"。传至宋代，吕大防得本于宋次道、王仲至家，晁公武将其刻石于成都，薛季宣据以作《古书文训》。这个唯一的隶古定刻本（薛本）现保存于《通志堂经解》。近代在敦煌发现的唐写本以及日本保存至今的古写本中，包含有上述两种本子。伪《古文尚书》虽然伪，但它积聚了几百年来人们称引的《尚书》和今古文经师的解说，在《尚书》学上有很高的成就。书中保存了一部分真的《古文尚书》，那就是从郑玄注本中抄来的三十一篇（在伪本中成为三十三篇），其中保留的"古文"字体的结构，仍为今天研究商周历史和古文字的珍贵资料。[①]

从黄先生的叙述可以知道，前引《尚书》的几个本子虽然都出自伪《古文尚书》，但它们和真的《古文尚书》有着千丝万缕的联系，也就是说，伪《古文尚书》保留着真本的一些内容。大家知道，真的《古文尚书》出自孔壁，为孔子后人为避秦禁学而藏，原本大约是用

---

① 黄锡全：《汗简注释》，第34—35页。

齐系文字书写的[①]。楚币"郙"和《尚书》传本写法相似透露出一个深层信息:卞地原来属鲁,是使用齐系文字的区域,币文写法与《尚书》相似,是一种必然的现象。

(2003年8月初稿,2004年2月改讫)

(原名《释楚国金币中的"郙"字》,载《语言研究》2004年第4期,有删节,以现名载《考古学研究》第六辑,科学出版社,2006年。今据后者收入本集)

---

① 何琳仪:《漫谈战国文字与齐系货币铭文释读》,《古币丛考》,台北文史哲出版社,1996年,第2页;杨泽生:《孔壁竹书的文字国别》,《中国典籍与文化》,2004年第1期,第73—77页。

[附三]　从𤉩字的释读谈到𤉩族的来源

在汉、魏、晋时代,有一批由中央朝廷颁发给某少数民族统治者的印章,计二十余枚,七个品种:

1. 汉△邑长(《秦汉南北朝官印征存》1260号,图一、1)
2. 汉归义△邑长(同上书 1543 号,图一、2)
3. 魏率善△邑长(同上书 1500 号,图一、3)
4. 魏率善△佰长(同上书 1501 号,图一、4)
5. 晋归义△王(同上书 1866 号,图一、5,又 1867—1868 号)
6. 晋归义△侯(同上书 1869 号,图一、6,又 1868—1873 号)
7. 晋率善△仟长(同上书 1874 号,图一、7,又 1875—1883 号)

例中首字是颁印的国名,归义、率善是封号,邑长、佰长、仟长是官名,侯、王是头面人物的称号。用△表示的字是族名,原作

等形。因为结构与某些隶书叟相近(如汉末《刘衡碑》搜字偏旁),古代又有叟族,一般释作叟[1](sǒu)。

现在看来,这种释法是有问题的。

在同时期印文中,叟有两种写法,一作

---

[1] 袁日省、谢景卿、孟昭鸿:《汉印分韵合编》,上海书店,1979 年,第 286—287 页;叶其峰:《我国古代叟族的印章》,《文物》1980 年第 9 期,第 77—81 页;罗福颐主编:《秦汉南北朝官印征存》,文物出版社,1987 年,第 221、262、327—330 页。

之形,"汉叟邑长"(《秦汉南北朝官印征存》1256,图二、1,又1257—1259、1261—1262、1544)、"汉叟仟长"(同上书1263,图二、2)、"叟陷阵司马"(同上书790,图二、3)指叟族①,"虎步叟搏司马"(同上书1520—1521)用为搜捕的搜②。另一种作

之形,在私印中作偏旁(如《汉印文字征》3.9 謏、6.5 㮗、《汉印文字征补遗》7.6 瘦)。前一种和秦简㪯③(《睡虎地秦墓竹简》图版《为吏之道》12)结构相同,与《说文》㪯结构相似,远绍商代甲骨文㪯④,是比较早出的写法。后一种在前一种基础上连笔而成,情形和印文需(《汉印文字征》8.2 儒、13.4 繻、14.16 孺所从)相类,是汉简㪯(《居延汉简》图版之部445,4.6A)㪯(同上)的来源。可见过去对印文两种叟的释读是可信的,族名用比较原始的写法,也和古文字用字习惯相符。

汉、魏、晋时期,中央朝廷颁发给少数民族统治者的印章,风格都比较整饬。族名倭奴、滇、越、匈奴、鲜卑、羌、青羌、胡、卢水、屠各、夷、氐、蛮、丁零、乌桓、賨、僰、夫余、高句骊等,写法雷同,极少结构上的差异。这是由颁印本身的严肃性和重要性决定的。这种大气候下,不大可能同一族名会有两种差别很大的写法。

---

① 叶其峰:《我国古代叟族的印章》,《文物》1980年第9期,第77—81页;罗福颐主编:《秦汉南北朝官印征存》,文物出版社,1987年,第140、220—221、266页。

② 瞿中溶:《集古官印考》卷十《三国》"虎步叟搏司马"条下,文物出版社,1979年。

③ 此字照片不很清晰,诸家摹写往往有误,如张守中《睡虎地秦简文字编》(文物出版社,1994年)第41页,何琳仪《战国古文字典》(中华书局,1998年)第234页。

④ 詹鄞鑫:《释甲骨文"叟"字》,《语文论丛》(五),上海教育出版社,1997年,第58—65页。

入印篆文,秦书八体称"摹印",王莽六书称"缪篆",是一种特殊用途的篆文。它的主体来源于小篆,虽受到隶书影响①,但程度有限。以隶释篆需作具体分析。叟字隶书虽然可以写成《刘衡碑》那样,但印文叟无论单用还是作偏旁,都与△有别。

东汉至三国,族名△和叟区别井然,从不相混。东汉既有"汉叟邑长"(《秦汉南北朝官印征存》1257,图二、1)又有"汉△邑长"(同上书1260,图一、1),三国既有"叟陷阵司马"(同上书790,图二、3)又有"魏率善△邑长"(同上书1500,图一、3)。持续的区别表明,△和叟不可能是一个字。

因此△字需要重加考释。我们认为应立足于篆文系统,把它释为尋。

大徐本《说文》巢部:"曑,倾覆也。从寸,臼覆之。寸,人手也。从巢省。杜林说以为贬损之贬。"②小徐本写法相同③。例1—7中的△和这个字完全一致,应当是一个字。但这篆文有争议,需要作些说明。

段玉裁据许慎说解和《玉篇》、《广韵》、《集韵》、《类篇》把曑改作曑④,蒋冀骋《说文段注改篆评议》予以肯定⑤。也有学者不赞成,如徐灏曰:

　　臼象巢形,从又持丨覆之,指事。各本篆体皆同。其下从

---

① 马国权:《缪篆研究》,《古文字研究》第五辑,中华书局,1981年,第261—290页;赵平安:《秦西汉印的文字学考察》,《康乐集》,中山大学出版社,2005年,第84—91页。
② 许慎:《说文解字》,中华书局,1998年,第128页。
③ 徐锴:《说文解字系传》,中华书局,1987年,第124页。
④ 段玉裁:《说文解字注》,上海古籍出版社,1981年,第275—276页。
⑤ 蒋冀骋:《说文段注改篆评议》,湖南教育出版社,1993年,第89页。

又而说解云从寸,既曰臼又曰从巢省,皆歧异。盖此篆隶变为叟,与俗书老叟无别,故后人改从寸作尋,因并改许说耳。《玉篇》《广韵》作尋,去其直画,尤非许意。据《系传》云,臼与丨即巢之省,则篆文本有直画明矣。段氏遽改篆作𦥔,亦轻率也。[1]徐灏的批评是中肯的。

《汉书·司马相如传》引《上林赋》：“此不可以扬名发誉,而适足以尋君自损也。”颜师古曰：“尋,古贬字。”[2]《文选》李善本作尋,晋灼曰：“尋,古贬字也。”[3]《史记》《文选》五臣乙本、六臣本作"贬"[4]。尋是尋的省变。卢文弨校定《逸周书·度邑解》：“尋从殷王纣。”朱右曾《逸周书集训校释》：“尋,读为孔贬之贬,坠也。”《史记·周本纪第四》引作"贬从殷王受"。尋字上部和《说文》小篆结构相同,下部于又下加笔为寸。古文字又、寸往往通用,通常是又演变为寸[5]。或许篆文本来就有一种异体从寸。《上林赋》和《逸周书》的异文表明,《说文》篆文尋字形可靠,杜林以为贬损之贬确有所据。

鉴于上述,应当维护大小徐本尋的篆形。事实上,如果往上追溯,还能找到篆文尋更早的渊源。

侯马盟书👤、👤,过去一般释为兜,通改变的变[6]。这一释法不

---

[1] 徐灏：《说文解字注笺》,甲午(1894年)初雕本,卷六下第14页。
[2] 班固：《汉书》,中华书局,1962年,卷五十七上《司马相如传》第二十七上,第2547页。
[3] 萧统编、李善注：《文选》,中华书局,1977年,卷第八《上林赋》,第123页。
[4] 费振刚、胡双宝、宗明华：《全汉赋》,北京大学出版社,1993年,第69页。
[5] 参看高明：《古文字类编》,中华书局,1980年,第59—63页;徐中舒《汉语古文字字形表》,四川辞书出版社,1981年,第109—113页。
[6] 李家浩：《释"弁"》,《古文字研究》第一辑,中华书局,1979年,第391—395页。

仅符合侯马盟书"甹改"或"改甹"一词的含义,也满足曾侯乙墓编钟音调名的解释①,以及新出古文字资料的解释,应该说是很正确的意见。唐兰在《侯马出土晋国赵嘉之盟载书新释》中认为此字即"甹"字,在《说文》中误为"覍","甹改"的意思是"颠覆和变改"②。唐说没有提出更具体的证据,几乎无人采信。其实唐先生指此字即《说文》覍与释甹并不矛盾,因为甹和覍本来就是一字的分化。从语音上看,甹在帮母元部,覍在帮母谈部③,两字声母相同,韵部主要元音相同,仅韵尾略异,语音关系密切。在上古汉语里,两部字可以通用。如贬在谈部,辩辨在元部,贬可以与辩辨相通④。从形体上看,综合已有的研究成果,甹的演变序列可以描写如下⑤:

(《合集》8501反)　(信阳楚简2.07)　(战国玉璜箴铭⑥)　(《说文》卷八覍)

下部由"廾"省作"又","又"又讹变成"人"。"又"讹变为"人"是由楚简笄⑦字所证实了的。

---

① 曾志雄:《侯马盟书"敳"字的文字学内涵》,《第二届国际中国古文字学研讨会论文集》,问学社有限公司,1993年,第379页。
② 唐兰:《侯马出土晋国赵嘉之盟载书新释》,《文物》1972年第3期,第32页。
③ 此字归部从朱骏声(《说文通训定声》,武汉市古籍书店,1983年,第140页)、唐作藩(《上古音手册》,江苏教育出版社,1982年,第7页)。但也有古音学家把它归入侵部(如陈复华、何九盈《古韵通晓》,中国社会科学出版社,1987年,第315页)。
④ 高亨:《古字通假会典》,齐鲁书社,1989年,第103页。
⑤ 李家浩:《释弁》,《古文字研究》第一辑,中华书局,1979年,第391—395页。赵平安:《释甲骨文中的" "和" "》,《文物》2000年第8期,第61—63页;《释楚国金币中的"彭"字》,《语言研究》2004年第4期,第35—37页。
⑥ 裘锡圭:《战国文字释读二则》,《于省吾教授百年诞辰纪念文集》,吉林大学出版社,1996年,第154—158页;李学勤:《释战国玉璜箴铭》,《于省吾教授百年诞辰纪念文集》,吉林大学出版社,1996年,第159—161页。
⑦ 滕壬生:《楚系简帛文字编》,湖北教育出版社,1995年,第362—363页。

尋字演变可构拟为：

（《合集》8501 反）　（师酉簋，《集成》4288、4289）　（《侯马盟书》1.21）　（《说文》卷六尋）

下部由"廾"省作"又"，上部演变可与甹、巢[①]合观。

这样看来，覔、尋原只是一字异体，小篆里一分为二。覔、尋情形与盡、盡相似[②]。由于覔、尋原只是异体关系，所以小篆以前古文字中的相关字形释作覔或尋都没有本质的区别，并不会影响对原文的理解。如侯马盟书 、 ，隶作尋，照样可以通"变"。

覔或尋从甲骨文开始有一种省掉下部廾或又的写法。商代甲骨文 （《合集》8501 反）或作 （《前》7.38.1），西周金文 （师酉簋，《集成》4288、4289）或作 （询簋，《集成》4321）。卜辞"下覔"和"覔方"，一般认为是同一方国的不同称呼，商王朝西方的敌国。我们曾考证，下覔就是《汉书·地理志》武都郡的下辨道[③]。师酉簋和询簋是一对父子所作器[④]，师酉簋"尋月夷"和询簋"覔 夷"相对，所指相当。陈梦家考释询簋"畀 尸"时指出：

> 师酉簋作畀月尸，故知 与月义应相通。师酉簋六铭，三作身，三作月。《说文》曰"月，归也"，月尸犹服夷，应为某一性

[①] 徐无闻：《甲金篆隶大字典》，四川辞书出版社，1991年，第304页，第402页。

[②] 盡收在《说文》皿部，解释为"器中空也。从皿，隶声"，盡收在《说文》血部，解释为"气液也。从血，隶声"（《说文解字》，中华书局，1963年，第104—105页）。这两个字都是真部字，声母同为齿音，古音很近。在侯马盟书宗盟类里，两字用法无别，《侯马盟书》（山西省文物工作委员会编，文物出版社，1976年，第348页）和《战国文字编》（汤余惠主编，福建人民出版社，2001年，第319页）一并归于盡下，作为一字处理，是可取的。

[③] 赵平安：《释甲骨文中的" "和" "》，《文物》2000年第8期，第61—63页。

[④] 容庚：《商周彝器通考》（上），哈佛燕京学社，1941年，第55页。

质之夷。它与𢽳应该同义。此字与昶簋"宗彝一叙"相同,后者假为肆,《说文》作𨽍。《周礼·师氏》注"故书隶作肆,郑司农云读为隶"。《武威汉简》大射八十五简"东隶",今本作东肆,八十六简"肆仆人",今本作隶仆人。由此可证肆(𨽍)与隶通用,而金文之𢽳应是隶字,肙尸、𢽳尸即是隶夷。[1]

又说"冄是夷族名"[2],是西北的少数民族。陈先生隶作冄的字,就是我们分别隶作叟和叜的字。

汉魏晋印文中的叜族,和商代卜辞叜方、西周金文叜肙夷、叜𢽳夷中的叜、叜有着一脉相承的联系。叶其峰说:

> 汉代的叟族主要有两支:一支居住在四川南部、云南北部的益州郡。《后汉书·光武帝纪》注引《华阳国志》说:"武帝元封二年(公元前112年)叟夷反,将军郭昌讨平之,因开为益州郡。"类似的记载又见于《汉书·武帝纪》:元封二年,"又遣将军郭昌、中郎将卫广发巴蜀兵平西南夷未服者,以为益州郡。"《汉书》所说的"西南夷未服者",参照《华阳国志》记载,显然也是指叟族。叟族的另一支居住在川北的武都郡。《华阳国志·汉中郡》说武都郡有"氐傁,多羌戎之民。其人半秦,多勇鸷,出名马、牛、羊、漆、蜜。有瞿堆百顷,险势,氐傁常依之为叛。汉世数征讨之。"傁即叟,这里的叟族与氐族连称氐傁,应是叟人与氐人杂居的缘故。从它们的出产分析,当是游牧民族。[3]

魏晋时代,叟、傁仍见于文献。《华阳国志·南中志》记载:"章

---

[1] 陈梦家:《西周铜器断代》(上册),中华书局,2004年,第285—286页。
[2] 同上书,第286页。
[3] 叶其峰:《我国古代叟族的印章》,《文物》1980年第9期,第77页。

武三年(225年),越巂叟大帅高定元称王,恣睢,遣(都督)[斯都耆帅]李承之杀将军梓潼焦璜,破没郡土。"同书《大同志》:太安元年(302年)"尚遣叟兵袭骧,破之。"同书《李特雄期寿势志》:"泰宁元年(323年),越巂斯叟反","咸和元年(326年)夏,斯叟破"。这里的叟或斯叟属于四川南部、云南北部的一支。《华阳国志·汉中志》武都郡条:元康八年(298年)"氐傁齐万年反,郡罹其寇";永嘉(307—313年)初,杨茂搜"率种人为寇",以武都为据点,"并氐傁如一国";咸康四年(338年)杨茂搜之侄杀盘、毅兄弟篡位。这些傁是武都一系的傁。值得注意的是,汉以后武都傁发生了新的迁徙。《华阳国志·汉中志》:建安二十四年(218年),"魏益州刺史天水杨阜治此郡。阜以滨蜀境,移其氐傁于汧雍及天水、略阳。"又阴平郡"土地山险,人民刚勇。多氐傁,有黑、白水羌、紫羌,胡虏风俗、所出与武都略同。"同书《大同志》:元康八年(298年)"略阳、天水六郡民李特及弟庠、阎式、赵肃、何巨、李远等,及氐叟、青叟数万家,以郡土连年军荒,就谷如汉川。"《晋书·怀帝纪》:"支胡五斗叟郝索聚众数千为乱,屯新丰。"这里的叟、傁都是武都叟的迁转或衍化。

四川南部、云南北部的叟即印文䛃、䛃。"汉叟邑长"(《秦汉南北朝官印征存》1256—1259、1261—1262、1544)、"汉叟仟长"(同上书1263)属东汉,"叟陷阵司马"(同上书790)可能是三国遗物[1]。

叟和傁是一字的不同写法,先有叟,后有傁[2]。我们认为武都的叟就是印文中的䛃、䛃、䛃,本是篆文叜的隶写,因与叟(sǒu)同形,误成叟(sǒu),为了区别益州叟,又加人旁作傁。武都郡治是下

---

[1] 叶其峰:《我国古代叟族的印章》,《文物》1980年第9期,第78—79页。
[2] 许慎:《说文解字》,中华书局,1998年,第64页。

辨,汉时称下辨道,为少数民族聚居区。《华阳国志·汉中志》武都郡条:"含、稚径至下辨,入武街城,以深入无继,尽为氐傁所破杀。"说明晋代这里仍遍布氐傁。武都㝅族与甲骨文㝅方(下㝅)地理上相合。师酉簋和询簋有"秦夷",系指嬴秦之族①。两件器中"㝅"或"㝅"与"秦夷"连称,同为"官司"对象,地理相近,与《华阳国志·汉中志》说武都氐傁"其人半秦"正相叫应。这些不会是偶然的巧合。

那么例1—7中的△应释为㝅,见于甲骨文和金文,是一个古老的民族。其中例1属于东汉。例2与例1风格不同,是蜀汉遗物。《三国志·蜀书·后主传第三》:"(建兴)七年(229年)春,亮遣陈式攻武都、阴平,遂克定二郡。"蜀汉攻克二郡后,对臣服的㝅人赐印。例3—4属于魏。《三国志·魏书·武帝纪第一》:建安二十二年(217年),"刘备遣张飞、马超、吴兰等屯下辨;遣曹洪拒之。"二十三年(218年),"曹洪破吴兰,斩其将任夔等。三月,张飞、马超走汉中,阴平氐强端斩吴兰,传其首。"此后十余年间,以下辨为中心的武都一直在曹魏控制之下。例3—4是曹魏颁发给㝅人首领的印章。例5—7属于晋。

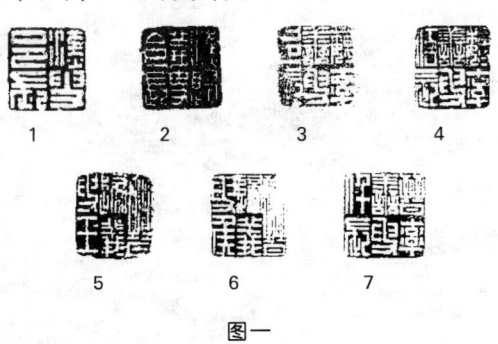

图一

---

① 陈梦家:《西周铜器断代》(上册),中华书局,2004年,第285页。

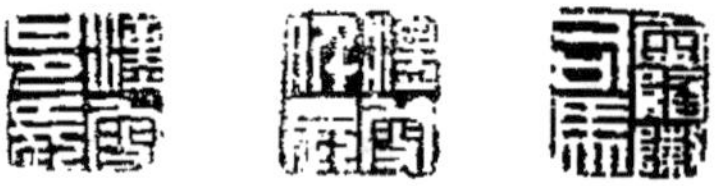

图二

（原载《中国文字学报》第一辑，商务印书馆，2006年）

续释甲骨文中的"叀"、"叀"、"叀"
——兼释舌(舌)的结构、流变以及其他古文字资料中从舌诸字

甲骨文中有这样三组形体：
ʇ(《合集》22241) ʇ(《合集》22247)
ʚ(《合集》5512) ʚ(《合集》31081)
ʚ(《合集》27200) ʚ(《合集》37387)
于省吾先生曾经对此详加考证，他说：

> 甲骨文ʇ字也作ʇ，旧释为力。ʚ字旧释为舀，以为"舀即鲁之省"；ʚ字旧释为祒，以为"祒当是鲁之异体"。按旧释均误。甲骨文力作ʃ，劦鲁男妫等字从之，绝无从ʇ者。ʇ与ʃ分明是两个字。ʇ或ʚʚ所从之ʇ，乃叀之初文。甲骨文宅字习见，其从叀均作ʇ或ʇ。又甲骨文毫字所从之叀，与宅字从叀形同(后来毫字则变作从丫或屮)。晚周货币宅阳之宅从叀作ʇ者常见，犹存初形。然则ʇ或ʇ之为叀字初文，昭然若揭。[①]

从甲骨文构形系统看，于先生把上述三组形体分别隶作叀、舌、祒，无疑是正确的。叀、舌、祒在卜辞中数以百计，都作为用牲之法或祭名，如：

[①] 《释叀、舌、祒》，载《甲骨文字释林》，中华书局，1979年，第167—172页。

帝乇燎门。(《合集》22246)

辛巳卜,寻乇于🐾。(《合集》34711)

丁卯,于来辛巳酌乇。(《合集》34522)

丙戌卜,丁亥其乇于父丁三牛。(《合集》32699)

庚申卜,乇于祖乙一牛。(《屯》3961)

戊申,其乇于土牛。(《合集》34190)

辛巳卜,乇羊百犬百……百。(《屯》917)

甲子贞,舌祖乙,遘大乙。(《合集》32441)

……未卜,其舌于父庚。(《合集》27427)

丁酉卜,即贞,毓祖乙舌牡,四月。(《合集》23163)

戊子卜,即贞,兄己舌一牛,在六月。(《合集》23473)

祭大乙,其舌祖乙,二牢。(《合集》27129)

祖乙舌三牢,王受又。(《合集》27190)

甲子卜,旅贞,翌乙丑舌,重白牡。(《合集》26027)

癸丑卜,其侑蒿①土,重祐。(《合集》28106)

癸酉卜,祐母己,重豕。(《合集》27454)

其祐大甲,三牛。(《屯》3009)

祐大乙上甲,其五牛,王受又。(《屯》4455)

丙子卜,祖丁莫祐羌五人。吉。(《屯》1005)

乇舌祐用法相同,是一个字的不同写法,其中乇为初形,舌、祐是乇的孳乳字。

于省吾先生认为,这一组字"均应读为砥,典籍通作磔,是就割

---

① 此字旧释亳,李学勤先生隶作蒿,释为郊。详所著《释郊》,载《文史》第三十六辑,中华书局,1992年,第7—10页。

裂祭牲的肢体言之"①。他主要是从声音出发考虑问题,至于舌䄏后世演变为什么字,限于条件,未能作出说明。

1993年出土于湖北荆门郭店一号墓的战国楚简,为我们释读舌䄏提供了非常关键的依据。郭店楚墓竹简《缁衣》:

《寺》员:"誓尔出㗊,敬尔愄义。"

"寺"通"诗","员"通"云"。"誓尔出㗊,敬尔愄义。"出自《诗经·大雅·抑》,今本作"慎尔出话,敬尔威仪"。㗊即话字。话,《说文》小篆作㗊,"从言,昏声"。由此横向系联,《古玺文字征》附录八六的㓞,应释舌,附录三二的㓞、㓞应释为䄏,㓞当释为适。都用为人名。《古陶文字征》二三六页、《楚系简帛文字编》一四八页原释迠的字,作㓞、㓞、㓞、㓞②等形,也应释为适。如果再往上推,《殷周金文集成》02231号楚子𪓐鼎的㓞应释为适,《金文编》附录下109号㓞应释为话。甲骨文舌应释为舌,䄏应释为䄏。《说文》示部:"䄏,祀也。从示昏声。"作为祭名,毛、舌都应读䄏。作为用牲之法,毛、舌、䄏都应读为刮。刮从刀,舌声,有"刮削"(《广韵·辖韵》)的意思。《三国志·关羽传》"当破臂作创,刮骨去毒",即用此义。卜辞刮的用法与割相近。也许应当直接读为割。䄏作为祭名,属于陈梦家先生指出的那种"以所祭之法为名者"③,与尞、㝬(或作禷、禷)等类同。

甲骨文中另有一个托字,见于下列卜辞:

辛亥卜,㗊贞,王宾翌托自上甲衣至于毓,亡尤。(《合集》

---

① 《释毛、舌、䄏》,载《甲骨文字释林》,中华书局,1979年,第167—172页。
② 此字与《楚系简帛文字编》149页原隶作迠的字为异体。黄德宽、徐在国已释迠为适,可从。文见《郭店楚简文字续考》,载《江汉考古》1999年第2期,第75—77页。
③ 《古文字中之商周祭祀》,《燕京学报》第19期,第106—107页。

22621)

　　庚子卜，王……贞，辛丑酌祀，亡尤。(《合集》25961)

　　庚戌卜，王贞，翌辛亥乞酌彡祀自上甲衣至于多毓，亡尤，在十一月。

(《合集》22646)

用法和壬、舌、祜相同，依声类可读为祜。

最后，我们来分析一下舌的结构关系、演变情况以及壬与舌形音上的联系。这对于佐证上文的考释也是必不可少的。

在春秋战国间的越国铜器姑冯句鑃中，有一个作舌形的字，一般隶作昏，是人名用字。"姑冯昏同"，王国维认为即《越绝书》之冯同，郭沫若认为也即《越绝书·外传纪地》之逢同，《计倪内经》之"佚同"，《吴越春秋·勾践入臣外传》之"扶同"[①]。这个人的名字异写很多，杨树达先生进一步考释说：

　　《左传》及《国语》之舌庸，亦即此昏同也。《左传》哀公二十六年云："夏五月，叔孙舒帅师会越皋如、舌庸(今本误作后庸，此据石经及宋本注疏)、宋乐茷纳卫侯。"又二十七年云："春，越子使舌庸来聘。"《国语·吴语》云："越王勾践乃命范蠡舌庸(今本误作后庸，此据宋庠传)率师沿海泝淮以绝吴路，败王子友于熊夷。"此舌庸之事见于二书者。昏字隶变作舌，与口舌之舌形同，刮括诸字所从是也，庸与同古音近。[②]

杨先生指出"昏同"即"舌庸"，昏即舌，不可移易。

那么，舌的演进序列可以描写为：

---

① 参看董楚平：《吴越徐舒金文集释》，浙江古籍出版社，1992年，第156页。
② 《积微居金文说》(增订本)，中华书局，1997年，第126页。

（甲骨文）　　（金文话字偏旁）　　（金文）　　　（小篆）

《中山王礨器文字编》73、《汉印文字征》十二·五有阔字,后者作▨,其子声符舌作▨,与小篆不同,而与战国文字相近,说明舌和从舌诸字的演进过程是不平行的。

《说文》口部:"▨,塞口也。从口,㐄省声。▨,古文,从甘。"许慎把舌解释为"从口,㐄省声",不确。

舌本是从口毛声的形声字,毛在铎部[ak],舌在月部[at],两部字主要元音发音相同,读音相近,因此,毛可以作为舌的声符。

通过上面的论证,我们理清了舌的演进过程,为甲骨文舌、括等字找到了后世的对应字,并附带释出了简帛、陶器、青铜器中若干从舌的未释之字。是否妥当,请大家批评。

（原载《华学》第四辑,紫禁城出版社,2000年）

战国文字的"遊"与甲骨文"䢃"为一字说

甲骨文中有一个字作:

㚔(《合集》5390) 㚔(《合集》5933)

㚔(《合集》137正) 㚔(《合集》13734)

等形,上从止(趾),下从㚔(一种刑具),一般隶定为䢃。叶玉森、李孝定以为"象械其趾",释为垫;鲁实先认为是㚔的繁文,执的初文;朱芳圃认为当为桎之初文;张秉权认为乃絷字;饶宗颐认为即达,读为挞①。此外,还有人把它释为亡②。

又战国文字中有一个作

遊(包山2.142) 遊(子弹库帛书乙10.30)

等形的字,过去都隶定为遊,或释达,或释迸,或释逆③,郭店楚简出土后,我们知道它应当读为失。

郭店简《老子》甲组11:"是以圣人亡为古(故)亡败;亡执古(故)亡遊。"《老子》乙组6:"得之若缨(惊),遊之若缨(惊),是胃(谓)态(宠)辱缨(惊)。"《老子》丙组11:"为之者败之,执之者遊

---

① 于省吾主编:《甲骨文诂林》,中华书局,1996年,第2583—2585页。
② 罗琨:《商代人祭及相关问题》,《甲骨探史录》,三联书店,1982年,第134—135页。
③ 曾宪通:《长沙楚帛书文字编》,中华书局,1993年,第96—97页。

之。"《缁衣》18:"子曰:大人不新(亲)其叞(贤),而信其所戋(贱),
睿(教)此以遴,民此以缏(变)。"这些简文都可与相应文献对读,其
中遴,它本均作失①。

李家浩先生根据郭店简提供的线索,把遴释为迭,他说:

> 把上揭 A(即變)所从的偏旁牵与"失"字初文比较,不难
> 发现前者是后者的讹变。前者所从的"&",是由后者所从的
> "止"讹变而成,与"疒"无关;前者所从的"羊",是由后者所从
> 的"大"讹变而成,与"羊"无关。于此可见,A 实际上应该释为
> "迭"。《说文》说"迭"从"失"声,故楚国文字的"迭"可以读为
> "失"。②

此说于字形仍有未安。疑点主要集中在字中的下半部分。

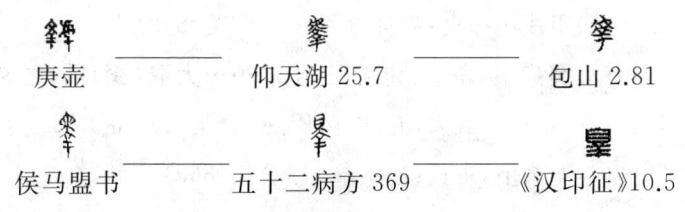

我们认为,所谓遴,实际上应隶作達,它由辵和夆两部分组
成。夆是由甲骨文奉演变而来的。上半"止"的变化和肖(《佚》
698)作肖(郭店《老子》甲组 3)相同,下半"夆"的演变和蕔(虞)、
罩相似:

| 庚壶 | 仰天湖 25.7 | 包山 2.81 |

| 侯马盟书 | 五十二病方 369 | 《汉印征》10.5 |

夆在例中省作羊芈,而羊有时可以写作羊(如吴王光鉴翼字
所从),因此奉演变为夆从形体上看是完全可能的。

---

① 郭店《老子》甲组注[二八],《郭店楚墓竹简》,文物出版社,1998 年,第 173 页。
② 《读〈郭店楚墓竹简〉琐议》,《郭店楚简研究》(《中国哲学》第二十辑),辽宁教育
出版社,1999 年,第 346 页。

㠭从止从幸,而止在幸外,本义当为逃逸。胡厚宣①、罗琨②先生指出此字表示"逃亡"之义,看来是可取的。

㠭增累为逘,省简为逹,都不见于传世文献,可能是逸的本字。《说文·兔部》:"逸,失也。从辵兔。兔谩訑善逃也。"逹被逸取代后,就销声匿迹了。

从目前掌握的资料看,逸始见于春秋时的秦子戈和矛,战国时代已广为行用。但在不同地域,逹逸继替的过程是不平行的,楚国至少战国晚期仍然只用逹。

逸和失韵部相同,声母同为舌音,古音很近,常相通用。《史记·吴王濞列传》:"陛下多病志失。"《汉书·吴王濞传》失作逸。《汉书·韦贤传》:"弥弥其失。"《文选》作"弥弥其逸"。㠭逹作为逸的古字,也可以读为失。

把古文字资料中的㠭逹理解为逸或读为失,除了极个别的例子外,绝大多数都可以讲通。先看甲骨文:

(1)⋯⋯㠭自爻,畢六人,八月。(《合集》139正)

(2)甲戌⋯⋯贞:㠭自㳅圞,得。(《英》540)

(3)癸卯卜,争贞:旬无囚,甲辰⋯⋯大取(骤)风,之夕虫乙巳⋯⋯㠭⋯⋯五人,五月,在䧅。(《合集》137正)

(4)辛亥卜,古贞:追不㠭。(《合集》869)

(5)贞:茻不㠭⋯⋯(《合集》5929)

(6)贞:王固曰,茻勿㠭。(《合集》5930)

---

① 《甲骨文字所见殷代奴隶的反压迫斗争》,《考古学报》1976年第1期,第1—18页。

② 罗琨:《商代人祭及相关问题》,《甲骨探史录》,三联书店,1982年,第134—135页。

(7)……犬奔。(《合集》5927)

(8)……僅灾……虎奔。(《合集》5933)

以上各例中的奔都用本义,指人或动物逃逸,例(1)、(2)中奔与畢①、得相对,意义尤为显豁。奔的此类用法古书常见,字写作逸。如《左传》桓公八年:"随师败绩,随侯逸。"《韩非子·外储说右下》:"马前不得进,后不得退,遂避而逸。"

(9)……贞:旬亡囚,旬㞢,壬申……奔火,妇姓子㞢,七……(《合集》17066)

"奔火"即"失火",为古语词。《周礼·夏官·司爟》:"凡国失火,野焚莱,则有刑罚焉。"《韩非子·说林上》:"失火而取水于海,海水虽多,火必不灭矣,远水不救近火也。"

(10)……丑卜,争……㞢奔……见……(《英》539 正)

(11)贞:㞢于上甲三牢,告我匚衛。(《合集》6664 正)

(12)贞:~牢于上甲,告我匚衛。(《合集》6664 正)

"㞢"通"有","衛"是奔的累增字(加"行"与加"辵"相似),此处读为失,"㞢奔"即"有失"。"匚"通"匡"②,"匚失"犹"匡失"。失指过失而言。《荀子·大略》:"水行者表深,使人无陷;治民者表乱,使人无失。"《礼记·学记》:"教也者,长善而救其失者也。"即用此义。

再看简牍帛书:

(13)冬柰之月甲辰之日,少臧之州人信士石佢讼其州人信士石臘,言胃剔其弟石耴旮。既发筝(编者按:此字作者后

---

① 《甲骨文字诂林》,第 2583 页。
② 《说文·匚部》:"匚,受物之器,象形。凡 匚之属皆从匚,读若方。𠥓,籀文匚。"(《说文解字》,中华书局,1963 年,第 268 页)𠥓匚一字,故可读为匡。

来释作笸),执勿逹。(包山2.80)

(14)甲辰之日,小人之州人君夫人之故怆之荷一夫遊逯至州巷,小人酒敷之,夫自剔,小人女狩之以告。(包山2.142)
这两个逹,也都用本义。"执勿逹"即抓住别让跑了,"逹逯至州巷"即逃跑到州巷。

(15)日月星辰,䣈(乱)逹其行。绖绌逹䨻(乱),卉木亡尚(常)。(子弹库帛书《乙篇》)

(16)是胃逹月,闰之勿行。一月、二月、三月,是胃逹终。(同上)

"䣈逹其行"犹"乱失其行",意为日月星辰紊乱,失去常道,与《诗经·小雅·十月》"日月告凶,不用其行"语义相近。"绖绌逹䨻"应读为"盈缩失乱",意为盈缩失常紊乱。逹月、逹终则可能是当时的专用名词,其义待考。

1999年8月写讫

编按:沈培先生在《卜辞"雉众"补释》(《语言学论丛》第二十六辑,第237—256页,商务印书馆,2002年)一文中,对㭒在甲骨文中的用法有细致深入的讨论,提出了一些很好的见解,请参看。

(原载《古文字研究》第二十二辑,中华书局,2000年)

从楚简"娩"的释读谈到甲骨文的"娩妫"

——附释古文字中的"冥"

荆门郭店楚简《六德》有这样一段文字：

> 袒字为宗族也，为弸(朋)酓(友)亦肰(然)①。(二八～二九号简)

裘锡圭先生按语云："《礼记·大传》：'四世而缌，服之穷也。五世袒免，杀同姓也。'《仪礼·丧服》：'朋友皆在他邦，袒免，归则已。'或疑简文'袒字'之'字'为'免'之误写。"②李学勤、彭林两位先生也同意把"袒字"理解为"袒免"，并对"袒免"的涵义作了专门的阐释③。

无论是从上下文义，还是从专家们的认同程度来看，把"袒字"理解为"袒免"，都是可以采信的。

问题在于，简文隶作"字"的那个字究竟是否"'免'之误写"。对此我们持否定态度。这个字本作 𢨋，我们认为应为孚的异体字。

---

① 引自荆门市博物馆：《郭店楚墓竹简》，文物出版社，1998年，第188页。
② 《郭店楚墓竹简》，第188页注[十九]。
③ 李学勤：《郭店楚简〈六德〉的文献学意义》；彭林《〈六德〉柬释》，廖名春编：《清华大学简帛研究》第一辑，清华大学思想文化研究所，2000年8月，第16—22、126—133页。

孕字楚简一般作㦵(包山 172)、㦵(包山 175)、㦵(郭店《缁衣》二四)、㦵(郭店《成之闻之》二三)等形。李零先生在《读〈楚系简帛文字编〉》一文中指出，此"在楚简中多用为'娩'字，疑是'娩'字的古体。"[①]后在《郭店楚简校读记》[②]里，又重申了这一看法。虽然李零先生的文章没有举出具体证据，但他参加过上海简的整理工作，见到了比我们更多的材料，所以他的观点值得引起特别的重视[③]。最近，李家浩先生循此线索，从训诂角度对孕及从孕诸字进行集中释读，结果证明李零先生说可信。现将李家浩先生的考释文字移录如下：

郭店楚墓竹简《缁衣》也有"孕"字(《郭店楚墓竹简》一八页二四号)，可以证明此字相当"娩"字的说法可从。郭店楚墓竹简《缁衣》二三、二四号说："子曰：伥(长)民者……㪅(教)之㠯(以)正(政)，齐之㠯型(刑)，则民又(有)孕心。"今本"孕心"作"遯心"。朱彬《礼记训纂》说，"民有遯心"即"孔子所谓'免而无耻'者也。"按朱彬所引孔子语，见于《论语·为政》："道之以政，齐之以刑，民免而无耻。"刘宝楠《论语正义》在引《缁衣》郑玄注"遯，逃也"之后说："彼言'遯'，此言'免'，义同，《广雅·释诂》：'免，脱也。'谓民思脱避于罪也。"简本《缁衣》的"孕(娩)"，当从《论语》读为"免"。考释[九](作者按：指九店六二一号墓竹简考释[九])曾提到望山一号楚墓竹简和天星观楚墓竹简有"孕"字的异体"㚒"和从"孕"之字。望山一号楚

---

① 中国文物研究所编：《出土文献研究》第五辑，科学出版社，1999 年，第 146 页。
② 陈鼓应主编：《道家文化研究》第十七辑，生活·读书·新知三联书店，1999 年，第 486 页。
③ 最近李零先生在《参加"新出简帛国际学术研讨会"的几点感想》一文中，谈到上海简没有发表，他当然不便拿出证据。实际肯定了上海简中有释孕为娩的证据。文见简帛研究网(http://www.bamboosilk.org)，2000 年 11 月 16 日。

墓竹简三七号说:"☐目(以)不能飤(食),目(以)心𢟱。""心𢟱"之"𢟱"或作"悫"(三八号)等,天星观楚墓竹简或作"瘁"等。"𢟱"、"悫"当是同一个字的不同写法,因其是一种心病,故字或从"心",或从"疒"。疑"悫"、"瘁"都是"悗"字的异体,"𢟱"是"悗"字的假借。《黄帝内经太素·调食》:"黄帝曰:甘走肉,多食之,令人心悗,何也? 少俞曰:甘入胃……胃柔则缓,缓则虫动,虫动则令人心悗",杨上善注:"悗,音闷。"《素问·生气通天论》王冰注:"甘多食之,令人心闷。"据杨上善、王冰注,"悗"通"闷"。包山楚墓遣册二五九号也有一个从"𢟱"的字,作"韏",信阳楚墓遣册二〇二八号省写作"䩱"。"韏"从"韦"从"𢟱"声。"韦"是熟革,所以"韦"、"革"作为合体字的形旁可以通用。《说文》革部"鞨"字的重文作"韗",即其例。疑"韏"是"鞔"字的异体。包山楚墓遣册说:"一鱼皱(皮)之缕(屦)、一韏鞨(鞔)、二绁(緤)娄(屦),皆緅纯。"此记的是随葬的鞋子。"鞨"字不见于字书,可能是一种皮革的名字。《吕氏春秋·召类》"南家,工人也,为鞔者也",高诱注:"鞔,屦也。"信阳楚墓遣册说:"一两䩱(鞔)缕(屦)。"此记的也是随葬的鞋子。《盐铁论·散不足》:"及其后,则綦下不借,鞔鞨革舄。"此以"鞔鞨"与"革舄"并列。简文"鞔屦"之"鞔",与此"鞔鞨"之"鞔"用法相同。据这些"𢟱"字的异体和从"𢟱"之字的释读情况,似乎也可以证明"𢟱"相当"悗"字的说法可从。[1]

文中谈到包山楚墓遣册二五九的"韏"和信阳楚简遣册二〇二八

---

[1] 湖北省文物考古研究所、北京大学中文系编:《九店楚简》,中华书局,2000年,第146—147页。

的"斡"是一对异体字,甚确。它们右边分别作㝱、㝱,可以证明《六德》中的㝱也就是㝱。系娩的古字,简文用为免。

曾侯乙墓竹简有一个写作㝱形的字,凡两见(二八号、一二九号),都用为人名。过去我们不认识,现在看来,也应释为娩。天星观楚简的㾮,一作㾮,一作㾮,后者所从和曾侯乙墓遣册上的字极为相似,可以证明。至于二者之间的形体演变关系,请参看下文。

㝱的形体非常奇特,过去有学者认为从子,六声[1],现在看来是不对的。它实际是一个表意字,可以从甲骨文中找到形体渊源。

甲骨卜辞有一个作㝱(《甲骨文编》附录上二九)等形的字,经常和奻字连用,郭老曾详加考释:

> 此二字旧释为拿奴,字形既异,义亦难通。细审此二字,㝱当为动词,上举第六例"帚㝱(作者按:即奻)不其㝱"(续四·二九·二)可证。而㝱当是形容㝱之状词,第一例之"帚㝱㝱允㝱"(续四·二五·一、燕大一八四合)及第十二例"帚㝱不其㝱"(后下·三四·四)可证。又此二字恒专系于帚某之下,此外无所见。㝱字有左列二例稍异,"□辰王卜在㝱[贞]娥㝱㝱[王]旳曰吉在三月"(前二·一一·三)"乙亥卜自贞王曰㞢㝱㝱㝱曰㝱"(佚五八六)第一例乃帝乙时所卜,娥下一文左旁从毓右旁从止衣又,当是毓之繁文。象女人产子持襁褓以待之。第二例当在帝乙之前武丁之后。㝱即身之繁文,象人怀娠(作者按:此实为孕字)之形。㝱字系于毓与身之下而加以贞问,必系吉祥之意。前例答曰吉后例答曰㝱,是㝱亦犹吉矣。准

---

[1] 湖北省文物考古研究所、北京大学中文系编:《望山楚简》注[二〇],以为从宀从子或字,释为赅,中华书局,1995年,第89—90页。

此则放当是娶之省，读为嘉（作者按：李学勤先生告诉我，从上下文义看，这里的放应理解为男）。放字系于㝱下既与系于毓下身下之例相同，而㝱又专为女子所有事，则㝱盖㝱（作者按：即娩字）之古文，从门从𦥑，𦥑（攀）亦声也。①

唐兰先生认为此字应隶作冥，卜辞借为娩。唐兰：

> 卜辞习见㝱㚔……郭沫若释㝱㚔（娶）而读为㝱嘉，为卜辞研究中一重要之贡献。惟以㝱为从门从𦥑𦥑亦声，则殊勉强。余谓㝱即冥字，冥之本义当如幎，像两手以巾覆物之形，说文作㝱，其形既误，遂谓"从日从六冖声。日数十六日而月始亏，幽也。"穿凿可笑。卜辞㝱字当释娩（作者按：此释有误。实为冥、女两字，分属两行。因原片残缺，加之两行间距很小，遂牵合为一字。参见姚孝遂《殷虚卜辞综类简评》，《古文字研究》第三辑），冥或娩之用为动词者，并假为㝱"生子免身也。"余前作《卜辞文学》一文中释㝱为冥（清华学报），而未详其说，今故补之。②

实际上，郭老后来也持这种看法，他在《殷契萃编》中即把㝱直接隶作冥。③

李瑾先生也把这个字隶作冥，但他认为冥是当产子讲的象形字。夏渌先生则更进一步，把它直接释为"娩"的象形表意字：

> 㝱，上从"人"（腿）即产妇（母体）的下肢，口（丁、顶的象形字）代表顺产婴儿头先降生，𦥑为助产保姆接生的双手，实是一

---

① 《骨臼刻辞之一考察》，载《古代铭刻汇考续编》，日本东京文求堂，昭和八年，第5页下—7页下。
② 《天壤阁甲骨文存考释》，辅仁大学，1939年，第60页。
③ 同上。

幅"分娩"的简笔写实画,形义结合音义考虑,当是娩子的"娩"的象形表意字。①

我们认为夏先生的说法是可取的,它实际上就是楚文字中孛的初形。两者之间的演变可如下图所示:

字头部分增加了一横或两横②,行笔时横划内收③,讹变为∩或⊓。字中部分的变化,可以从"宀"系字中寻得轨迹④。字下两手省去一只⑤,与○形粘连。粘连过程,可与榑作▨(《楚文字编》第273页)、啻作▨(《睡虎地秦简文字编》第58页)参照。

弄清了孛的来源,可以说,从另一个角度证明了孛是娩的古字,也证明了夏渌先生把▨释为娩的象形表意字的说法可信。

古文字的孛和免是来源完全不同的两个字。免从甲骨文一直传承至今,早期一般作▨,隶作免,是冕的本字。由于免和孛上古声韵相同,时相通假,所以后世为孛造形声字时,便利用免作为声符。而当孛的形声字出现以后,它自己也就逐渐退出历史舞台了。

---

① 《评康殷文字学》,武汉大学出版社,1991年,第23页。
② 加一横者,请参见《楚系简帛文字编》中的天、下、正、帀、而、不等字,湖北教育出版社,1995年,第15—16、19—20、130—132、503—505、739—740、829—835页;加两横者,参见《金文编》中的录字,中华书局,1985年,第498—499页。
③ 如楚帛书中的天、下、而等字,参见曾宪通:《长沙楚帛书文字编》,中华书局,1993年,第6、10—11、29页。
④ 参见《金文编》宝、宾、客、宄诸字,第516—525、529—530、532页。
⑤ 参见《金文编》对、择,第155—159页;《楚系简帛文字编》兑、𢍰等字,第205—206、362页。

最后,我们想附带讨论一下古文字中的冥字。我们既然否定了甲骨文🔲为冥,就有必要对冥作出相应的解释。

现在能确认的冥字时代最早者不超过战国,如诅楚文、《汗简》、《古文四声韵》之类,系经多次翻刻或辗转传抄,异体众多,实难抉择。因此,我们想以马王堆汉墓帛书《五十二病方》为探讨的出发点,这份写卷多次出现冥和从冥的字。其中有两个字迹比较清晰的作🔲(119行)、🔲(129行),文例为"冥甕以布四……"和"冥以布",整理小组把它们隶作冥,理解为幎的通假字①,是完全正确的。《五十二病方》抄写年代"大略在秦汉之际"②,字体近篆,多有古意,我们有理由相信这种写法的冥字较多地体现了早期的某些特点。后世从"冖"可能是从"网"省简而来的。如果这种推断可以成立,那么包山楚简的🔲也应释为冥。

包山简的这个字见于下列简文:

　　飤室之飤:脩一籔、脊(脯)一籔、魦酢一磴、🔲一磴、菟蘆二磴、蒿蘆一磴、蒩蕀之蘆一磴、🔲某一磴、🔲肉酢一罤、簀酢一罤、䱉一罤、醙一罤、🔲一🔲、🔲(澫昱)一罤、青绛之䋏四口糗、四筭飤、簀鱼一籔。(255～256号)

整理小组原注:"罤,简文作🔲,与舁字古文🔲形近,舁借作篮。《说文》:'篮,大篝也'。"③何琳仪:"🔲,从网,具声。包山简罤,读枈。《说文》'枈,举食者。从木,具声。'"④战国简多次出现舁字(参看《郭店楚简文字编》第45页),字上部与此有异,知此不当释舁。又

---

① 《马王堆汉墓帛书·五十二病方》,文物出版社,1979年,第50—51页。
② 同上书,"出版说明",第1—3页。
③ 《包山楚简》注[513],文物出版社,1991年,第60页。
④ 《战国古文字典——战国文字声系》,中华书局,1998年,第419页。

望山楚简有具字（参看李守奎《楚文字编》第122页），也与此字所从不同，知此字亦不当隶作罝，释为枭。这个字上半部"网""日"与《五十二病方》冥所从相同，下部"丬"与《汗简》古文冥（参看黄锡全《汗简注释》第277页）所从相同，应释为冥。假借为皿。古代冥声字与皿可通用，如《孟子·滕文公下》："牲杀器皿，衣服不备，不敢以祭。"赵歧注："皿，所以覆器者也。"朱骏声曰："注'皿，所以覆器者也'，则谓借为幎。幎、皿双声，疑赵所见别本有作幎者，故为此注。"①皿之为器，有实物流传。战国时代的宁皿，自名称皿，其形作

宁皿（战国）

据考，这类器物商代已经流行（过去误为"瓿"）②，战国一直沿用，源远而流长。《说文·皿部》："皿，饮食之用器也。"简文的皿用以盛鱼、肉制品，与《说文》的解释一致。因此把罩隶作冥，读为皿，可谓圆通无碍。

附记：本文曾提交香港大学中文系主办的"廿一世纪中国学术

---

① 《说文通训定声》，武汉市古籍书店，1983年，第921页。
② 裘锡圭：《释殷虚卜辞中的"丷""丷"等字》，《第二届国际中国古文字学研讨会论文集》，常宗豪、张光裕等编辑，香港中文大学中国语言及文学系，1993年，第73—94页。

研究前瞻国际研讨会",并在会上宣读。会后将此文分赠同好,在一次聊天中,知陈剑同志也曾怀疑楚简中的夌和甲骨文冥可能是同一个字。陈剑同志的意见没有形成文字,故附记于此,供大家参考。

(原载《简帛研究二〇〇一》,广西师范大学出版社,2001年)

从失字的释读谈到商代的佚侯

甲骨文中有一个字作图一之形,为方国名、人名或地名[①],从前王襄释允,鲍鼎释九,张秉权释老,叶玉森、李孝定等释为先[②]。以释先说影响最大。这是因为先字与上揭字形较近,且能与文献中的佚、姚对应的缘故[③]。

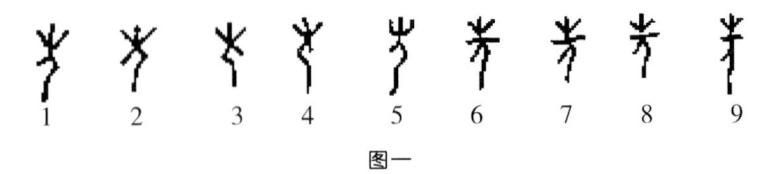

图一
1.《合集》5735 2.《合集》5734 3.《合集》7016 4.《合集》7017
5.《合集》19773 6.《合集》1779 7.《合集》227 8.《合集》5862
9.《合集》10923

其实,姚孝遂先生早已指出,上引诸字与先的写法有着严格的区分[④],不可能是同一个字。我们把古文字中的先排成图二,便可

[①] 甲骨文中的方国名、人名或地名往往是三位一体的,同一字时而指方国,时而指人,时而指地。要根据具体的语言环境来加以判断。

[②] 俱见于省吾主编的《甲骨文诂林》,中华书局,1996年,第77页。郑杰祥的新著《商代地理概论》仍释先,中州古籍出版社,1994年,第242—243页。

[③] 《左传》昭公元年:"夏有观、扈,商有姚、邳,周有徐、奄。"(《春秋左传注》,中华书局,1981年,第1206—1207页)《路史·国名纪·商世侯伯》:"冯、应、隗、佚……古商世侯伯之国。"(嘉靖间刊本)

[④] 姚孝遂:《商代的俘虏》,载《古文字研究》第一辑,中华书局,1979年,第337—390页。

一目了然。在甲骨文里,先字都不用为方国名、人名或地名,倒是河南安阳出土的先鼎(《集成》1030),器上族氏文字作𠂉,为商代佣或姺族的遗物。这个先与图一所揭也不相同,可见把图一释为先并无准确的理据。

图二

1.《合集》23359　2.《合集》32308　3. 先鼎　4. 卯簋　5. 盂鼎
6. 侯马盟书三·一九　7. 侯马盟书九二·二八　8. 诅楚文　9. 睡虎地秦简二四·二五　10. 马王堆帛书《老子》甲本五二　11. 定县竹简三四

近来又出现了一种新的释法,认为图一之字为敖的初文[①],论证过程可归纳为三步:

其一,考证图三是图一的异体;

图三

1.《合集》37434　2.《合集》37434

其二,根据图三所从与图四偏旁的相似性,认定图三即图四亦即敖的初文;

图四

1. 菲伯簋　2. 九祀卫鼎　3. 㞑敖簋　4. 㞑敖簋　5. 兮敖壶敖字所从

---

① 刘钊:《释甲骨文耤、䵼、蟺、敖、栽诸字》,《吉林大学学报》1990 年第 2 期,第 8—13 页。

其三：推测甲骨文"敖"与《诗经·小雅·车攻》"搏兽于敖"同地，在今荥阳附近。

其中最为关键的是第一、二步，但这两步并不十分稳当。首先，图三中1、2两形虽用例很少，但参照图一的写法看，图三中1应为常态，2应为偶然的写法。拿2这类偶然的写法和图四中敖的常态写法作为形体比较的基础，具有一定的或然性。其次，作者赖以比较的图四中的1、2与图四中3、4、5的写法明显有别，是否一字，尚难确定，这就使得图三中1、2与图四中1、5的平行对应失去了坚实的基础。因此仅从字形上看，把图一释为敖并不是没有问题，有必要进行重探。

在我们看来，图一所揭之字在商周秦汉文字中本来是自成序列的，而且脉络十分清晰，只是由于该字和由它构形的字往往是国族名、人名或地名，字形又不能直接与《说文》小篆相对照，所以一直不能据形据义进行正确释读而已。

图一所示文字的影子，其实还可以从新发现的古隶中找到。我们知道，古隶中往往保留着比小篆更为原始的古文字字形[①]，对释读未识古文字有着重要的帮助。秦简中可以屡屡见到失字：

(1)没钱五千而失之。　　（睡虎地秦简《法律答问》四八）

(2)吏有五失。　　　　　（同上《为吏之道》一三）

(3)虎失(佚)不得。　　　（同上《秦律杂抄》二六）

(4)淫失(佚)之民。　　　（同上《南郡守腾文书》三）

(5)虚租而失之。　　　　（龙岗秦简147）

---

① 李学勤：《秦简的古文字学考察》，载《云梦秦简研究》，中华书局，1981年，第336—345页。赵平安：《隶变阶段汉字成分的复杂性》，《隶变研究》，河北大学出版社，1993年，第12—18页。

(6) 直其所失臧及所受臧。(龙岗秦简 204)

(7) 吏论失者已坐以论。（龙岗木牍）

字作图五之形，据文例可以确释为失字。

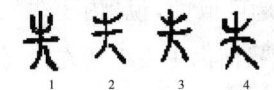

图五

1. 睡虎地秦简《为吏之道》一三　2. 同上《法律答问》四八
3. 龙岗秦简 204　　　　　　　　4. 龙岗木牍

由古隶失字的写法反观图一所揭甲骨文，特别是图一中 6—9 的写法，能够看出两者之间一脉相承的联系。据此，可以从形体上把图一的字释为失。

失字也见于商代和西周早期的金文，作图六之形。这一组金文中的 3、4、7、8 传出河南洛阳马坡，2、6 传出河南洛阳[①]，反映了同一族氏文字的不同写法。因为在不同写法之间有清晰的脉络可寻，所以大多数学者把它们看做同一个字，或释先，或释光，或释子，或释兒[②]。从该组字 6、7、8 的写法看，应该释为失。

图六

1. ～爵，《集成》7347　　　2. 臣辰～父乙簋，《集成》3422
3. ～父乙簋，《集成》3165　4. 父乙臣辰卣，《集成》5153
5. 臣辰父癸尊，《集成》5838　6. 臣辰父乙鼎，《集成》2004

---

① 参看《殷周金文集成》有关记述。
② 李孝定、周法高、张日升编著：《金文诂林附录》，香港中文大学，1977 年，第 912、1082—1087 页。又张亚初新作《金文考释例证》仍释先，载《第三届国际中国古文字研讨会论文集》，香港中文大学，1997 年，第 271—272 页。

7. 臣辰父乙卣,《集成》51508. 臣辰父乙卣,《集成》5152

西周中晚期谏簋、扬簋中的㐅、㐅,用作人名,第四版《金文编》入于附录(489号),强运开释失,认为铭文"内史失"就是文献中的"史佚"①。强氏释字是可取的,说"内史失"即"史佚",于时代不合。史佚生活在周初②,而内史失生活在西周中晚期,不可能是同一个人③。

侯马盟书宗盟类一·六〇有字作㐅,为参盟人名,《侯马盟书字表》入于附录(第361页),这个字也应释为失。

仰天湖楚简二五·二九的㐅,《楚系简帛文字编》入于附录,字应释为䬣,读为饴。失在质部书母,饴在之部喻母,古音较近。简文"五䬣皿"即"五饴皿"。

《汉印文字征·附录》㐅(李～私印)、㐅(宋～私印),为私名用字,应释为诀。《说文·言部》:"诀,忘也。从言,失声。"

释出了上述失和从失构形的字,就可以比较清楚地描写出失的演进序列(图七)。如果把失的演进序列和先作一下比较,会发现在古隶阶段,二字的某些写法已经发生了混同。但即便如此,从总体上看,仍然可以加以区分,这区别标志便是最后一笔的写法。

---

① 参见杨伯峻:《春秋左传注》,中华书局1981年,第359—360页。
② 《说文古籀三补》,中华书局1986年,卷一二,第3页。
③ "内史失"和"史佚"虽然不可能是同一个人,但却可能是同一个部族的人。从商和西周早期的失族铜器看,族氏文字"失"两旁每每缀以"册"字,应该不是偶然的现象。推测失族人文化水平较高,在商周时代常出任内史、史之类的官职。那么"史佚"、"内史失"便是官称加族名的结构。李学勤在《考古发现与古代姓氏制度》中指出,金文族氏文字是氏名,可参看(文载《古文献丛论》,上海远东出版社1996年,第116—127页)。甲骨金文中的失族,就是后世佚氏所从出。宋郑名世《古今姓氏书辨证·入声·质》:"佚,郑大夫佚之狐始以氏,见《春秋》。"(中华书局,1985年)认为佚之狐始以佚为氏,恐失之过晚。

《说文·手部》收篆文失,解释为"纵也。从手,乙声。"这是就失的假借义为说。失本像头上有某种饰物的人形,所以有"美"的意思,这个意义古籍中用"佚"表示。《离骚》:"望瑶台之偃蹇兮,见有娀之佚女。"注:"佚,美也。"后用失来表示方国名、人名或地名,是用本字还是借字,一时尚难断言。但可以肯定它的情况和甲骨文中羌、鬼、尸、髟等相仿佛,都是用与人形有关的字表示国族名。

图七

1.《合集》1779 2.《集成》5150 3. 侯马盟书一.六〇 4. 仰天湖楚简二五.二九 5. 睡虎地秦简《为吏之道》一三 6. 武威汉简《服传》三一

《说文》所收篆文失作失,极可能是根据古隶的写法转写过来的。古隶失往往作失,所从 ⺧ 与古隶手的写法相似。由于错误地把失字所从理解为手,遂把失转写为失。在出土文字资料中,见不到与小篆失同样的形体,只是汉印中有个别与之相似的写法,如《汉印文字征》三.八誅所从作,可见小篆失的写法应当是后起的。

甲骨文中有失侯:

(8)丙寅卜,争,呼嬴失侯专祟权。(《合集》6834 正)

(9)壬戌卜,争贞:气令受田于失侯。十月。(《合集》10923)

(10)…受…失侯…十月。(《怀》360)

这个"失侯",我认为就是《逸周书》中的"佚侯"①。《逸周书·世俘解第四十》:"乙巳,陈本命新荒蜀磨至,告禽霍侯、俘艾佚侯小臣四

---

① 参看高亨纂著、董治安整理的《古字通假会典》,齐鲁书社 1989 年,第 545 页。

十有六。"卢文弨校改为"告禽霍侯、艾侯,俘佚侯小臣四十有六。"顾颉刚依《路史》于"艾"下补"侯"字。朱右曾注释说:"霍侯都霍,艾侯都蜀,佚侯盖附近小国来助霍、艾者。"①《世俘解》通篇"言(周武王)伐纣所获,以及党恶之国所得人数"(陈逢衡语)。佚侯作为周武王讨伐的对象,和它作为商方国的地位正好相称。

例(9)中的失侯是作为"田"的对象出现的,显然指一定范围的地域而言,由此看来,一些学者单纯把失侯(原释为先侯)理解为方国的侯长是失之偏颇的。

多数情况下,佚侯省称失,它有时是商王役使的对象:

(11)贞:翌己未勿令多射眔失……(《合集》5734正)

(12)…卯卜,宾贞:翌己未令多射眔失……于…(《合集》5735)

(13)乙酉卜,争贞:今夕令失以多射先陟…(《合集》5738)

(14)贞:乎子麦以失新射。(《合集》5785)

(15)乙巳卜,更失令。(《合集》22906)

有时又是商王杀伐、打击的对象:

(16)壬申卜,贞:雀弗其…戋失。(《合集》53)

(17)己卯卜,王贞:余乎𪓿(敦)失,余弗㪠。(《合集》7014)

(18)贞:戋失。(《合集》7016)

(19)丙子卜,戋失。(《合集》7017)

---

① 参看黄怀信、张懋镕、田旭东撰、李学勤审定的《逸周书汇校集注》,上海古籍出版社1995年,第457—458页。

(20)贞:余勿乎…辜(敦)失,钺…既(《合集》7018)

(21)己酉卜,王咸戋失,余曰雀业人伐囝…(《合集》7020)

(22)庚戌卜,令比乘伐失。(《合集》19773)

(23)其伐失利。(《合集》36536)

可见失和商王朝的关系是很不稳定的。

从河南洛阳马坡成批出土失的铜器看①,马坡一带当是佚侯故地。把马坡一带看做佚侯故地,和卜辞所反映的失的地理特征适相吻合。

(24)贞:失不其隻(获)羌。(《合集》188正)

(25)贞:失不…隻(获)羌。(《合集》189正)

(26)贞:失羌用上甲。(《合集》421)

羌位于商的西北部,失虏获羌人用于祭祀,表明失与羌毗邻。

(27)丙戌卜,贞:師在失,不水。(《合集》5810)

洛阳一带有伊、洛等水系,所以師在失,贞问是否会遇上大水。

(28)癸丑卜,罕其克夏失。(《合集》7024)

(29)辛…王…叔田…柣…(《合集》34239)

柣通失。洛阳一带利于耕种,所以商人在此有垦田活动。

失的地望的确定,为进一步认识见于同版的㠯、罕、雀等地的方位,提供了一个可靠的定点。如果沿此孜孜以求,或许会有新的创获。愿与诸君共勉。

---

① 在《殷周金文集成》中,明确记载出土于洛阳马坡的失族铜器除图六中的3、4、7、8外,还有1531、2135、3166、3306、5149、5150、5153,出土于洛阳的失族铜器除图六中的2、6外,还有2006、2115、2116、3342、3397。

校记:本文发排后,收到洛阳市第二文物工作队蔡运章研究员的来信。承他告知洛阳马坡的一些情况。现摘录如下,供大家参考。

赵平安先生:

您好!马坡村是位于洛阳市老城东北2.5公里的一个村庄,现在属洛阳市郊区瀍河乡,仍叫这个名字。该村位于瀍河东岸的邙山岭上,与洛阳北窑西周贵族墓地隔河相望。这一带的瀍水两岸,应是西周早中期的贵族墓地……因这里仍处郊区,建国后没有大规模的建设工程,故而也没有对此地进行勘探与发掘。特告!

顺颂

撰安

蔡运章　拜上

二〇〇〇年元月廿日

我们对蔡先生的帮助表示衷心的感谢。并期待着有朝一日对马坡一带进行系统科学的勘探与发掘。相信这一带不仅有西周墓地,而且有殷商墓地,而且主要应为佚人的遗存。

作者　2001年5月10日

(原载《中国社会科学院历史研究所学刊》第一集,
社科文献出版社,2001年)

甲骨文"🕮"即"曷"字说
——兼谈羯的族源

甲骨文🕮字凡数百见,异写很多,主要有以下几个类型:

a. 🕮

b. 🕮

c. 🕮 🕮

d. 🕮

e. 🕮

f. 🕮

(以上各例均引自《甲骨文编》第2卷第12页)

其中 a 出现频率较高,是最基本的一种写法。所以,有人据此把它隶定为舌,这当然是可以的。但是,舌到底是一个什么字,学术界并未取得一致的意见。

到目前为止,考释🕮的不下数十家,主要有释昌[1]、吉[2]、苦[3]、吾[4]、

---

[1] 孙诒让:《契文举例》上,蟫隐庐石印本,1927年,第32页。
[2] 王国维:《戬寿堂所藏殷虚文字考释》,艺术丛编本,1917年,第25页。
[3] 叶玉森:《殷虚书契前编集释》,1933年,第1卷,第95—97页。
[4] 唐兰:《天壤阁甲骨文存考释》,北平辅仁大学出版社,1939年,第53—54页。

是①、吷②、胡③、筑④等七种说法。以唐兰释吾影响最大，唐先生说：

> 余谓🗆为🗆在🗆中，🗆者🗆卢也，🗆为🗆之倒形。卜辞有🗆字，旧不能识（见《甲骨文编》附录33），郭沫若氏因工典连文，工或作🗆若🗆，谓"当是工之异，犹🗆之作🗆，🗆之作🗆也"（《通纂》考释63）。余谓郭以🗆为工，至精且确，惟工形实后起，由🗆省变而成，与🗆为正相似，非工变异为🗆也。🗆倒为🗆（《后》下20·7），当即🗆字所从之🗆。近见《柏根氏旧藏甲骨文字》有🗆字，即🗆，当释为扛。又有🗆字即殳，当释为攻，其所从之🗆若🗆，即🗆或🗆所从，尤为显明，则🗆为从工之字，可断然无疑。🗆象工在🗆中，以象意声化例推之，当为从🗆工声。今无其字，卜辞用为国名，则当是邛之本名。卜辞有🗆方，旧不识，余以为巴方，又有蜀，则吾当即邛筰之邛，其地略当四川之邛县。⑤

唐说"🗆即邛筰之邛"并没有为大家所接受，时下相当多的人倾向于"吾方"即"鬼方"。但"鬼方说"之所以流行实际上是基于释🗆为吾的。大家知道，王国维首先考定🗆方与鬼方地望为一⑥，这是"鬼方说"的先声。但王说没有什么字理上的依据，所以并没有多

---

① 丁山：《商周史料考证》，上海龙门联合书店，1960年，第79页。
② 饶宗颐：《殷代贞卜人物通考》，香港大学出版社，1970年，第163—164页。
③ 岛邦男：《殷虚卜辞研究》，鼎文书局，1975年，第382—383页；徐南洲：《"吾"字门外谈》，《考古与文物》1987年第3期，第57—59页。
④ 劳榦：《释狄与筑》，《董作宾先生逝世十四周年纪念刊》，艺文印书馆，1978年，第426—446页。
⑤ 唐兰：《天壤阁甲骨文存考释》，北平辅仁大学出版社，1939年，第53—54页。
⑥ 王国维：《鬼方昆夷玁狁考》，载《王国维遗书》（二），上海书店出版社，1983年。

大的市场。后来学者又从字形上进行牵合,这种局面才有了很大的改变。如董作宾认为🔲实为工字,🔲乃附加之形,疑🔲方即鬼方①。于省吾认为🔲为由之初文,从土乃形之讹,🔲从🔲工声,工鬼双声,并见母字。契文以由为鬼方之鬼②。正是由于从字形上进行了牵合,才使得"鬼方说"有越来越多的人信从。

我们想暂且撇下"🔲方是否鬼方"不谈,先来看看释🔲为由是否可以成立。

唐兰释🔲为舌是基于郭老释🔲为工。看卜辞中的"工典"早期写作🔲,第五期写作工,知🔲工确实是一个字。郭释无误。问题在于,🔲一般不写作🔲③,而🔲所从又从不倒置,也不写做工④,所以释🔲为舌尚有疑问。

同样,🔲方也不能释为鬼方。大约属于两周之际的梁伯戈(现藏故宫博物院),提供了一个强有力的反证。戈铭文曰:"氾白作宫行元用(面),印鬾方蛮,印玫旁(背)。"鬾方一般认为就是文献中的鬼方⑤。而据张永山先生考证,玫旁即玫方,亦即邛方⑥。这里邛方与鬼方同见,当然不可能是同一个部族。

我们认为🔲就是曷字,从两周秦汉文字中还能找到字形上的线索。

---

① 《殷历谱》,中央研究院历史语言研究所专刊之二十三,1945年,下编第9卷,第39页。

② 《双剑誃殷契骈枝三编》,1944年石印,第5页,《释🔲方》。

③ 《甲骨文合集》22675之🔲,显系"工典"倒文,🔲应看做🔲的倒书。

④ 《甲骨刻辞摹释类纂》把《甲骨文合集》24145中的🔲摹做舌,但这只是误摹,查原件,上半已经残缺。

⑤ 参见王国维《鬼方昆夷玁狁考》和《缀遗斋彝器考释》,上海商务印书馆,1935年,第三十卷,第13页。

⑥ 详见张永山先生《梁伯戈戈铭地理考》,待刊。

1975年出土于陕西岐山董家村、大约属于周共王时期的五祀卫鼎曷作 [图]①(井人鄀屖,第四版《金文编》第9卷,第645页);

春秋齐国金文国差𫑷邀作 [图]②(独字,第四版《金文编》附录下,第1182页);

战国秦玺印文字竭作 [图]（咸郦里竭,《古玺汇编》0182）、褐作 [图]（赵褐,《十钟山房印举》3·51）、褐作 [图]（石褐府印,《秦汉印典》1）;

秦汉之际的马王堆汉墓帛书渴作 [图]（《老子》乙本177下）;

其中曷作 [图][图][图]等形。不难看出,这种写法和甲骨文 [图] 是一脉相承的:

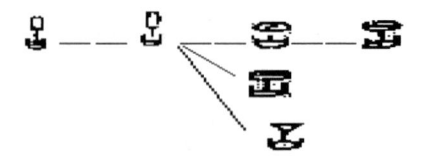

[图示]

廿作 [图] 和目作 [图]③相似,上笔由一变为人;屮作 [图] 和 [图]（曾侯乙墓竹简1）作 [图]（曾侯乙墓竹简43）相类,上面竖笔穿透下边横划。

在秦系文字中曷还可以写作 [图]（马王堆汉墓帛书《老子》甲本74褐所从）、[图]（睡虎地秦简《为吏之道》1谒所从）,是 [图] 的进一步演变：

[图]—[图]—[图]

屮作 [图],与 [图]（包山楚简2·123）作 [图]（包山楚简2·91）、[图]（曾侯乙墓竹简212）作 [图]（楚帛书甲7·34）相仿佛,都是字中的十变成×,这类例子其实还有不少。

---

① 字下 [图] 略有残泐。
② 此字旧不识,应隶定为邀。敫字战国多见,在此用为声符。邀很可能就是后世的遏字。邀之与遏,殆与邀之与速相类。
③ 参见施谢捷《古玺复姓杂考(六则)》"甘士"条,载王人聪、游学华编《中国古玺印学国际研讨会论文集》,香港中文大学文物馆,2000年,第39—42页。

《说文·曰部》:"曷,何也。从曰,匃声。"这是把曷当做形声字来处理。朱德熙先生对此有不同的意见,他指出:"《说文》认为曷从曰匃声,匃显然是🙂形的讹变。"①联系古文字的实际看,朱说是完全可以成立的。

和秦系文字比较而言,战国时代六国文字中的曷写法更加纷繁复杂,但只要细细寻绎,就会发现其实是万变不离其宗的。

晋系文字作🙂(《古玺汇编》1206 阖所从)、🙂(同上书 1883 歇所从)、🙂(同上书 0816 渴所从)等形;

中山国曷作🙂(中山王䤯壶渴所从,第四版《金文编》第 11 卷,第 737 页)、🙂(守丘刻石谒所从,《甲金篆隶大字典》第 145 页)等形;

与西周春秋、战国秦、秦汉文字不同的是,在原字上加上"口"或'曰',这正是古文字里常见的作风②。是一种司空见惯的现象。

楚文字的曷一般写作🙂(郭店楚简《缁衣》40、《语丛》四歇所从)、🙂(楚帛书丙 1、4 歇③所从),和晋、中山文字最大不同是:把缀加的口形移到了字的上面。这大概是为了字式的需要。

上面我们梳理了古文字中与曷有关的字形,并论证了甲骨文🙂就是曷字。接下来分析一下曷在甲骨文中的用法。

甲骨文的"曷"主要与"方"连用。曷方是殷最大的敌国之一,她一出动常常给商人带来祸患:

---

① 《长沙帛书考释五篇》,载《古文字研究》第十九辑,中华书局,1992 年,第 295 页。

② 可参看何琳仪《战国文字通论》(中华书局,1989 年)第 197 页和滕壬生《楚系简帛文字编》(湖北教育出版社,1995 年)第 33 页。

③ 《长沙帛书考释(五篇)》,载《古文字研究》第十九辑,中华书局,1992 年,第 295 页。

(1) 壬子卜,㱿貞:㝬方出,隹我㞢作囧。

壬子卜、㱿貞:㝬方出,不隹我㞢作囧。五月。

(《合集》6087 正)

故商人时常要警惕㝬方的动向:

(2) 貞:叡人五千乎視①㝬方。

(《合集》6167)

(3) 貞:勿叡人乎望㝬方。

(《合集》6182)

商人对㝬方常言征伐:

(4) 㝬方其来,王逆伐。

㝬方其来,王逆伐。

(《英》555)

(5) 貞:王勿令㚔以众伐㝬方。

(《合集》28)

(6) 癸酉卜,㱿貞:乎多叟伐㝬方,受㞢……

……辰卜,㱿貞:羽辛未令伐㝬方,受㞢又。一月。

……卜,㱿貞:乎多叟伐㝬方,受㞢又。

(《合集》540)

(7) 貞:勿隹王往伐㝬方。

乎多臣伐㝬方。

(《合集》614)

(8) 叡人三千乎伐㝬方,受㞢又。

---

① 裘锡圭先生把甲骨文中的读为視,参见所著《甲骨文中的见与視》,载《甲骨文发现一百周年学术研讨会论文集》,台湾师范大学国文系、中研院历史语言研究所编,文史哲出版社,1999年,第1—6页。

贞:勿乎伐舌方。

(《合集》6168)

(9)戊辰卜,宾贞:昜人乎往伐舌方。

(《合集》6177 正)

(10)贞:勿昜人乎伐舌方,弗其受止又。二告。

(《合集》6178)

(11)辛未卜,㱿贞:王勿逆伐舌方,下上弗若,不我其受又。六月。

(《合集》6204 正)

(12)辛亥卜,㱿贞:勿隹王往伐舌方。

贞:勿隹往伐舌方,下上弗若,不我其受又。

(《合集》6220)

(13)伐舌方弋。

(《合集》6282)

(14)己丑卜,㱿贞:令戉来曰:戉罙(?)伐舌方。才十月。

(《英》1179 正)

(15)贞:叀王正舌方。

(《合集》6313)

(16)癸酉卜,贞:六月𢀛弋舌方。

(《合集》6293)

(17)己酉卜,永贞:我弋舌方。九月。

(《英》78 正)

舌方有时省称舌:

(18)贞:乎伐舌,不舌黾。

辛酉卜,争贞:勿乎以多叟伐舌方,弗其受止又。

(《合集》547)

(19)贞:亩王往伐曷方。

贞:亩王往伐曷。

(《合集》614)

(20)贞:亩王往伐曷方。

贞:亩王往伐曷。

(《合集》615)

(21)贞:乎伐曷,受㞢又。

贞:勿乎伐曷方。

勿乎伐曷。

(《英》560)

在这些同版卜辞中,时而称"曷方",时而称"曷",说明"曷方"和"曷"为同一事物的异称①。

在我看来,卜辞中的"曷",很可能就是晋世崛起中原的五胡之一——羯,只不过后来在原字基础上加上"羊"旁而已。对少数民族进行丑化,在其名称上加上表示动物的偏旁,这类例子并不鲜见。

我们知道,五胡中的"匈奴、鲜卑、氐羌皆习见于经传史乘,族类源流,理然可睹;独羯族前史未闻"②。不少学者根据东汉以后的史料进行研究,希望解开这个谜团。这里特别要提到谭其骧和唐长孺两位先生。

谭先生根据羯人深目、高鼻、多须的体貌特征,对佛的信仰,勒、虎诸载记辄称其种人曰胡,而前赵、北凉、夏诸主之载记则不

---

① 可参看吴其昌:《殷虚书契解诂》,艺文印书馆,1960年,第305—310页。

② 谭其骧:《羯考》,《益世报》1947年1月9日,《历史与传说》第一期;又载《长水集》(上),人民出版社,1987年,第224页。

然，以及勒初起时十八骑中支雄、支屈六、夔安系出中亚，指出羯出于西胡，本中亚索格亚那、塔什干一带伊兰族人之专名①。

唐先生也从宗族、风俗、体貌特征以及姓氏几方面探讨了羯胡和西域的关系。但他并不认为羯胡就是西域胡。只是说羯胡中有若干出于西域的姓氏而且占很大比例而已。这些包含在羯胡中的西域胡决非直接来自西域，大概他们的祖先已经是匈奴部族中的一部分，又以匈奴名义迁居各地②。

谭唐二氏都承认羯和西域胡之间有千丝万缕的联系。分歧在于一个说羯出自西胡，与匈奴没有关系，一个说羯相当一部分属于西域胡，但是很早就成为匈奴的一部分。

唐说比较好地照顾到了《晋书·石勒载记》上"其先匈奴别部羌渠之胄"以及《魏书·羯胡石勒传》"其先匈奴别部"这些正史记述，较谭说似更为周全。

甲骨文中的曷主要见于武丁晚期至祖庚卜辞③，祖庚以后就悄然消失了④。过去一般解释是被打垮了、消灭了。

---

① 谭其骧：《羯考》，《益世报》1947年1月9日，《历史与传说》第一期；又载《长水集》(上)，人民出版社，1987年，第224页。

② 唐长孺：《魏晋杂胡考·羯胡》，载《魏晋南北朝史论丛》，生活·读书·新知三联书店，1955年，第414页。

③ 《甲骨刻辞摹释类纂》把《甲骨文合集》35232 释做"……酉贞卜……伐吾其……"，定为第四期卜辞，查原件发现，所谓吾实际上作凸，与吾字不同，应排除。

④ 林小安指出："除了宾组卜辞和出组卜辞有卜'伐▨方'卜辞外，整个殷墟卜辞未见其它任何卜辞贞卜'伐▨方'之事。自组卜辞是武丁早期卜辞，其中就没有'伐▨方'卜辞。子组卜辞、午组卜辞是武丁早、中期之间的卜辞，其中也没有'伐▨方'的卜辞。而宾是武丁中后期卜官，'伐▨方'卜辞绝大多数是宾组；出是祖庚时期卜官，'伐▨方'卜辞中极少部分是出组，这一情况表明，'伐▨方'的年代定为'武丁晚期至祖庚时期'是确定无疑的。"见《再论"历组卜辞"的年代》，《故宫博物院院刊》2000年第1期，第13—22页。

这样解释乍一看也说得通。可是,曷作为殷的大敌,长期与殷开战,且久战不决,而祖庚以后突然消失得无影无踪,一般说应该出于异乎寻常的原因。

我们可做这样一种推断:曷人在与殷长期作战中遭到重创,于是在祖庚时期被迫西迁,直到西域一带。这和汉文帝时月氏人为匈奴冒顿单于所败,其族人大部西迁塞种地区其实有着惊人的相似之处。

正是由于曷人突然西迁,汉魏时期才东迁而来,所以先秦汉籍中找不到羯人的任何信息。

羯人东迁后居于上党郡一带,这一带位于今山西省的东南部,与曷的祖居地陕晋交界中间偏南[①]毗邻,由此看来,羯的东迁或许是基于一种寻根情结。在世界民族史上,寻根情结所起的作用有时是我们今人所难以想象的。

说甲骨文"曷"即魏晋时的"羯"还可以从曷的形义上找到内在的联系。

《通典·乐器》:"羯鼓,正如漆桶,两头俱击,以出羯中,故号羯鼓,亦谓之两杖鼓。"《新唐书·礼乐志十一》:"羯鼓,八音之领袖,诸乐不可方也。"唐南卓《羯鼓录》:"羯鼓出外夷,以戎羯之鼓,故曰羯鼓。……䍧如漆桶,下以小牙床承之。击用两杖,其声焦杀鸣烈,尤宜促曲急破,作战杖连碎之声,又宜高楼晚景,明月清风,破空透远,特异众生。"书中所记羯鼓的形制,和前蜀王建墓浮雕上的实物图像(见附图)可以相互印证。

---

① 岛邦男将曷的位置定在山西、陕西交界偏北一点的地方,详所著《殷虚卜辞研究》,鼎文书局,1975年,第382—383页。锺柏生认为"应在两省交界中间偏南比较妥当",《殷虚卜辞地理论丛》,艺文印书馆,1989年,第191页。

击羯鼓
(前蜀王建墓浮雕)

对照古书的记述和实物图像来分析,可知⿱上像羯鼓侧视形(甲骨文往往把圆体画成方形),丄为牙床之类,凵为底座。

羯族和羯鼓的得名究竟是一种怎样的因果关系,现在很难确知,但无论如何,两者有着很深的渊源,是可以肯定的。与其说羯居羯室因称羯胡①,还不如说羯以其拥有特异之羯鼓故称羯,或羯鼓以其为羯拥有故称羯鼓来得更为直接。

山西西南部天马—曲村遗址的发掘,也给予我们一些有益的启示。这个遗址可划分为五个大的阶段:第一阶段——仰韶文化中晚期,第二阶段——龙山文化早期,第三阶段——东下冯类型二里头文化晚期,第四阶段——西周早期至东汉晚期,第五阶段——金元明时期。从第一阶段末到第二阶段,年代相距不远,两者的文

---

① 《后汉书·吴盖陈臧列传第八》:"至于山西既定,威临天下,戎羯丧其精胆,群帅贾其余壮,斯诚雄心尚武之几,先志觐兵之日。"唐李贤注:"羯本匈奴别部. 分散居于上党、武乡、羯室,因号羯胡。"对于这种说法,陈寅恪、谭其骧、唐长孺等先生都予以批驳,分见《陈寅恪魏晋南北朝史讲演录》(万绳楠整理,黄山书社,1987 年,第 84—86 页),以及谭其骧先生《羯考》和唐长孺先生《魏晋杂胡考》。

化却有着明显的差别;第二阶段到第三阶段,相距好几个文化期;第三阶段和第四阶段隔着整个商代;第四阶段至第五阶段,很长时间未留下任何文化遗迹①。这种情况表明,山西西南部确曾有民族杂居和民族迁移的情况。释曷为羯与这种情形正好暗合。

(原载《揖芬辑——张政烺先生九十华诞纪念文集》,社科文献出版社,2002年;又载《国际中国学研究》第5辑,韩国中国学会,2002年。今据后者收入本集)

---

① 参看邹衡:《〈天马——曲村遗址田野考古发掘报告(壹)〉结语》,载《夏商周考古学论文集》(续集),科学出版社,1998年,第315页。

"達"字兩系说
——兼释甲骨文所谓"途"和齐金文中所谓"造"字

在我们过去的认识中,已经知道"達"字最早见于西周金文,作：

達(墙盘)

達(保于達簋)

達(师衰簋)

達(達盨盖)

等形。战国时代,燕玺作：

達(《玺汇》1340)

達(同上 2819)

達(同上 3530)

達(同上 3948)

秦简作：

達(睡虎地十一号秦墓《日书》甲 6)

達(同上《日书》乙 7)

秦代封泥则作：

達(《考古与文物》1997 年第 1 期)

结构与之大同小异。字也见于《说文》,作達,与上述写法仍属于一路,但其"十"已变成"大"。结合汉代文字资料看,《说文》这种写法很可能出现于汉代,可以称之为汉篆。

《说文·辵部》:"達,行不相遇也。从辵,羍声。"是以汉篆为说,与此前古文字实际并不完全吻合。同书《羊部》:"羍,小羊也。从羊,大声。读若達。𢄀,羍或省。"羍也见于古玺,写作𢄀(《玺汇》3650),和同时期達字所从相同,与《说文》羍字异体相近,属于羍的古字。由此可以了解,《说文》对羍的分析同样局限于字头篆文,不符合它的古形。我们还可以从形声结构的一般规律出发,根据羍的古形及其演变轨迹与達所从相同,认为《说文》对達作形、声两分应该是正确的。

以前对達的理解,大致就停留在这样一个层面上。

近年来,由于楚简新资料陆续问世,认出了另一系列的達字,从而拓展和深化了对達的认识。

1995年,江陵九店楚简发表,在李家浩先生所作释文[①]中,首次把𤻮释为達。这篇释文没有注解,我们不知道释读依据是什么。但那时郭店简尚未发表,推测很可能是通过与睡虎地秦简《日书》对读出来的[②]。

九店简達字用例很少,加之处于《日书》当中,并没有引起广泛的注意。人们真正给予達字以极大关注,是荆门郭店简发表以后。

郭店简中多次出现達字,主要有下列各形:

  a. 𤻮(《语丛》1.60)

---

 ① 《江陵九店五十六号墓竹简释文》,载《江陵九店东周墓》,湖北省文物考古研究所编著,科学出版社,1995年,第507页。

 ② 李家浩先生在《睡虎地秦简〈日书〉"楚除"的性质及其他》一文里,提到他在整理九店简的过程中,经常参考秦简《日书》,文载《中央研究院历史语言研究所集刊》第70本第4分,1999年12月,第884页。

b. 遽（《五行》43）

c. 遼（《穷达以时》11、14、15）

d. 邍（《语丛》1.60）

e. 遂（《老子》甲8）

整理者在《老子》甲注[19]中指出："達,简文作遂,《古文四声韵》引《古老子》'達'作遂,与简文相近似。"[1]从形体上肯定了 e 与《古老子》達的联系。

郭店简多为儒道两家文献,一些简文可与其他传本对读。如郭店《老子》甲 8"长古之善为士者,必非（微）溺玄達,深不可志（识）。"马王堆汉帛书《老子》乙本 230 上："古之囗为道者,微眇（妙）玄達,深不可志（识）。"郭店《五行》43："胥胅胅達者君子道,胃（谓）之臤（贤）。"马王堆汉帛书《五行》207："索卢卢,達于君子道,胃（谓）之贤。"与郭店简 b、e 对应的文字,帛书本都作達。郭店简 a、c、d 与 b、e 形近,释为達文例也很通畅：

正（政）不達彣[2]生虖（乎）不達其慮（然）也。（《语丛》1.60）

童（动）非为達也……（《穷达以时》11）

宭（穷）達以쒉（时）,惪（德）行戈（一）也。（《穷达以时》

---

[1] 荆门市博物馆：《郭店楚墓竹简》,文物出版社,1998 年,第 114 页。
[2] 此字李天虹博士认为读为文,见所著《释楚简文字"虙"》,《华学》第四辑,饶宗颐主编,紫禁城出版社,2000 年,第 85—88 页；李家浩先生指出这个字见于《古文四声韵》、《汗简》引石经,为古文闵字,见张富海：《北大中国古文献研究中心"郭店楚简研究"项目新动态》,简帛研究网（http://www.bamboosilk.org）,2000 年 6 月 2 日,又载邢文主编的《国际简帛研究通讯》第 5 期第 5 页；李学勤先生认为此字从民、从旻,加"彡",应隶作彣,是彣的专用写法,参见《试解郭店简读"文"之字》,清华大学郭店楚简读书班,2000 年 11 月 2 日。据说裘锡圭先生也有类似意见。

14)

  宎(穷)達以耑(时),譽(幽)明不再。(《穷达以时》15)
因此,郭店简的整理者把 a 至 e 诸字释为達,是确定无疑的。

  在郭店《语丛》1.60 中,a 和 d 一简一繁,互为异体。由简体可以推知包山简 2.111 的 ▨ (2.112、2.113 略同)应为達①,由繁体可以推知包山简 2.119 的 ▨ 也是達字②,简文都用作人名。过去有学者把前者释为造③,后者释为达④,现在看来是靠不住的。

  郭店简中还有这样一个字形:

  f. ▨ (《性自命出》54)

  整理者把它隶作達⑤。但在后面的括弧里加了问号,表示不能肯定。从字形看,它是在前举達字 a、b 的写法上加"月",很可能是为了表音的需要(達月同属月部),字应释達。这样理解,简文"亚(恶)之而不可非者,達于义者也",并无捍格。

  同类写法也见于《包山楚简》2.121 和《古玺汇编》3528,分别作:

  g. ▨

  h. ▨

之形,是在 c、d、e 之类写法上加"月"声,也是達字,例中用为人名。

---

 ① 徐在国:《楚简文字拾零》,《江汉考古》1997 年第 2 期,第 81—84 页;李零:《读〈楚系简帛文字〉》(36)条,载《出土文献研究》第五集,中国文物研究所编,科学出版社,1999 年,第 142 页。

 ② 徐在国和郭店简的整理者已经指出,参见《楚简文字拾零》第 84 页和《郭店楚墓竹简》第 114 页注[十九]。

 ③ 如滕壬生:《楚系简帛文字编》,湖北教育出版社,1995 年,第 134 页。

 ④ 汤余惠:《包山楚简读后记》,《考古与文物》1993 年第 2 期,第 69—79 页;又滕壬生:《楚系简帛文字编》,第 157 页。

 ⑤ 荆门市博物馆:《郭店楚墓竹简》,文物出版社,1998 年,第 181 页。

楚系達字异体众多，a 至 e 出现较早，f 至 h 较为晚出。

達字构形也很奇特，以 c、d、e 而言，中间部分和同期舍、害相比，似是而非。舍字楚简或作舍（郭店《老子》乙 16）、舍（同上 10）、舍（包山 2.120）、舍（包山 2.154），害字多作害（郭店《老子》甲 4）、害（郭店《老子》丙 4）等形①，与之相去有间，不大可能是一个字。

由战国楚系文字達字的写法，我们不难联想起甲骨文中的所谓"途"字。这个字异体很多，归纳起来大致有以下几种类型：

i. ↨（《合集》32229）↨（《合集》32899）

j. ↨（《合集》6055）↨（《合集》6051）↨（《合集》6667）

k. ↨（《合集》6028）↨（《合集》6667）↨（《合集》6667）

l. ↨（《合集》32911）↨（《合集》6056）

m. ↨（《合集》6031）↨（《合集》6034 正）

n. ↨（《合集》6033 反）↨（《合集》6040）

o. ↨（《屯》134）↨（《合集》6032 正）↨（《合集》6037 正）

p. ↨（《合集》68）

q. ↨（《合集》6978）

以往学者们把它释为途主要是根据 l 类第二形的写法。它所从与甲骨文余字完全相同。但是，在《合集》的范围内，我们作了一次定量分析，发现 l 类第二形写法在所谓途字用例中所占比例很小，不超过百分之五。与之相反，甲骨文中的余百分之九十七的写法作余或余，这说明过去是把所谓途非常态的写法和余字常态写法作比

---

① 如滕壬生《楚系简帛文字编》字头害下所录包山简诸字，均为误释。湖北教育出版社，1995 年，第 612 页。

较,并以此为根据来考释途字的。在《英国所藏甲骨集》180中,所谓途和余字见于同一条卜辞,前者作👆,后者作👇,也可以作为"途"所从与余不是一字的辅证。因此仅从字形上看,释途的证据是十分脆弱的。

差不多绝大多数学者接受了于省吾先生的说法[1],把所谓途读为屠。这种读法实际上也是有问题的。从情理上讲,所谓"途"的对象往往是殷王室的亲眷、重臣、领地诸侯,对这类人群,殷王室绝无大规模自相屠戮之理[2]。从词汇学的角度看,把"途"读为屠,也颇多窒碍。一、屠字出现很晚,所能见到的用例基本上是战国以后的。二、从较早的用例看,屠后面多接牲畜名,其本义为屠宰牲畜,后来才引申为残杀生命。《荀子·议兵》"不屠城"注:"屠谓毁其城,杀其民,若屠者然也。"屠字当屠杀讲时,始终是带有一点贬义色彩的。卜辞所谓途都是商王直接或间接发出的动作,贞人作为其臣属,竟用贬义词来表示,是难以想象的。

如果把甲骨文中所谓途和战国时楚系達字比较,就会发现两字之间有明显的形体联系。特别是甲骨文i与楚简a、b、d,甲骨文j第一形与楚简c,甲骨文j第三形与《古文四声韵》引《古老子》達,联系更为直接。为便于比较,特列表如下:

---

[1] 于说和其他各家的说法请参看于省吾先生主编《甲骨文字诂林》,中华书局,1996年,第一册第859—861页。简单的提示也见于松丸道雄、高岛谦一:《甲骨文字字释综览》,东京大学东洋文化研究所,1993年,第51、430页。

[2] 过去已有个别学者指出"途子妻""途子姶"的"途"读为屠"不可解",见《甲骨文字诂林》第一册第861页途下按语。林小安在《殷墟卜辞奎字考辨》中推阐了这种说法,把途改读为舍。文见《第三届国际中国古文字学研讨会论文集》,香港中文大学,1997年,第147—154页。

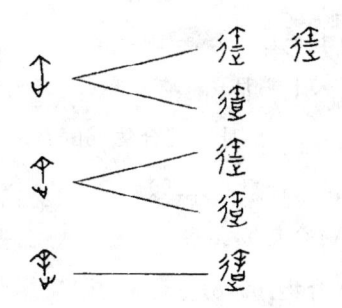

它们之间的不同主要在于字的下部，或加"二"，或加"口"，或同时加上"二"和"口"。

我们知道，在字的下部加"二"、"口"，正是古文字特别是战国文字常见的作风。前者如弘作㟁（包山2.102）、和作㖊（《玺汇》4692）、向作㘔（《玺汇》3059）、共作㷉（《玺汇》1741）、相作㮇（《玺汇》1859），后者如丙作㞋（包山2.50）、巫作㘽（侯马盟书156:19）、组作㮂（曾侯乙墓竹简5）、纪作㮌（楚帛书乙4.14）等，类例很多。同时加上"二"和"口"的如命作㚔（郭店《语丛》1.2）。楚文字達就是在甲骨文所谓㦯字的基础上演变而来的。因此，甲骨文所谓㦯应释为達。

《诗经·商颂·殷武》："挞彼殷武，奋伐荆楚。"《经典释文》引《韩诗》云："達也。"《郑风·子衿》："挑兮達兮。"《太平御览》489引達作挞。西周金文《墙盘》："達殷畯民。"陈初生读達为挞。以为"'達殷畯民'与《尚书·多士》'乃命尔祖成汤，革夏俊民'之'革夏俊民'类似。"①说明古汉语里達和挞是相通的。

卜辞里有些達正读为挞，表示"挞伐"的意思，如：

……犂其達虎方告于大甲，十一月。

---

① 《金文常用字典》，陕西人民出版社，1987年，第181页。

……鼻其達虎方告于丁,十一月。

……鼻其達虎方告于祖乙,十一月。

……貞:令望乘罙鼻達虎方,十一月。(《合集》6667)

丁未貞:王令卯達辨①方。(《合集》32229)

庚辰貞:令乘望達辨方。(《合集》32899)

……令……(……達🈯。(《合集》6978)

"虎方"和"辨方"是我们熟知的殷的敌人。🈯与之一样,在《合集》6974和6976乙中,载有"🈯🈯"之事,"戈"和"挞"意义相近,都是指对敌采取军事行动而言。

这类用法的挞见于《尚书》。《顾命》②:"昔君文王武王宣重光,奠丽陈教,则肄肄不违,用克達殷集大命。"曾运乾《尚书正读》:"達,即古挞字,犹云挞伐也。"屈万里《尚书释义》:"達,挞也。"王世舜《尚书译注》,江灏、钱宗武《今古文尚书全译》,臧克和《尚书文字校诂》释为"挞伐"、"讨伐"和"击"③。《孟子·梁惠王章句上》:"壮者以暇日修其孝悌忠信,入以事其父兄,出以事其长上,可使制梃以挞秦楚之坚甲利兵矣。"杨伯峻把挞理解为"抗击"④,正是"挞伐"一义的延伸。

---

① 这个字过去隶作疒,释为危。我认为它就是笄的本字。字下加奴,就是战国文字中李家浩先生释"弁"的那个字的前身,小篆演变为皃。卜辞中所谓"下疒"应读为下辨,《汉书·地理志》属武都郡。相应地,"疒方"应读为辨方,辨方就是下辨。第五期卜辞"在疒贞"中的"疒"应读为卞,为古县名,故治在今山东泗水东部,正是征尸方所经之地。参见拙文《释甲骨文中的"🈯"和"🈯"》,《文物》2000年第8期,第61—63页。

② 《顾命》一篇,据《史记·周本纪》记载,作于成康之际,但此说实不可从。宋人蔡沈认为本篇为史官所作,当代学者多认为是东周时的作品。

③ 见《尚书译注》,四川人民出版社,1982年,第257页;《今古文尚书全译》,贵州人民出版社,1990年,第401页;《尚书文字校诂》,上海教育出版社,1999年,第504页。

④ 《孟子译注》,中华书局,1960年,第11页。

卜辞中绝大多数達读如字,当"致"讲,表示"让……来"或"让……去"的意思,譬如:

贞:叀陕令達㞢,八月。(《合集》6047)

……卜,宾贞:令屮達㞢。(《合集》6049)

贞:叀陕令達。二告。

癸酉卜,宾贞:令龐達㞢,八月。(《合集》6050)

"㞢"是商王的臣属,卜辞常见。"贞:㞢呼来。"(《合集》156)"贞:㞢其来。二告。"(《合集》891 正)"贞:令㞢。"(《合集》4104)"贞:㞢㞢王事。二告。"(《合集》12963 正)皆其例。

叀令達子妻。(《合集》32770)

庚子贞:王㚔達子妻。(《合集》32773)

……师般達子妻。(《合集》32900)

令達子妻。(《屯》134)

庚子贞:王令㚔達子妻。(《屯》1115)

乙未卜,宾贞:令勿達子央于南。(《合集》6051)

贞:呼𠂤達子婍来。

贞:勿呼𠂤達子婍来。(《合集》10579)

最后一例中的"来",与《合集》20907、21739 用法相同,指来地,"達子婍来"语法结构与"達启于并"(详后文)相仿佛。"子妻"、"子央"、"子婍"(又称婍)是商王子族,受商王差遣和挂念,同时也对商王有所贡纳。"贞:叀子妻呼伐。"(《合集》6209)"乙丑贞:王令子妻叀丁卯。"(《合集》32774)"壬戌,子央示二屯,岳。"(《合集》11171 臼)"戊申卜,㱿贞:呼子央有……"(《合集》13726)"己酉卜,宾贞:婍㠯凡有疾。"(《合集》13868)足为证明。

贞:王勿往達众人。(《合集》67 正)

贞:王達众人。(《合集》68)

贞:勿令菁達弢。(《合集》6045)

乙酉贞:王令🐾達亚侯,又。(《合集》32911)

癸巳卜,宾贞:令伐,達𢀩师。(《合集》6051)

戊寅卜,宾贞:令㠯達启于并,八月。(《合集》6056)

"弢",又作𢀩①。它和"众人"、"亚侯"、"𢀩"、"启"也是商王差遣的对象。"己巳卜,争贞:呼众人于蠢。"(《英》607)"……今五月呼众人步。"(《合集》37)"庚子卜,其呼𢀩。"(《合集》4803)"呼𢀩鼓正。"(《合集》4805正)"乙未贞:其令亚侯𢀩钛小……"(《屯》503)"辛巳贞:𢀩以妻于㫚于奠。"(《英》2413)"贞:勿呼以启。"(《合集》17655正)结合这些卜辞可以看得很清楚。

这类用法的達也常见于古籍。《周礼·夏官·怀方氏》:"掌来远方之民,致方贡,致远物,而送逆之,達之以节。"郑玄注:"達民以旌节,達贡物以玺节。"《国语·吴语》:"(越王)因使人告于吴王曰:'天以吴赐越,孤不敢不受。以民生之不长,王其无死!民生于地上,寓也。其与几何?寡人其達王于甬句东,夫妇三百,唯王所安,以没王年。'"韦昭注:"達,致也。"

有时候,由于達的对象与殷王朝关系密切,卜辞中的達既可理解为"挞伐",也可理解为"致"。如:

贞:勿呼達沚。(《合集》6034正)

从《合集》6993、21035看,"沚"是商王征伐的对象,而在同书3967正、7541、6937中,"沚"又是商王"呼""令"的对象。因此孤零零

---

① 李孝定、姚孝遂先生都以为𢀩弢一字。见《甲骨文字集释》第3848页,中央研究院历史语言研究所,1970年再版;《甲骨文字诂林》第2623页。

的一句"勿呼達沚",理解为"勿呼達(挞)沚"和"勿呼達(致)沚",都说得通。

有些達由于宾语含义不明(主要是用例太少),一时弄不清它的具体用法,如:

> 甲戌卜,殼贞:翌乙亥王達首,亡囚。(《合集》6032 正)
>
> 贞:翌庚辰王往達首。(《合集》6033 反)
>
> 贞:翌庚申我伐,易日。庚申明𣊡①(阴),王来達首②,雨。(《合集》6037 正)
>
> 王臣固……達首若。(《合集》11506 反)
>
> 己丑卜,古贞:王達首,无㕟③。(《合集》916 正)

这些辞例中的達有待进一步的研究〔编按:黄天树先生后来有一个解释,认为"达首"的"达"也当"致"讲,"达首"即"致首",是古代猎首风俗的反映。见《略论甲骨文中的"省形"和"省声"》和《甲骨文中有关猎首风俗的记载》,发表于《语言文字学论坛》第一辑(中国社会科学出版社,2002 年)和《中国文化研究》2005 年夏之卷,又收入《黄天树古文字论集》(学苑出版社,2006 年),第 299—311、412—421 页〕。

---

① 这个字郭沫若先生以为当是冢之古文,读为雾。于省吾先生分析为从隹曰声,认为就是雾的古字。古文字隹与鸟多无别,某种鸟鸣预知将雾,故字从隹。孙常叙先生在仔细比较分析了𣊡雀的字形和用例后指出:"'𣊡'和'雀'是一字之变体。它俩在卜辞中,都是用来写阴晴之阴的。"此说已得到许多学者的认同,参见《𣊡雀一字形变说》,载《孙常叙古文字学论集》,东北师范大学出版社,1998 年,第 30 页。

② 李学勤先生在《"三焰食日"卜辞辨误》中指出:"'逢首'一词又见《佚存》574、《乙编》3401 与 6419 等。《乙编》6419 卜'伐',后云:'王来𠦪首',可知是由王亲自执行的一种行为,且与祭祀有关。"《夏商周年代学札记》,辽宁大学出版社,1999 年,第 20 页。

③ 此字裘锡圭先生隶作㕟,认为就是秦简的蒿,《说文》的𧅒,读为害。说见《释"㕟"》,载《古文字学论集(初编)》,香港中文大学,1983 年,第 217—227 页。

春秋齐国铜器《鮥镈》和《叔夷镈》中的 遣 和 達，旧或释为造[①]，从字形和文例看，也应释为達。《鮥镈》："侯氏達之曰：'枼万至于辝（台）孙子，勿或俞（渝）改。'"《叔夷镈》："鮴协而九事，卑（俾）若钟鼓，外内剴辟（闢），戎＝燮＝。達而朋剸[②]，母或丞頛。"两个達，用法相近，都可以理解为传达、告诉。

从上面的分析看，達字整个商周时代一直具有两系，一系从甲骨文到春秋战国时期的齐楚，一系从西周金文到战国的燕秦。两系達字声符写法不同，而子声符 十 或 十 十 等，显然是同一个字的不同写法。古文字往往在竖划的中间加上一点，又往往拉成一横[③]。这表明两系達字实际有着相同的渊源。秦国书同文后，齐楚一系的达字被废，燕秦一系的被保留下来。这种一字长期具有两系，并呈现明显地域分布的现象是汉字发展史上特别值得关注的。

本文引书简称表

玺汇　　古玺汇编

陶汇　　古陶文汇编

---

① 郭沫若说："遣亦造之繁文，鮥镈'侯氏从徸之'，彼省从彳，读为告，字复以缶为声也。此乃后起之复声字。"载《两周金文辞大系考释》，上海书店出版社，1999年，第207页。

② 郭沫若指出："'佣剸'犹言友僚，辛鼎'虔用昔辱剸，多友赘辛万年佳人'，与此为互证。'丞頛'者，丞为肓省。《说文》'肓，骏也'，《广雅·释诂》'肓，痴也'。頛，《说文》云'难晓也'。故'丞頛'犹言痴迷。"载《两周金文辞大系考释》，上海书店出版社，1999年，第208页。（编按：李家浩先生疑'丞頛'应该读为"沉迷"，似较郭说为优。见《齐国文字中的"遂"》，发表于《湖北大学学报》1992年第3期，收入《著名中年语言学家选集·李家浩卷》，安徽教育出版社，2002年，第35—52页。此点蒙吴振武先生提示。）

③ 唐兰：《古文字学导论》（增订本），齐鲁书社，1981年，第224页。

秦陶　　秦代陶文
合集　　甲骨文合集
屯　　　小屯南地甲骨
佚存　　殷契佚存
乙编　　殷墟文字乙编

附记：甲骨文中有一个作狄、狩等形的字，与《说文》達的异体同形，有人把它释为達。这个字卜辞用为人名，无论从形体还是用法看，都和我们所释甲骨文中的達字无关。《说文》達字异体达，应是篆文達的省体或借字。总之，达成为達的异体是很晚以后的事，所以本文谈達的系列，不涉及此字。

（文中对甲骨卜辞中達字用法的分析，多承李学勤先生指教，沈培博士也提出了十分宝贵的意见，作者于此一并表示衷心的感谢。）

2000年5月写毕

（原载《中国文字》新廿七期，艺文印书馆，2001年；又载《古文字与汉语史论集》，中山大学出版社，2002年。今据后者收入本集）

[附]

"达"字"针"义的文字学解释
——从一个实例看古文字字形对词义训诂研究的特殊重要性

《左传·成公十年》：

> 晋侯梦大厉，被发及地，搏膺而踊，曰："杀余孙，不义。余得请于帝矣！"坏大门及寝门而入。公惧，入于室。又坏户。公觉，召桑田巫。巫言如梦。公曰："何如？"曰："不食新矣！"公疾病，求医于秦。秦伯使医缓为之。未至，公梦疾为二竖子，曰："彼，良医也，惧伤我，焉逃之？"其一曰："居肓之上，膏之下，若我何？"医至，曰："疾不可为也，在肓之上，膏之下，攻之不可，达之不及，药不至焉，不可为也。"公曰："良医也。"厚为之礼而归之。六月丙午，晋侯欲麦，使甸人献麦，馈人为之。召桑田巫，示而杀之。将食，张，如厕，陷而卒。小臣有晨梦负公以登天，及日中，负晋侯出诸厕，遂以为殉。[①]

这段叙述形象生动，内容十分重要，在中国文学史和医学史上有着显著的地位，成语"病入膏肓"就出自这里。正是由于这些原因，它历来备受瞩目，现在的大学和中学课本里都能见到它的踪影。但是这样一个名篇，仍然有些问题未能真正得到解决，"攻之不可，达之不及"，就是其中之一。

---

① 杨伯峻编著：《春秋左传注》（修订本），中华书局，1990年，第849—850页。

该句下晋杜预注:"达,针。"[1](p709)清刘文淇疏证:"疡医凡疗疡以五毒攻之。注:攻,治也。杜注:达,针。案缓言病已深入。非外治所能疗。"① 近人杨伯峻注:"攻指灸,达指针。"② 主要的《左传》注本,基本上呈两种状况:或不注,或沿袭杜预的注法。

考察杜注有着更早的渊源。汉荀悦《申鉴·杂言上》:"膏肓纯白,二竖不生,兹谓心宁。省闼清净,孽不生,兹谓政平。夫膏肓近心而处陁,针之不远[达]③,药之不中,攻之不可,二竖藏焉,是谓笃患。故治身治国者,唯是之畏。"④ 荀氏用病入膏肓的典,正是把达理解为针。可见,训达为针大约是汉晋人比较普遍的认识。

《艺文类聚》卷第七十五引此句作:"攻之不可达针之不及"⑤。把注文针误入正文,在一定程度上折射出唐人对达的看法。

达训针古注仅见于这一典故⑥。《经籍纂诂》、《故训汇纂》等

---

① 刘文淇撰:《春秋左氏传旧注疏证》,科学出版社,1959年,第867页。
② 杨伯峻编著:《春秋左传注》(修订本),中华书局,1990年,第850页。
③ 黄省曾注"远当作达。"荀悦撰、黄省曾注:《申鉴》,上海古籍出版社,1990年,第24页。
④ 荀悦撰、黄省曾注:《申鉴》,上海古籍出版社,1990年,第24页。
⑤ 董治安主编:《唐代四大类书》,清华大学出版社,2003年,第1242页。
⑥ 《论语·乡党篇》:"康子馈药,拜而受之。曰:'丘未达,不敢尝。'"章太炎《广论语骈枝·乡党》:"案:'康子馈药,不无忮害之心,亦非冒昧疏方,故孔子亦拜受之。'伪孔以未达为未知其故。若云心有疑忌,则不应拜受;若云馈以丸药,亦自有方名,无缘不憭;若云未晓医术,据《曲礼正义》有《夫子脉诀》。《千金翼方》有孔子《枕中散》,释湛然《止观辅行记弘决》云:'孔子有《三备卜经》、《素问通评虚实论》王冰注、《行度具三备经》、《调经论注》。'行针之道,必先知形之长短,骨之广狭,循三备法,通针身形以施分寸,是三备有明堂俞穴之度。此数者虽出依托,要孔子多能鄙事,于医术固无不解矣。寻《春秋传》:'攻之不可,达之不能,药不至焉。'达者,针也。凡病有先施针然后可用药者。如《伤寒论》云:'太阳病,初服桂枝汤反烦者,先刺风池风府,却与桂枝汤则愈',是其一例。孔子病未施针,故不敢尝药,针后自可尝,故仍拜受不辞。"这是近人释达为针的例子,载《章太炎全集》(六),上海人民出版社,1986年,第217—218页。此条蒙湖南师范大学袁庆述教授提示,谨此申谢。

权威训诂资料集没有收录,《辞源》《辞海》《汉语大字典》《汉语大词典》等权威字典、辞书达下未列这一义项,表明清乾嘉以来辞书界对此还有疑虑。主要包括两个层面,一是它的可靠性(训释是否正确),二是它的概括性(是文意训释还是词义训释)。鉴于此,在相关文献资料缺乏的情况下,本文拟结合古文字形体尝试作进一步的证明。

大家知道,西周金文中达作㝬(墙盘)、㝬(保子达簋)、㝬(师寰簋)等形。战国时代,燕玺作㝬(《古玺汇编》1340)、㝬(《古玺汇编》2819)、㝬(《古玺汇编》3530),秦简作㝬(睡虎地十一号秦墓《日书》甲6)、㝬(同上《日书》乙7)。秦封泥作㝬(《考古与文物》1997年第1期),结构与之大同小异。字在《说文》作㝬,与上述写法属于一路,但其个已变成大。结合文物文字资料看,《说文》这种写法出现于汉代,是所谓汉篆①。《说文·辵部》:"达,行不相遇也。从辵,羍声。"以汉篆为说,与此前古文字实际并不完全吻合。《羊部》:"羍,小羊也。从羊,大声。读若达。㝬,羍或省。"㝬也见于战国玺印,写作㝬(《古玺汇编》3650),和同时期达所从相同,与《说文》羍异体相近,是羍的古字。由此可以了解,《说文》对羍的分析局限于字头篆文,不符合它的古形。我们还可以从形声结构的一般规律出发,根据羍的古形及其演变轨迹与逹所从相同,认为《说文》对达作形声两分是正确的。

以前对达字的认识,大致停留在这样一个层面上。近年来,由于楚简新资料的出土,又发现有另一个系列的达字存在。先是李家浩先生通过与睡虎地秦简《日书》的对读,释出了江陵九店简《日

---

① 赵平安:《〈说文〉小篆研究》,广西教育出版社,1999年,第35—46页。

书》中的达字①,而后荆门郭店简的整理者根据简中古书与今本的对读以及《古文四声韵》所收达的写法,释出了郭店简中的达字②。这些释读被稍后发表的上博简所证实,得到了学术界的公认。归纳起来,楚文字达主要有下列几种写法:達(郭店《语丛一》60)、達(包山简112)、達(郭店《语丛一》60)、達(郭店《穷达以时》11)、達(《古文四声韵》入声十一)。由楚文字横向系联,可以知道东周时期齐国文字中的達(黏镈)、達(叔夷镈)也应释为达,表示传达、告诉的意思。东周时期齐楚文字的写法是属于一系的。

由齐楚一系达字逆推,可以把甲骨文中的𢓊(《甲骨文合集》32229)、𢓊(《合集》32899)、𢓊(《合集》6055)、𢓊(《合集》6667)等释为达,这样甲骨卜辞能得到很好的解释:当达后的宾语是敌对的方国时,用为挞伐的挞;其他情况下,读本字,当致讲[2](p51—63,218—225)。卜辞中最为棘手的"达首",是致首即猎取首级的意思[3](p23—30,412—421)。

甲骨文的达分繁简两式,繁式是简式的演变(在中笔上加点,再把点拉成横画或曲笔)。在演进为齐楚文字时,繁式和简式自成序列。分别在原字基础上增加羡符——两横或口形,或同时增加两横或口形。前者是古文字常见的作风③,后者如同郭店简命作達(郭店《语丛一》2)。这种演变,用图式表示,能一目了然:

---

① 湖北省文物考古研究所编著:《江陵九店东周墓》,科学出版社,1995年,第507页;李家浩:《睡虎地秦简〈日书〉"楚除"的性质及其他》,《中央研究院历史语言研究所集刊》第七十本第四分,1999年,第883—903页。

② 荆门市博物馆:《郭店楚墓竹简》,文物出版社,1998年,第114页。

③ 何琳仪:《战国文字通论》(订补),江苏教育出版社,2003年,第217—218页、第260页。

```
↑〈 逵
      逵
↑〈 逵
      逵
￼ ── 逵 逵
```

通过以上缕述，可知甲骨文以后达字的发展实际上分为两系，一系是燕秦文字，一系是齐楚文字，秦书同文沿袭了秦系文字的写法。两系的达字，形符都由"止"变为"辵"，声符由独体表意字变为以这个独体表意字为声符的合体形声字，情形和𨒌演变为譖[①]、𠭯演变为譖类同。↑是达的子声符（或在竖笔上加点，把点拉成横画或曲笔），读若达，是很明确的。至于它的含义，我们认为可以透过殷字来寻觅。甲骨文𣪘，于省吾先生释为殷，认为和治病有关[4]（p321—323）。胡厚宣先生进一步阐释说："我意𣪘字左旁从又持𠂤，又即手，𠂤在古文字乃矢镞弋箭之一端，像尖锐器，疑即针，𠂤者示针之一端，尖锐有刺，𣪘字盖像一人身腹有病，一人用手持针刺病之形。"[②]殷字所从𠂤和↑显然是同类东西，胡先生看作治病的针是有道理的。不过由于古文字中另有针字作丨[③]，而𠂤读若达，所以还是把它理解为表示针类的达的初文为好。𠭯字上部像两手捧物有

---

① 荆门市博物馆：《郭店楚墓竹简》，《穷达以时》注[九]裘锡圭先生按语，文物出版社，1998年，第146页；赵平安：《释古文字资料中的"𣪘"及相关诸字》，《中国文字研究》第二辑，广西教育出版社，2001年，第78—85页；刘钊：《释"償"及相关诸字》，《中国文字》新廿八期，艺文印书馆，2002年，第123—132页。

② 李圃主编：《古文字诂林》第七册，上海教育出版社，2002年，第555页。

③ 裘锡圭：《释郭店〈缁衣〉"出言有丨，黎民所訔"——兼说"丨"为"针"之初文》，荆门郭店楚简研究（国际）中心编《古墓新知》，国际炎黄文化出版社，2003年，第1—8页。

所遗弃[1],是遗的本字,𨒌字上部像针类,是达的本字,两者十分相似。这类形声字的子声符即是它的本字。

针砭之类,名称众多,可称"石"(《左传·襄公二十二年》)、"药石"(《襄公二十三年》)、"砭"(马王堆汉墓帛书《五十二病方》)、"针石"(《淮南子·说山训》)、"箴石"(《史记·扁鹊列传》)、"刺"(《急就篇》)、"针"(《易林》)、"砥针"(《山海经·东山经》郭璞注)、"镵石"(《素问·宝命全形论》全元起注)、"砭石、石箴"(《汉书·艺文志》颜师古注)等。形态、用法也很复杂,学者多有论述,而以许升峰先生所论最有条理:

> 由古书,以及现代挖掘……的文物,可推断古代时砭石的用途:
>
> 1. 可用于按摩:砭石的形状为卵圆形或扁圆形等。……
>
> 2. 可用于熨法:砭石的形状为球形、扁圆形等。……
>
> 3. 可用于刺破臃肿和放血:砭石的形状为刀形、剑形、针形、锥形、镰形等。……[2]

古代对砭石(针砭)的定义很宽,只要是可以用于按摩、熨法、刺破臃肿及放血,以治疗疾病的石头,都可以称为砭石,并不像现代人一般严格。从功能和形制上看,𠂉显然属于引文中的第3类。在形形色色的砭石中,有一种作𠂉,读若达(《左传·成公十年》作"达"),是完全可以理解的。

达的一些直接引申义如"通"、"致"、"穿"、"挞"等都与砭石有

---

[1] 黄锡全:《汗简古文注释》,武汉大学出版社,1990年,第117页。
[2] 许升峰:《经络概念的起源》中医药资讯网(http://nricm2.nricm.edu.tw),2002年3月6日。

关,根据时下通行的定义,既然达的针义出现很早,又是各种引申义的源头,且能为字形结构所证明,当然可以看作达的本义。段逸山先生主编的《医古文》讲《秦医缓》时注云:"攻,指用灸法攻治。达,通达,指用针刺治疗。"[①]把达理解为动词,认为用针刺治疗是由通达引申出来的,在引申序列上是本末倒置的说法。

参考文献:

[1] 左丘明撰、杜预集解:《春秋左传集解》,上海人民出版社,1977年。

[2] 赵平安:《"达"字两系说——兼释甲骨文所谓"途"和齐金文中所谓"造"》,《中国文字》新廿七期,艺文印书馆,2001年;又收入曾宪通主编:《古文字与汉语史论集》,中山大学出版社,2002年。

[3] 黄天树:《甲骨文字中有关猎首风俗的记载》,《中国文化研究》,2005年;又收入黄天树:《黄天树古文字论集》,学苑出版社,2006年。

[4] 于省吾:《甲骨文字释林》,中华书局,1979年。

(原载《语言研究》2008年第2期)

---

① 段逸山主编:《医古文》,上海科学技术出版社,1984年,第4页。

关于及的形义来源*

《说文解字·夂部》夃字,字头篆文作𠨧。大徐本:"夃,秦以市买多得为夃。从乃从夂,益至也。从乃。《诗》曰:'我夃酌彼金罍。'"① 小徐本无"从乃"二字②。"从乃从夂,益至也",《通志》引作"从夂从乃,乃益至也。"③《六书故》云:"盈从此。乃古文及字。唐本《说文》曰:'益至也。从乃,盖至也。'"④ 后世或取"从乃从夂"之说⑤,解释为"相及而至"⑥;或取"从乃从夂"之说,解释为"徐徐而益至也"⑦。现在看来,由于原字并不从乃,也不从乃(详下文),字形分析是错误的。所引诗句,出自《诗经·周南·卷耳》,今本作"我姑酌彼金罍",却蕴涵了宝贵的语音信息。《论语·子罕》:"求善贾而沽诸?"《玉篇·夂部》引作"求善价而夃诸?"⑧ 也是类似的资料。为夃的释读提供了重要的线索。

《说文·皿部》又收从夃构形的𥁞,"满器也。从皿夃。"徐铉等

---

* 本文曾请李家浩先生审看,蒙李先生提出宝贵修改意见。谨此致谢。
① 许慎:《说文解字》,中华书局,1963年,第114页。
② 徐锴:《说文解字系传》,中华书局,1987年,第105页。
③ 转引自桂馥:《说文解字义证》,上海古籍出版社,1987年,第459页。
④ 戴侗:《六书故》,上海社会科学院出版社,2006年,第177页。
⑤ 王筠:《说文句读》,上海古籍书店,1983年,第692—693页。
⑥ 汤可敬:《说文解字今释》,岳麓书社,1997年,第738页。
⑦ 段玉裁:《说文解字注》,上海古籍出版社,1981年,第237页。
⑧ 顾野王:《宋本玉篇》,中国书店,1983年,第190页。

曰："夃，古乎切。益多之义也。古者以买物多得为夃，故从夃。"①《慧琳音义》十二引作"器满也。从皿从夃，夃亦声。"②字形结构解释有会意和会意兼形声两种版本。夃和盈读音远隔，会意兼形声的说法信从者极少。推测大约是后人篡改的结果。夃和盈的意义，一个落脚在"多"，一个落脚在"满"上，确实相因相贯。春秋晋荀盈字伯夃③，具体说明了这一点。"满器"就是"贮满器皿"的意思。

出土资料中迄今没有发现单独使用的夃字，能够确认的最早的盈字见于春秋战国之际的石鼓文，作▨（系双钩摹写）之形④。联系汉印▨（《汉印文字征》5.9）和秦汉简牍▨（睡虎地秦简《日书》甲种 16）、▨（同上书 3）的写法，知道夃字本来从人而不是从乃、从廼（廼字头上本没有一撇，大约从古隶阶段开始才加上，而盈字头上早有一撇，与廼不同），所谓夂形原来和人形连成一体，后来才裂成两部分的。裂变方式和▨（伯致簋）作▨（《古陶文汇编》5.28）、▨（睡虎地秦简《秦律杂抄》35）类同。

近年来，由于楚简研究的深入开展，对战国时期从夃的字有了更多新的认识⑤。

如望山简 1.55 ▨（又见于天星观简、新蔡简），孔仲温和刘信

---

① 许慎：《说文解字》，第 104 页。
② 转引自李圃主编：《古文字诂林》第五册，上海教育出版社，2002 年，第 212 页。
③ 朱骏声：《说文通训定声》，武汉市古籍书店，1983 年，第 858 页。
④ 此字赵烈文《石鼓文纂释》、强运开《石鼓释文》、郭沫若《石鼓文研究》等石鼓文研究者都释为盈，参李圃主编的《古文字诂林》第五册第 211 页（上海教育出版社，2002 年）以及《郭沫若全集》考古编第九卷第 47 页（科学出版社，1982 年）。后世字典多从之。
⑤ 侯乃峰：《说楚简"夃"字》，简帛网（http://www.bsm.org.cn），2006 年 11 月 29 日。

芳先生据文例释为牯[①]。包山简所记祭祀用牲有"牯"无"䍲",望山简有"䍲"无"牯"。在祭祀活动中,祭祀对象相同,祭祀用牲往往相当。望山简1.55:"句(后)土、司命各一䍲。"包山简214:"赛祷宫矦(后)土一牯。"望山简1.123:"☐蠠各一䍲。"包山237:"墨祷楚先老僮、祝融、媸酓各两牯。"前一组同祭后土,后一组同祭祝融,用的都是相同的牺牲。据此可以推断"牯"和"䍲"是一字异体。

郭店简《六德》16的"䏻",字形颇为诡异,2000年初在李学勤师主持的清华简帛研读班上,我曾试读为股肱(股后一字本从心厷声,此处通肱。字又见于信阳楚简1—039。《古玺汇编》2154号有一个在此基础上加宀旁的字,似是它的异体)。"劳其股肱之力弗敢惮也,危其死弗敢爱也",贯通无碍。此说当时得到多位学者赞同,廖名春先生率先在文中加以引用[②]。2001年上半年,我在香港大学访问研究,读到辅仁大学丁原植先生的著作,又从廖文转述了这一观点[③]。2002年,陈伟先生又撰专文加以论证[④]。陈先生释字的路径虽然不同,但指向和我们是一致的。

上博简《周易》9中䌛,马王堆帛书《周易》与它相对应的字作盈,季旭升先生引石鼓文以及秦汉简帛文字加以分析,以为从水从

[①] 孔仲温:《望山卜筮祭祷简"瘥""䐋"二字考释》,载《第一届国际训诂学研讨会论文集》,1997年4月19—20日,第819—831页;刘信芳:《望山楚简校读记》,载《简帛研究》第三辑,广西教育出版社,1998年,第35页。

[②] 廖名春:《郭店楚简〈六德〉篇校释》,载《清华简帛研究》第一辑,清华思想文化研究所,2000年8月,第74页。

[③] 丁原植:《郭店儒家佚籍四种释析》,台湾古籍出版社,2000年,第226页。

[④] 陈伟:《郭店简〈六德〉校读》,载《古文字研究》第二十四辑,中华书局,2002年,第395—396页。

及,当释为"水盈"的"盈",与今本作"盈"同字①。

侯乃峰先生在上述研究的基础上,特别是以季旭升先生说❂为津梁,认为❂、❂和❂右旁所从相同,都是及字②,是很正确的意见。这样便从字理上解决了为什么❂可以当粘讲、❂可以当股讲的问题,贡献是很大的。及、古、股上古都是鱼部见母字,古音很近。

限于条件,侯先生文并没有就及的形义来源作出说明,所以问题还没有从根本上得到解决,还有进一步讨论的必要。

从楚简汹、胹、羯字形看,及显然是由人形和▽两部分构成的。人形的写法比较特别,但可与同时期及和从及等字比较③。及"从又从人"④,郭店楚简作❂(《性自命出》2)、❂(《成之闻之》27)、❂(《语丛四》27背);汲"从水从及及亦声"⑤,古玺作❂(《古玺汇编》4113),人形写法与及完全相同。人字的这类写法,裘锡圭先生的文章有专门辑集讨论⑥,可参阅。综合上述字例,参考西周春秋金文及和郭店简及的繁体❂(《唐虞之道》24)、❂(《语丛二》19)的写法,可将及的演变描写如下:

❂(保卣)——❂(秦公镈)——❂——❂——❂

及中人形的演变和及如出一辙。

---

① 季旭升:《上博三周易比卦"有孚盈缶""盈"字考》,简帛研究网(http://www.bamboosilk.org),2005年8月15日。
② 侯乃峰:《说楚简"及"字》,简帛网(http://www.bsm.org.cn),2006年11月29日。
③ 李守奎:《楚文字编》,华东师范大学出版社,2003年,第181页及下;汤余惠:《战国文字编》,福建人民出版社,2001年,第751页汲下。
④ 许慎:《说文解字》,中华书局,1963年,第64页。
⑤ 同上书,第237页。
⑥ 裘锡圭:《战国古玺文字考释三篇》,载《古文字研究》第十辑,1983年,第78—79页;又载《古文字论集》,中华书局,1992年,第469—470页。

由此看来，楚文字夃和秦国石鼓文盈所从夃实际上结构相似，都是在侧面人形上加上一个特定的符号。石鼓文盈字所从夃多一横，可以看作羡画。古文字有在竖笔上加横的习惯①。

夃上这个特定的符号有学者认为是止形，于是把夃看作是企的变形②。这样处理似乎可以从语音上解释汿为什么从夃（以为汿以企为声符），但不能解释胹、羯为什么从夃（胹、羯与企读音较隔）。因此把夃解释为企是行不通的。企有自己的演变轨迹③，与夃并不相同。

其实，如果往上找，还能从西周金文和商代甲骨文中找到夃的线索。

师询簋 𠂤（《殷周金文集成》8.4342）字，陈剑先生隶作殳读为股，并将后一字释为肱④。原文"亦则□□乃圣祖考克股肱先王，作厥爪牙⑤，用夹绍厥辟，奠大命"，十分顺畅。师询簋铭文只有摹刻本流传，字形已经发生变化。但 𠂤 从侧面人形，人身上有一个符号，仍然依稀可辨。

甲骨文的 𠂤（《甲骨文合集》21871）、以及 𠂤（《合集》28825）所从和石鼓文盈所从夃相似，应是夃的更早写法。第一形辞残，文义不

---

① 唐兰：《古文字学导论》，齐鲁书社，1981年，第223—224页。
② 何琳仪、程燕：《沪简〈周易〉选释》，简帛研究网（http://www.bamboosilk.org），2004年5月16日；陈剑：《上博竹书〈周易〉异文选释（六则）》，《出土简帛文献与古代学术国际研讨会会议论文集》，台北市国立政治大学，2005年12月。
③ 徐中舒：《汉语古文字字形表》，四川辞书出版社，1985年，第331页；李圃主编：《古文字诂林》第七册，上海教育出版社，2002年，第270页。
④ 陈剑：《释西周金文中的"厷"字》，载《甲骨金文考释论集》，线装书局，2007年，第242页。
⑤ 裘锡圭先生说。转引自陈剑：《释西周金文中的"厷"字》，载《甲骨金文考释论集》，线装书局，2007年，第242页。

够显豁。第二例前面说"王其田",应指一种田猎方式,可释为罟。罟是捕鸟兽的网,这里用作动词。甲骨文中还有一个与此相似的 🔯,见于下列卜辞:

……疾🔯……(《明义士收藏甲骨》733)

贞:勿于父乙告疾🔯。(《甲骨文合集》13670)

🔯表示身体的某一个部位。过去或释为尻[①],不确。甲骨文尻作🔯(《殷墟甲骨文字表》0010)。因为在身体的后面,所以用弧线在尻所在部位标示出来。🔯则不同,是在股所在部位划个圈,表示股是腿上的一段,不分前后。是构造很精妙的指事字。"疾股"就是大腿有毛病。类似的造字方法也见于西周金文。吴振武先生在《释西周狱簋丙铭中的🔯字》一文中指出:

此字上部所从的🔯或🔯,就是"茎"字初文,其写法是先画一植物形若🔯或🔯,然后再在其上画出两个"○",用以指示其茎部之所在。这两个圆圈,也即文字学上所说的指事符号。这跟"本"、"末"等字的构造方法正是相类的。而其所以不作标准的"木"形和画一个"○",当是为了防止与"朱"字相混淆(或许还包括"束"字)。[②]

这个茎的构形与甲骨文股有异曲同工之妙。

🔯和🔯构造意图相同,指事符号或封口或不封口,没有本质区别。古文字中某些不封口的写法可以写成封口,封口的写法可以写成

---

① 参宋镇豪:《夏商社会生活史》,中国社会科学出版社,2005年,第732—733页。

② 吴振武:《释西周狱簋丙铭中的🔯字》,"学艺兼修·汉学大师——饶宗颐教授九十华诞国际学术研讨会"论文,2006年12月13—15日,香港。

不封口，如：

□(《古钱大字典》82)作□(《古玺汇编》0862)

□(仰天湖楚简 25.20)作□(范家坡楚简 2)

□(仰天湖楚简 25.10)作□(《说文》小篆)

□(《古玺汇编》2652)作□(《古玺汇编》1960)

所以□和□可以看作是一个字的不同写法。

这样看来，所谓殳其实就是股的初文。本为指事字，是在侧面人形股的部位加指事符号"o"，表示股的意思。指事符号写得草率一点变作□。秦文字继承了甲骨文一类草率的写法。楚文字中指事符号作□，是草率写法的进一步演变。人形上从□的写法近于"止"，从□的写法近于"女"，"女"和"止"往往讹混[1]。由于字形变化，原来的表意意图不显，便在旁边加形符月（肉）。加旁后的增累字分六国系和秦系。包括楚系在内的六国系，秦"书同文"时被废。秦系传承了下来，母字被殳同化，成为从月（肉）殳声的形声字。秦系股的增累字中母字被同化，主要是近于"止"的形体讹变为"又"，"止""又"讹混古文字数见不鲜[2]。鉴于师询簋□字形已发生变化，而这种变化究竟是客观的文字演变还是摹刻过程中的主观改变目前尚不明确，因此增累字中母字被同化的上限不能肯定。但是秦汉出土文献已大量使用从月（肉）殳声的股字，估计增累字中母字被同化的下限不会晚于战国晚期。段玉裁在注股时指出："按殳字古音在四部，股殺字音在五部。见于《诗》者如此。"[3]敏锐

---

[1] 刘钊：《古文字构形学》，福建人民出版社，2006年，第140页。

[2] 裘锡圭：《释殷墟甲骨文里的"远""狱"（迩）及有关诸字》，载《古文字研究》第十二辑，中华书局，1985年，第89—90页；又载《古文字论集》，中华书局，1992年，第4页。

[3] 段玉裁：《说文解字注》，上海古籍出版社，1981年，第170页。

地注意到殳和𠬝在读音上的差异,后世古音学者也把殳和𠬝置于不同的部(前者在鱼部见母,后者在侯部禅母),这是因为股中的𠬝和一般意义上的𠬝来源不同的缘故。这个例子又一次提醒我们,所谓"同声必同部"是需要作具体分析的。

古文字中的某些象形字或指事字,随着形体的演变,原来的表意意图不明显了,于是在原字上增加形旁,增加形旁以后,原象形或指事字部分又被别的偏旁同化,这一类字对于探讨字源有着特别重要的意义。类似的例子还有肩[①]和肘[②]等。

因为丮、殳(股)系同源分化,所以侯乃峰先生文把汭、朒、䏽隶作汭、朒、䏽,自有他的道理。但若考虑到它们演变后的不同归宿,还是把它们分别隶定为 汭、股、殺为好。秙是殺的俗字[③]。对于历史汉字的整理,我们必须支持源流兼顾的原则。

参考文献:

[1] 许慎:《说文解字》,中华书局,1963年。

[2] 段玉裁:《说文解字注》,上海古籍出版社,1981年。

[3] 孔仲温:《望山卜筮祭祷简"癭""瘇"二字考释》,载《第一届国际训诂学研讨会论文集》,1997年4月19—20日。

---

① 吴匡:《释肩》(未刊稿),参看蔡哲茂:《殷卜辞"肩凡有疾"解》,《第十六届中国文字学国际学术研讨会论文集》,台湾高雄师范大学国文系、中国文字学会,2005年4月;徐宝贵:《石鼓文研究与考释》,参看裘锡圭:《说"丮凡有疾"》,《故宫博物院院刊》2001年第1期,第1—7页。

② 李孝定:《甲骨文字集释》,台湾中央研究院历史语言研究所,1970年,第1507页;李天虹:《释郭店楚简〈成之闻之〉篇中的"肘"》,载《古文字研究》第二十二辑,中华书局,2002年,第262—266页。

③ 陈彭年等:《宋本广韵》,中国书店,1982年,第246页。

[4] 刘信芳:《望山楚简校读记》,载《简帛研究》第三辑,广西教育出版社,1998年。

[5] 李圃主编:《古文字诂林》第五册,上海教育出版社,2002年。

[6] 季旭升:《上博三周易比卦"有孚盈缶""盈"字考》,简帛研究网(http://www.bamboosilk.org),2005年8月15日。

[7] 侯乃峰:《说楚简"及"字》,简帛网(http://www.bsm.org.cn),2006年11月29日。

(原载《中国文字学报》第二辑,商务印书馆,2008年)

释古文字资料中的"畜"及相关诸字
——从郭店楚简谈起

新出郭店楚简《穷达以时》有这样一段文字：

白(百)里迡遺(馈)五羊,为敀羧牛,戟(释)板柽而为朁(朝)卿,堣(遇)秦穆。第七简

原注云:"白里迡,各书作百里傒(或作奚)。遺,从'酋'声,唐兰释作'馈'(《论周昭王时代的青铜器铭刻》,《古文字研究》第二辑)。"裘(锡圭)按:"各书多言百里奚以五羊之皮賣(平按:此字与卖的繁体不同字,读 yù,或体作賣、𧶠、𧷐等形。为求行文统一,下面凡涉及此字时都写作賣)身,'五羊'上二字疑当与'賣'义有关。疑第二字从'辵''畜'声,即'遺'字,读为'賣',通'鬻'。第一字从'旦'声,似可读为'转'。《淮南子·脩务》:'百里奚转鬻。'"①

整理者隶作遺的那个字原作遺,裘先生通过与古书对照确定其与"賣"义有关,进而把它隶定作"遺",认为"即'遺'字,读为'賣',通'鬻'"',揆度文意,应当是正确的。从文字学的角度看,裘先生说的基础是把"酋"当做"畜",因此,要证实裘说有三个问题必须解决:1.在古文字资料中,有一系列与"酋"相关的字,对这些字

---

* 本文写作过程中得到中国中医研究院医史文献研究所王淑民副研究员的帮助,在此谨表示衷心的谢意。

① 荆门市博物馆《郭店楚墓竹简》,文物出版社,1998年,第146页。

如何作出合理的解释？2."𧴪"即"賮"构形上的理据是什么？3."𧴪"和🝡(西周金文中賣或从此)是一种什么样的关系？

先来看古字中与"𧴪"有关的一些字的用法。

(1)隹(唯)王来各(格)成周年,厚趠又𱀑①于𢈫公。趠用乍(作)氒(厥)文考父辛宝隣(尊)彝,其子子孙永宝。✠。　厚趠鼎(《三代》4·16·2)

(2)隹(唯)王卅又三年,王窥(亲)遹省东或(国)、南或(国)。正月既生霸戊午,王步自宗周。二月既望癸卯,王入各(格)成周。二月既死霸壬寅,王𱀒②往东。三月方死霸,王至于范,分行……

晋侯苏钟(《上海博物馆集刊》第七期)

例(1)和(2)中从"𧴪"的字结构相同,依据裘说,可以隶作價。例(1)中的價同"覸",徐锴《说文解字系传·人部》:"價,见也。"段玉裁注:"價训见,即今之覸字也。《释诂》曰:'覸,见也'。按：经传今皆作覸,覸行而價废矣。"《春秋》庄公二十四年:"八月丁丑,夫人姜氏入。戊寅,大夫宗妇覸,用幣。"《左传》襄公五年:"穆叔覸鄫太子

---

① 此字徐同柏释为"赖",孙诒让释为"遗",高田忠周释为"蠣",郭沫若释为"馈",徐在国释为"货"。前四说见李孝定等编《金文诂林附录》,香港中文大学,1977年,第1847—1849页。后一说见《释"货"》,载《古典文献与文化论丛》第二辑,杭州大学出版社,1999年,第153—159页。以上各说中以郭说影响最大,他说:"償,疑馈字。从人,从贝,𧴪声。𧴪乃𠂤之繁文,从山。"古文字中𠂤的繁文确实有作𧴪者,但这类现象出现较晚,最早不超过西周晚期,而𧴪在甲骨文时代就已经出现了。可见郭氏的考释犯了以今律古的错误。徐在国说最为晚出,他根据古文字中𠂤常常写作𧴪、官常常省作𠂤这种情况,把償隶作貨,分析为从贝𠂤声,释为货。徐氏分析字形,关键步骤与郭氏相同,前文已辨其非,不赘述。

② 此字黄盛璋释"馈",见《晋侯苏钟重大价值与难拔钉子指迷与解难》,《文博》1998年4期,第40—45+63页。黄说本于郭沫若。冯时隶作屓,认为"从贝𠂤声,𠂤则从𠂤,𠂤亦声。𠂤与殷为同源字……钟铭当读若殿。"冯说见《晋侯苏钟与西周历法》,载《考古学报》1997年4期,第410页。同样,犯了与郭氏类似的错误。

于晋。""于",表示被动的介词。"彗公",旧多释为潇公,李学勤先生新近撰文予以驳正。他认为所谓潇上部应隶作彗,下从涉声,彗公就是祭公谋父。①"厚趠又價于彗公"就是厚趠又被彗公接见。事情非常荣耀,所以厚趠作鼎纪念。例(2)中的價读为续,價续声符相同,可以通用。钟铭载周王亲省东国南国,从宗周出发,到成周,然后到山东,一路东进。"王價往东"就是"王继续往东"的意思。

(3)吴狀骏弟史🔲②马,弗ナ(左),用乍(作)父戊宝隋彝。

觥盖(《文物》1972年第7期)

例(3)中从"甾"的字可隶作"遗",读为價。《玉篇·人部》:"價,买也。"《周礼·地官·司市》:"以量度成贾而征價。"郑玄注:"價,买也。物有定贾则买者来也。"桂馥《说文解字义证·人部》:"價,此如酤字,亦买卖无定训也。""左",不当,错误。《左传》昭公四年:"叔孙未乘路,葬焉用之?且冢卿无路,介卿以葬,不亦左乎?"觥铭是说狀骏弟史(一名一字)买马,没有出现什么差错,因作器以为纪念。狀骏所作器还有一件簋,簋铭表明他曾从周昭王南征楚荆,看来,狀骏买马很可能是受周王的指派。

(4)左驭番戌飤田于邙宯(域)韜邑,城田一素畔苟。戌死,其子番步后之;步死无子,其弟番黯后之;黯死无子,左尹士命其从父之弟番欵后之。欵飤田,疠(病)于责(债),骨🔲③之。左驭游唇骨

---

① 李学勤:《释郭店简祭公之顾命》,《文物》1998年7期,第44—45页。

② 此字周文隶作"遣",认为觥铭中的"遣马"当即"趣马",为"掌马之官"。见《新出土的几件西周铜器》,《文物》1972年第7期,第9—12页。按:遣字写法与此不类,请参看第四版《金文编》,中华书局,1985年,第99页。

③ 此字李学勤和黄锡全先生都隶作價。黄说见《〈包山楚简〉部分释文校释》,载《湖北出土商周文字辑证》附录四,武汉大学出版社,1992年,第194页。

贾之,又(有)五囗。　包山 151—152 简

(5)囗客监匡迡楚之戠(岁),宎月乙卯之日,下鄡(蔡)敚里人舎鬬告下鄡(蔡)矶执事人易城公羕罩。鬬言胃(谓):邦倈窃马于下鄡(蔡),遂賸之于易城。　包山 120 简

例(4)中未隶之字,李学勤先生已隶作償,他说:"'償'字见《周礼》,即今鬻字,意思是卖,可参看《说文系传》。'贾'字《说文》云:'市也。'《左传》桓公十年注:'买也。'两个'骨'字都以音近读为'讫',《逸周书·皇门》注:'既也。'讫鬻是已经卖了。讫贾是已经买了。"①例(5)的用法和例(4)相同。"邦倈窃马于下鄡(蔡),遂償之于易城",是说邦倈从下鄡偷了人家的马,到阳城卖了。这两个償所从ぁ是肖的变体。

在战国"卜祷类"竹简中,有一个写作 [字形][字形][字形][字形]② 等形的字,可以隶作癙或瘴。它的意义和疾病有关。如:

(6)……既腹心疾,以赱(上)慹(气),不甘飤,旧(久)不瘵(瘥),尚囗瘵(瘥),毋又(有)祟。占之恒贞吉。疠(病)又(有)癙,以亓(其)古(故)敓之。

包山 247—248 简

(7)占之恒贞吉。疾夒(变),又(有)癙,遫瘵(瘥),以亓(其)古(故)榮之。

---

① 李学勤:《包山楚简中的土地买卖》,《中国文物报》1992 年 3 月 22 日。
② 这一组字一般隶作癙或瘴。包山楚简的整理者读瘴为"孽",引《吕氏春秋·遇合》"圣贤之后,反而孽民"高注"病也"为证。其说见《包山楚简》"包山二号楚墓简牍释文与考释",文物出版社,1991 年,第 58 页。刘钊认为应读为陧,意为凶险危急。见《读书丛札十三则》,载《吉林大学古籍研究所建所十五周年纪念文集》,吉林大学出版社,1998 年,第 614—615 页。徐在国认为字应分析为从疒货声,读为祸。说见所著《释"货"》。

包山239—240简

(8)囗又(有)瘇,迡(迟)瘲(瘥),㠯(以)六(其)古(故)敓之,盬囗。

望山 M₁六二简

(9)占之吉,夜审(中)有瘇,夜迡分又外。

天星观简

李零先生指出,"瘯"(即瘥)意为"病情恶化",其说是。瘇瘥可以读为癃。《史记·惠景间侯者年表》:"遒侯隆强",《汉书·景武昭宣元成功臣表》作"陸强","陸"通"隆"。依《说文》,陸从坴声,因此瘇声字与隆声字也可以通用。癃在古汉语中有多种用法。或指"足不能行",或指"废疾",或指"小便不畅",还可以指病情加重。《淮南子·览冥》:"平公癃病。"高诱注:"癃病,笃疾。"癃的这种用法和简文可以互证。

从上面的疏释可以看出,以裘说为基础,古文字资料中的相关文例都可以得到比较合理的解释。

在包山楚简"文书类"中有几支格式相同、内容相关的简:

(10)九月甲晨(辰)之日,邞异之司败番覞受期,戊申之日不遝邞异之大帀(师)邞𠂤以廷,阩门又(有)败。沺碾。 46简

(11)九月己酉之日,邞异司败番豫受期,癸丑之日不遝邞异之大帀(师)𠂤以廷,阩门又(有)败。沺瓃①。 52简

(12)九月癸丑之日,邞异之司败番逗受,癸亥之日不遝大帀(师)𠂤以廷,阩门又(有)败。沺塎。 55简

---

① 参见《包山楚简研究(占卜类)》一文,载《中国典籍与文化论丛》第一辑,中华书局,1993年,第425—448页。

(13) 十月乙亥之日，郮异之司败番觊受期，戊寅之日不逯郮异之大市(师)郮■。泹垠。　64简

其中未隶定的字都用为人名，有学者把它们视为一个字，隶作價①，是正确的。这组简中價字的不同写法正好展示了㐌字演进的逻辑过程：

秦西汉简帛文字的㐌常作■(如睡虎地秦简13·61赎所从)，与上述战国文字的写法一脉相承。在秦汉出土文字资料中，从未见过■之类的写法，可见《说文》小篆构形系统中㐌的写法不合汉字演进序列，是后人改造的结果②。

在上面所举的例子里，㐌都是作为合体字的偏旁出现的。但从甲骨文看，它早先是一个独立使用的单字。

(14) 叀……王……勿■……辛……

可惜因文辞残泐，已无法考究它的具体用法了。

从形音两方面综合考虑，"㐌"极有可能是"薲"的本字。《说文·艸部》："薲，水鳥也。从艸，賓声。《诗》曰：'言采其薲。'"薲是极常见的多年生沼泽植物，又名蕍、蕮、牛唇(《尔雅》)、水蓿菜(《救荒本草》)、水泽、耳泽，现在通行的名字是泽泻。主要分布于黑龙江、吉林、辽宁、河北、河南、山东、陕西、江苏、浙江、福建、江西、四川、贵州、云南、新疆等地，自古以来就有多个品种。《重修政和经史证类备用本草》卷六介绍泽泻时，附有三个图，现将其中两幅复印如下：

---

① 黄锡全：《〈包山楚简〉部分释文校释》，《湖北出土商周文字辑证》附录四，武汉大学出版社，1992年，第194页。
② 赵平安：《〈说文〉小篆研究》，第一章第四节，广西教育出版社，1999年，第18—20页。

图一　　　　　　图二

两图中的泽泻都画着花，实际上，泽泻的花只到了特定的季节才开，是不常有的。如果把图一中的花去掉，画三片叶子[①]两块根茎，所画出的图形便与🝊相似。把图二中的花去掉，只画三片叶子一块根茎，所画出的图形便和🝊🝊所从🝊🝊🝊相似（图二中的根茎很像人或动物的眼睛）。

🝊见于西周中期的曶鼎（《三代》4·45·1），过去一般隶作賣，读为赎，"我既賣女五夫""賣兹五夫"即"我既赎汝五夫""赎兹五夫"。🝊见于君夫簋（《三代》8·47·2），一般隶作償，读为续，"償求乃友"即"续求乃友"。曶鼎中的賣和君夫簋的償所从正是"𠷎"的一种异体。

对于象形字来说，由于所像对象内部的具体差异，造字时取象不同产生两种以上的写法是很正常的事情。就发展趋势而言，这类异体在文字完善的过程中会渐渐归于统一，但是，对这个统一过程的长期性绝不能低估。"𠷎"的两个异体到西周中期仍然存在，这特别值得引起我们重视。大家知道，在早期古文字（如甲骨文、商代金文）中，有相当数量的象形字还不能识读，"𠷎"字现象对我

---

① 古文字中画植物的枝叶往往以三为限，东巴文也是如此。请参看《甲骨文编》第18、251—252、259、308页（中华书局，1965年）、《金文编》第31、383、389、499页（中华书局，1985年）、《纳西象形文字谱》第143—162页（云南人民出版社，1981年）。

们识读这些字或许会有启发作用。

附论"𠂤""辥"二字

在古文字资料中,与"𠂤"相似的形体主要有两个,一是𠂤的异体,在前文注②中我们已作分析。一是峕字,许慎解释为"危高也。从𠂤,屮声。读若臬。"

峕在辥字中充当偏旁。《说文·辛部》:"辥,辠也。从辛,峕声。"此字甲骨文多作𦥔(《合集》31739),王国维曾撰专文加以讨论:

殷虚卜辞有字𦥔(前六·四),其字从𠂤从䇂(即《说文》辛字),与辥字从人从䇂同意(古文辥字皆从人从䇂,凡篆文从卩之字古文亦皆从人),𠂤者众也。金文或加从止,盖谓人有辛,𠂤以止之,故训为治,或变止为屮,与小篆同。屮者,止之讹。(《观堂集林》卷六《释辥》)

实际上,辥字加上"止"的写法早在殷虚卜辞第三期就已经出现,写作𦥔(《合集》31072)。西周金文𦥔(克鼎)承袭了这类写法,而𦥔(毛公䚅鼎)形体已发生讹变,为小篆𦥔所从出。

过去我们并不认识古文字资料中的峕,现在参照字的构形看,知甲骨文𦥔(《合集》18255)应释为峕。峕从止从𠂤,"止"在"𠂤"上,故有"危高"之义。

编按:刘钊先生有《释"價"及相关诸字》一文,发表于《中国文字》新廿八期,台湾艺文印书馆,2002年。请参看。

(原载《中国文字研究》第二辑,广西教育出版社,2001年)

释"鞫"及相关诸字[*]

在秦西汉竹简帛书中,经常可以见到下面一组字:

　　　鞫　　　　　　　鞫

睡虎地《法律答问》三三　　同上《封诊式》六

　鞫　　　　　鞫　　　　鞫

张家山《二年律令》一一五　同上一一四　同上

为了称说方便我们把它叫作 A 组。

A 组字主要见于法律文书,整理者一般隶作鞫,如:

1. 睡虎地秦简《法律答问》:"士五(伍)甲盗,以得时直(值)臧(赃),臧(赃)直(值)过六百六十,吏弗直(值),其狱鞫乃直(值)臧(赃),臧(赃)直(值)百一十,以论耐,问甲及吏可(何)论? 甲当黥为城旦;吏为失刑罪,或端为为不直。"

2. 睡虎地秦简《封诊式》:"有鞫,敢告某县主:男子某有鞫,辞曰:'士五(伍),居某里。'可定名事里,所坐论云可(何),可(何)罪赦,或覆问毋(无)有,遣识者以律封守,当腾,腾皆为报,敢告主。"

3. 龙岗六号墓木牍:"鞫之,辟死论不当为城旦,吏论失者已

---

[*] 本文曾提交2002年3月在香港大学召开的"第一届中国语言文字国际学术研讨会",并在会上宣读。此次发表,一仍其旧。

坐以论。"

4. 张家山《二年律令》:"罪人狱已决,自以罪不当欲气(乞)鞫者,许之。气(乞)鞫不审,驾(加)罪一等;其欲复气(乞)鞫,当刑者,刑乃听之。死罪不得自气(乞)鞫,其父、母、兄、姊、弟、夫、妻、子欲为气(乞)鞫,许之。其不审,黥为城旦舂。年未盈十岁为气(乞)鞫,勿听。狱已决盈一岁,不得气(乞)鞫。气(乞)鞫者各辞在所县道,县道官令、长、丞谨听,书其气(乞)鞫,上狱属所二千石官,二千石官令都吏覆之。"

例1鞫下原注:"鞫(音拘),审讯问罪,《尚书·吕刑》正义:'汉世问罪谓之鞫。'"①这一用法不仅适合上举睡虎地简,也适合上举龙岗秦简、张家山汉简。事实上它也是鞫在秦汉法律文书中最基本的一种用法。

同期简帛书中还有一组和鞫有关的字,作

鞫　　　　　鞫

马王堆一号汉墓遣策一六三　　同上一六四

之形,我们称之为B组。B组字一般隶作鞫,马王堆帛书《养生方》释文括注为麹②。从"○鞫麦各一斗"(一六三行)和"以鞫汁脩(滫)之"(一六四行)这类文例看,释文括注是妥当的。然而令人遗憾的是,可能由于体例的限制,整理者并没有对A、B两组字的形体加以探讨,致使一些相关问题一直得不到合理的解决。

我们觉得,若严格一点隶定,A组字应隶作籆。籆就是后来

---

① 睡虎地秦墓竹简整理小组:《睡虎地秦墓竹简》,文物出版社,1990年,第101页。
② 马王堆汉墓帛书整理小组:《马王堆汉墓帛书》[四],文物出版社,1985年,第114页。

的鞠。看A组字例,"莑"讹变为"革",脉络十分清晰。《集韵·屋韵》:"䴀……亦作鞠。"钱坫《说文解字斠诠》:"今作鞠。"段玉裁《说文解字注》:"鞠者俗䴀字。"《说文》小篆䴀作𱎖,许慎解释为"穷理罪人也。从𠨬从人从言,竹声。"其或体省言作䉅。䴀字上从竹,鞠左上类似"艹(艸)","艹(艸)"和"竹"战国秦汉时代每每通用,因此䴀和䉅鞠应是同一个字的不同写法。

和䴀鞠同字一样,B组字和《说文》小篆䴯鞠也是同一个字。《说文·米部》:"䴯,酒母也。从米,䴀省声。"朱骏声《说文通训定声》认为"从米䉅声",较许说为优,是正确的结论。《革部》:"鞠,踏鞠也。从革,匊声。䴯,鞠或从䉅。"《史记·卫将军骠骑传》:"其在塞外,卒乏粮,或不能自振,而骠骑(霍去病)尚穿域踏鞠。"《汉书·枚乘传》:"从行至甘泉、雍、河东,东巡狩,封泰山,塞决河宣房,游观三辅离宫馆,临山泽,弋猎射驭狗马蹴鞠刻镂,上有所感,辄使赋之。"鞠都指踏鞠。汉时多以鞠表示踏鞠,加之隶书阶段鞠左边已讹为革,当时人遂误以为鞠䴀为踏鞠专字。实际上䴯才是蹴鞠的专字,但这个字的出现是很晚以后的事情,文献中根本找不到真正意义上的用例。《说文·米部》䴯之异体或作鞠,应是在鞠借为"蹋鞠"字后,在鞠的基础上替换形符而成的。

《说文》小篆系统中与䴀䉅形体有关的字还可以举出几例:

《勹部》:"匊,曲脊也。从勹,䴀省声。"《说文解字注》:"此《论语·乡党》、《聘礼记》'鞠躬'之正字也……鞠则匊之假借字也,鞠躬行而匊废矣。"《说文通训定声》以为此字"即䉅省声",它实际是䉅的变体,只是把勹移到字外而已。

《宀部》:"窮,穷也。从宀,䉅声。䉅与䴀同。窮,窮或从穴。"《说文解字注》:"窮、穷双声。毛传于《谷风》、《南山》、《小弁》皆曰:

'鞠,穷也',鞠皆窮之假借也……《诗》借鞠为窮,义相近也。鞠行而窮废矣。"窮窮是后世为鞠鞠的"穷迫"一类意义而造的专字。

《鸟部》:"鵴,秸鵴,尸鸠。从鸟,𥷐声。"《说文通训定声》:"字亦作鶌。按一名击谷,一名不谷,一名郭公,皆象其声,即桑鳩也。"

《艸部》:"蘜,日精也。以秋华。从艸,𥷐省声。䕮,蘜或省。"《说文解字注》:"《本草经》:'菊花,一名节花。'又曰:'一名日精。'按:一名节花,即许所谓'以秋花'也,一名日精,与许合。"《礼记·月令》"鞠有黄花"郑玄注:"鞠本又作菊。"《楚辞·九章·怀沙》"离慜而长鞠"的鞠,宋端平本、景元本《楚辞集注》引作蘜,据此可以认为蘜是籟鞠的讹字。

透过上面的分析,可以肯定 A、B 两组字中的𥷐𥷐和《说文》小篆系统中的

𥷐　𥷐　𥷐　𥷐

相当,既可独立成字,又可充任偏旁,古音和鞠鞠相同。

古隶和小篆系统中的𥷐𥷐,容易使我们联想到甲骨文

𥷐　𥷐　𥷐　𥷐　𥷐　𥷐　𥷐

这一组字过去多数学者释为执[1],实际上它的字形和用法与执都不尽相同。我们认为它们同古隶和小篆系统中的𥷐𥷐是同一个字。左上像颈枷,左下像手铐,右边为人形,字象人戴上颈枷手铐之形。

卜辞中的𥷐主要有两种用法。一种与告字连用,如:

贞:告𥷐于南室三宰。　怀一二六二　合集八〇六

---

[1] 于省吾主编:《甲骨文字诂林》,中华书局,1996年,第 2583—2597 页。

丙戌卜,争贞:其告鞫于河。　合集八〇五

…贞:寅往告鞫于…　合集二二五九三

丙戌卜,大贞:告鞫于河,燎沉三牛。　合集二二五九四

上述鞫可读为鞠或鞫。《尚书·盘庚中》:"尔惟自鞠自苦。"孔传:'鞠,穷也。"《诗经·齐风·南山》:"既曰告止,曷又鞫止。"毛传:"鞫,穷也。"《小雅·节南山》:"昊天不佣,降此鞫讻。"《诗集传》:"鞫,穷。"《楚辞·九章·怀沙》:"郁结纡轸兮,离慜而长鞠。"《楚辞今注》:"长鞠,长期痛苦。唐朱阅《归解书彭阳公碑阴》:"强暴于生前而得其死者,忧鞠而归也。"《诗经·大雅·云汉》:"鞫哉庶正,疚哉冢宰。"郑笺:"鞫,穷也。疚,病也。穷哉病哉者,念此诸臣勤于事而困于食。"这类鞫古注多解释为穷,从它和"忧"、"讻"连用,以及和"疚"对言来看,是指一种窘迫、痛苦、凶险的生存状态。所谓"告鞫"应即古书"告凶"之类。《诗经·小雅·十月之交》:"日月告凶,不用其行。"郑笺:"告讻,告天下以凶亡之征也。"

鞫的另一种用法是作动词:

辛巳贞:其鞫以至于商。　合集三二一八三

……卯卜……勿鞫…。　英五三五

弜鞫。　合集二八〇八五

王固曰:㞢求①,兹叀鞫光。　合集六五六六

这类鞫应读为牿。上古告和鞠鞫声韵相同(见纽觉部),告声字与鞠鞫每每通用,如《礼记·文王世子》:"亦告于甸人。"郑注:"告读为鞠。"《易·大畜·六四》:"童牛之牿。"马王堆汉墓帛书牿作鞫。

---

① 裘锡圭:《释"求"》,《古文字研究》第十五辑,中华书局,1986年,第 195—206 页。

梏有械系、拘禁的意思。《左传·庄公三十年》："鬭射师谏,则执而梏之。"又《襄公六年》："子荡怒,以弓梏华弱于朝。"《山海经·海内西经》："贰负之臣,……杀窫窳,帝乃梏之疏属之山。"正用此义。卜辞𨽻和梏的这一用法完全相同,并且能为字形结构所证明。

甲骨文里有一个形体和用法与𨽻有关的字,这里一并提出来讨论。这个字作

之形,过去也释为执①,现在看来应当改释。郭店简《成之闻之》三六号简有羍字,李零先生认为"此字乃楚简'梏'字所从"②,甚为有见。上海博物馆书法馆展出的一支《周易》简,书有"僮牛之㮁",㮁字王弼本作牿,《说文》引作告,郑玄注作梏,汉帛书本作鞫。羍字象颈枷手铐之形,可能就是梏的本字。

甲骨文此字用法之一是作动词,读为梏:

……⿰⿱田匕⿱⿰⿱田匕羍③自交,羍六人,八月。　合集一三九正

弗羍。　合集二〇三七九

羍亘。　同上

另一种作人名或地名:

壬辰卜,贞:羍其业疾。　合集一三七三三

己酉卜,羍…其雨印。不雨,田启。　合集二一〇二二

羍雀…卜…曰翌庚寅其雨…余曰其雨…不雨庚…大启…

---

① 于省吾主编:《甲骨文字诂林》,中华书局,1996年,第2583—2597页。

② 李零:《郭店楚简校读记》,《道家文化研究》第十七辑,三联书店,1999年,第515页。

③ 赵平安:《战国文字"遊"与甲骨文"羍"为一字说》,《古文字研究》第二十二辑,中华书局,2000年,第275—277页。

怀一四九六

郭戈和包山简有地名郭,和甲骨文地名羍有可能是同一个地方,但这一问题尚需作进一步的论证。

甲骨文靯左边和羍相同,靯羍古音也相同,意义有一定的联系,因此羍的释读,可以帮助我们证明读靯为梏的正确性。

最后我们想把文中涉及到的靯及从靯构形的一些字集中起来作一番梳理,算是本文对这一字群的一个小结。

我们认为,靯本来是用来表示"械系"、"拘禁"意思的一个字(商代卜辞已有这一用法),由"械系"、"拘禁"引申为"审讯问罪",这一意义后来加"言"孳乳为䩞鞫鞠。

鞠鞫䉵䉵是表示"酒母"的专字,从米或麦,靯䉵靯为声符。

䉵䉵䉵是从䉵得声的形声字。

䉵和鞠䉵本来同体,因借以表示花名,于是就原形进行改造①,成为花名专字。

按许慎的说法,匊是"鞠躬"的专字,实际上它和䉵靯是一字的分化。《仪礼·聘礼》:"执圭,入门,鞠躬焉,如恐失之。"注:"孔(安国)曰:敛身。"意为曲身以示谨敬。这一意义大约也是从"械系"、"拘禁"之类的意思引申出来的。

(原载《语言》第三辑,首都师范大学出版社,2002年;又载

《语言文字学研究》,中国社会科学出版社,2005年。

今据前者收入本集)

---

① 赵平安:《汉字形体结构围绕字音字义的表现而进行的改造》,《中国文字研究》,第一辑,广西教育出版社,1999年,第61—86页。

释"罙"

70年代中期,在陕西宝鸡市茹家庄西周墓中,出土一"独柱带盘鼎",《简报》说鼎"分上下两层,底层为圆盘,盘下有三短足,盘上有立柱一根,鼎身附立柱上,鼎腹外鼓"①。此鼎重1.8公斤,圆盘可置炭火以温煮食物。器物有铭文七字,为"强白乍井姬🔥鼎"。"🔥"字《简报》和《殷周金文集录》都隶定为"灾"字,《金文编》②则将它隶定作"㚘"字。我们通过对火、少二字的全面考察,发现灾字所从与少字有别。"灾"是西周早期的文字,火的写法具有西周早期的特征;即竖画与横画的接口处笔道较粗,而少字无此特征,所以应将🔥隶定为灾字为宜。

灾也就是罙字。《汉语古文字字形表》收罙字,作🔥。此字见于沁阳载书,原文说"韩□韩杏韩罙",从文例看,应是人名。侯马盟书里也有罙字,作🔥,文曰"罙敢不侑半(闡)其腹心而以事其宝",罙也是人名。据陈梦家研究,沁阳载书与侯马盟书的内容年代相近,出土地相距不远,可能同是晋国的东西③。如此说不误,罙与韩罙有可能是同一人。两批盟书里的罙都是从穴从火。火

---

① 《陕西省宝鸡市茹家庄西周墓发掘简报》,《文物》1976年4期,第34—56页。
② 容庚撰集、张振林、马国权摹补的第四版《金文编》,中华书局,1985年,第542页。
③ 《东周盟誓与出土载书》,《考古》1966年第5期,第271—281页。

字,在春秋后期到战国时期普遍作㶣之形。两批盟书正当春秋晚期,所以火上加了一横画。

罙字形体演变的序列,略如下表:

　　㸾　　　　　㸽　　　　　㸿　　　　　㹀

(彊伯罙鼎)(沁阳载书)(石鼓文深字偏旁)(中山王壶深字偏旁)

　　　罙　　　　　　　罙　　　　　　　　　罙

(马王堆医书养生方)(熹平石经仪礼)　　　　　(楷书)

这当中,我们有必要说明一下罙字所从火从㐁到㐁的变化。该变化的特点是上面的横画两端折向上边,这种现象在古文字中是不鲜见的,如"束"在《王束奠新邑鼎》、《康侯鼎》、《作册大鼎》中上面一横是直的,到小篆中则两端向上折起。还有个明显的例子是"尤"字,读者可查看有关古文字字典。

从上表可以清楚地看出,在石鼓文时代(春秋战国之交)罙字中的火已经发生了讹变,致使本义淹灭不显。

弄清了罙的形体演变轨迹之后,让我们来追索罙的本义。周永珍在《西周时代的温器》[①]一文中,收罗了用以温煮食物的青铜器 14 件,其中包括《彊伯罙鼎》。她把罙字与该器的作用联系起来考察,认为罙是温的本字。实际上罙与温形音都远隔,不可能是一个字。看来,要弄清罙的本义,得寻找别的途径。

今将武威出土的简本《仪礼》甲本《有司》第一简移录如下:"有司彻。搔堂。司宫摄酒。乃深尸俎。卒深,乃升羊、豕、鱼三鼎,无

---

① 载《考古与文物》1981 年第 4 期,第 28—33 页。

腊与肤；乃设肩密，陈鼎于门外，如初。"其中的两个"深"字，今本《仪礼》作"㴽"，"㴽"，《玉篇》说"温也"。古籍中㴽或作寻，加火为燖。《仪礼·有司彻》郑注："古文㴽皆作寻，记或作燖。"又作燂爓，《说文》："燂，火热也。从火覃声。"《集韵》："火热物也，或作燖㴽。"《仪礼·郊特牲》郑注："爓或为燖。"㴽燖爓在邪母谈部，燂在晓母侵部，它们之间语音或相同，或邻近，而且这些字都有温煮的意思，所以前人注疏时把它们处理成异体字。

㴽燖爓燂都是形声字，不见于小篆以前的文字，是后起的。罙是书母侵部字（深字古音与之相同）。从罙声的字与从覃声的字古时可以通用。如《周礼·夏官·撢人》注："撢，与探同也。"《集韵》："探或作撢。"罙声与寻声也相通。如《集韵》："㝷，取也，或作探。"从简本《仪礼》我们知道深（从罙声）与㴽也是相通的。爓作为㴽燖燂的异体，自当不外乎此例。可见，罙与㴽燖爓燂音理上都相通。

我们认为罙是㴽燖爓燂的本字。罙字从火在穴中会意，本义当为微火。这一点可以从它的增累字㷁得到证明。马王堆汉墓帛书《五十二病方》残简中有㷁字，简文为："痿入中者，取流水一斗，炊之，令男女囗完者相杂咀。以铁鐕煮。煮囗其火囗㷁㷁然。饮之……""㷁㷁然"是形容温煮时火的样子，指的就是微火，罙由微火引申为用微火温煮食物。《強白鼎》铭文"強白乍井姬罙鼎"中的"罙"用的当是引申义。"罙鼎"就是温煮食物的鼎。《強白鼎》的这种文例与《夒簋》相似。《夒簋》："用乍宫中念器。"念通饪。《武威汉简·特牲馈食礼》："请期，曰'羹念'。告事毕，宾出，主人拜送。"今本"羹念"作"羹饪"，可证。

（原载《考古》1992 年第 10 期）

释"香"及相关诸字
——论两周时代的职官"醯"

《三代吉金文存》5·11·2收有一件甗铭拓本,共4行19字(含重文):

王人 A 辅归(第一行)

蘸铸其宝(第二行)

其迈年子=孙(第三行)

其永保用贞(第四行)

应读为"王人 A 辅归蘸,铸其宝鼎,其万年子子孙其永保用。"贞(鼎)字错位,应连在第二行宝字之后①。

"王人 A 辅归蘸"需要稍加解释。"王人"又见于舀鼎,传世古籍也习见不鲜。《尚书·君奭》:"天维纯佑命,则商寔百姓王人,无不秉德明恤。"江声《尚书集注音疏》谓王人为同姓之臣。《左传·僖公八年》:"冬,王人来告丧。"《庄公六年》:"王人子突救卫。"杜预注:"王人,王之微官也。"杨伯峻注:"王人犹言周王室之官。"②综合来看,王人可能是与百姓相对,与王同姓之官的一种泛称,地位

---

① 陈剑:《青铜器自名代称、连称研究》,《中国文字研究》第一辑,广西教育出版社,1999年,第347页。

② 《春秋左传注》,中华书局,1981年,第167页。

或高或低,不必都是所谓的微官①。"蘁"通灌、祼,祭名,与效卣"王蘁于尝"用法相同。《论语·八佾》:"禘自既灌而往者,吾不欲观之矣。"何晏注:"灌者,酌鬯卣灌于太祖以降神也。"《尚书·洛诰》"王入太室祼"孔颖达疏:"祼者灌也,王以圭瓒酌鬯卣之酒以献尸,尸受祭而灌于地,因奠不饮,谓之祼。""归",返回,"归蘁"即回来举行灌祭。大约器主此前出使,归来后举行灌祭。"A辅"处在"王人"和"归蘁"之间,为人名或官名加人名结构。A旧释为忢,高田忠周分析为从冘从心,释为忱②,李孝定隶作龀③,吴镇烽隶作㱃④。字的上部和沈子它簋"沈"以及番生簋"芃"所从相同,确为冘字,下部和臼相似,与早期齿的写法相去甚远⑤,故此字应从吴镇烽先生隶作㱃。

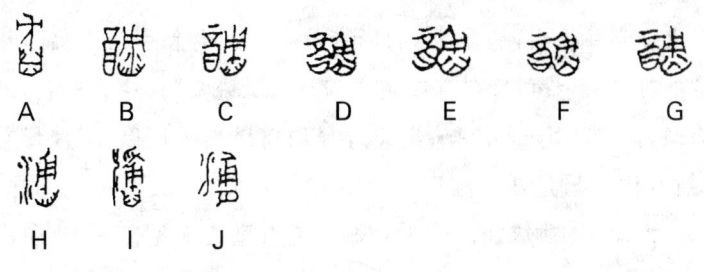

A B C D E F G

H I J

A在春秋战国文字中往往作为声符出现。上海博物馆藏有一

---

① 过去有人把王人理解为君王,是由于对《尚书·君奭》"则商寔百姓王人,无不秉德明恤"断句不当,造成误解所致,参看《中国历代官制大辞典》,北京出版社,1994年,第92页。
② 《古籀篇》,日本古籀篇刊行会,1925年,卷43,第17页。
③ 李孝定、周法高、张日升:《金文诂林附录》,香港中文大学,1977年,第2621页。
④ 《金文人名汇编》,中华书局,1987年,第21页。
⑤ 参看《金文编》,中华书局,1985年,第508、509页;《甲骨文编》,中华书局,1965年,第85、86页。

件铜钲铖①,铭文首句作:

　　[隹](唯)正月初吉,日才(在)庚,郐(第一行)

　　B 尹者(诸)故□自乍(作)征(钲)城(铖)(第二行)

高田忠周释 B 为诣②,郭沫若隶作韶③,董楚平释为茜④。又《古玺文编》0001 号玺右列第二字 C 与之结构相同,过去往往缺释⑤。

B、C 两字左边从酉,右边下半从白,十分明确。长期不识的原因,主要是右边上半诡谲难辨。其实类似的写法见于魏三字石经,作𥁕。这个字是忱的古文,按常理分析,应从口宂声。准此,B、C 二字可隶作醋。钲铖"郐醋尹"和玺文"王右醋"(或读为"右□王")即郐之醋尹和王之右醋,都用作官名。郐字金文常见,董楚平先生曰:"郐,从余从邑,金文皆为徐国之徐。……经传为汉代人隶写,汉隶徐字写作徐,是金文𣏒的形变。《说文》有郐字,云:'郐,邾下邑地,从邑,余声,鲁东有郐城,读若涂。'《说文》只释为地名,未释为国名。《周礼·司寇·雍氏》注'伯禽以出师征徐戎',《释文》:'刘本作郐',是知文献国名也有作郐者。"⑥吴大澂释沇儿镈曰:"郐,古徐字。"⑦然则钲铖为徐器。王右醋玺未见钮式,从印面风格(包括用字特点)看似当为楚物。

近年来出土的战国楚简,也多次出现和 B、C 相同相近的写法:

---

① 著录情况可参看孙稚雏编《金文著录简目》,中华书局,1981 年,第 378 页。
② 《古籀篇》卷 52,第 39 页。
③ 《两周金文辞大系考释》,上海书店,1999 年,第 163 页。
④ 《吴越徐舒金文集释》,浙江古籍出版社,1992 年,第 278—280 页。
⑤ 《古玺汇编》第 1 页该字释文以方框代之,《古玺文编》入于附录第 17 页。
⑥ 《吴越徐舒金文集释》,第 255 页。
⑦ 《愙斋集古录释文賸稿》,涵芬楼影印本,1918 年,卷上,第 9 页。

D 差(佐)鄹(蔡)惑、坪驲公鄹(蔡)冒。包山 138

嚣 E 君(尹)之州加斅鲤。包山 165

羕陵公之人斅䇂(慎)、大室 F 尹溺。包山 177

邨 G 尹迊以郤蓍为君月贞。天星观简卜筮类

G 和 D、E、F 字形相近,用法相同,《楚系简帛文字编》把它们处理为同一个字,是完全正确的。这一组字,多数人释为酷[①]。黄德宽、徐在国先生释为酕[②]。黄、徐二位先生是从李家浩先生释 㭷 (信阳楚简 2—023,右边字迹残去)为枕得到启发的[③]。李先生的文章没有展开论证,但他的结论是可信的。因而黄、李二位先生的结论也有其相应的合理性。不过,由于此前的古文字中已有 A 字,㭷 和 D、E、F、G 还是分别隶作楂、酷为好。我们前面已据魏三字石经释出了 B、C,而 B、C 与这里的 G 写法相近,所以释 G 以及 D、E、F 为酷就有了更坚强的支撑。楚简中的酷也是职官名[④]。"嚣"、"邨"为楚地名,"大室"即太室。《尚书·洛浩》:"王入太室祼。"孔颖达疏:"太室,室之大者。故为清庙,庙有五室,中央曰太室。"

考虑到酷为职官,字形和醢又极为相似,所以我们认为酷应理解为醢,极可能是醢的异体字。孙诒让曾考证,醢典籍又作肬、胳、

---

① 如《包山楚简》图版 162(湖北省荆沙铁路考古队编,文物出版社,1991 年)、《楚系简帛文字编》第 1110 页(滕壬生著,湖北教育出版社,1995 年)、《楚文字编》第 860 页(李守奎,吉林大学博士论文,1997 年)等。

② 《郭店楚简文字考释》,《吉林大学古籍整理研究所建所十五周年纪念文集》,吉林大学出版社,1998 年,第 104 页。

③ 《信阳楚简中的"枳"》,《简帛研究》第二辑,法律出版社,1996 年,第 2 页。

④ 何琳仪先生在旧释的基础上把它读为"监尹"或"蓝尹",《战国古文字典》,中华书局,1998 年,第 1445 页。

滥,它和醢是同义词,都是牲肉做成的肉酱,并无有汁无汁、肉醢血醢之别[1]。作为职官,醢大概与醢人相当,只是叫法不同而已。《周礼·天官·冢宰》:"醢人掌四豆之实。朝事之豆,其实韭菹、醓醢,昌本、麋臡、菁菹、鹿臡、茆菹、麋臡。馈食之豆,其实葵菹、蠃醢,脾析、蜱醢、蜃、蚳醢、豚拍、鱼醢。加豆之实,芹菹、兔醢,深蒲、醓醢、箔菹、雁醢、笋菹、鱼醢。羞豆之实,酏食、糁食。凡祭祀,共荐羞之豆实,宾客、丧纪亦如之。为王及后、世子共其内羞。王举,则共醢六十瓮,以五齐、七醢、七菹、三臡实之。宾客之礼,共醢五十瓮。凡事,共醢。"

回过头来看王人昏辅甗,"昏"似乎也理解为醢为好。"昏"为官职,"辅"为名。这样理解和昏举行灌祭很相应。根据"名从主人"的原则,该器应定名为王人昏辅甗或昏辅甗。

我们曾讨论《穷达以时》第九号简[2],在吸收已有成果的基础上,指出"初 H 醢,后名扬,非其德加"的 H 应隶作洺,理解为醢。并引《楚辞·九章·涉江》"伍子逢殃兮,比干菹醢"来论证此句讲述王子比干的故事。此句下接"子疋(胥)前多矼(功),后翏(戮)死,非其智懷(衰)也",和文献中比干、子胥故事往往连称若合符节。H 的右边部分和 D、E、F、G 相同。

《双剑誃古器物图录》卷下 30 页著录一件楚玉佩,上宽下尖,一端有孔,正、背、侧三面有字。正面"▨",黄锡全先生释作玉圭[3]。楚文字玉竖笔两侧往往有点画,佩名此字无点画,与王字相

---

[1] 《周礼正义》,中华书局,1987年,第396页。

[2] 《〈穷达以时〉第九简考论》,简帛发现与研究暨长沙吴简国际学术讨论会,2001年8月16日至19日,长沙。

[3] 黄锡全:《"洺前"玉圭跋》,《古文字论丛》,艺文印书馆,1999年,第371页。

同，宜释为王。"悪"通圭。"王悪"或为王室之圭，也可能是工匠的名称。背铭"手"为玉佩编号，可能是十三的合文。后世器物铭文此类编号多见，可与此参照①。侧面第二字屡见于战国铜器，为楚王私名。这个字有多种隶释，目前多数人倾向于隶作前②，认为就是考烈王熊元。前元古音相近。前上一字Ⅰ主体部分和《穷达以时》第九简醓上一字Ｈ相同。 为饰笔。楚文字家加爪为饰③，爪又可演变为 ④。因此Ⅰ可能是涫的繁化，也可以读为醓，官名。"涫前"结构和王人杳辅甗的"杳辅"相当，都是官名后面缀以人名。大约考烈王继位以前曾负责过醓的工作。这样看来，把此玉佩断在考烈王继位以前是合适的⑤。

《古陶文汇编》3·645、3·646 为两枚齐玺，第二行第一字Ｊ写法相同，或释为滽⑥。按齐陶中膚旁与此所从不同⑦，字不当释滽。此字左部所从为水，右边下部为肉，右边上部与战国时代杳字所从相似，人上加上一笔可与刍字合观⑧。鉴于醓字异体作肬、

---

① 李学勤：《汉代青铜器的几个问题——满城、茂陵所出金文的分析》，《李学勤集》，黑龙江教育出版社，1989年，第401—405页；徐正考：《汉代铜器铭文研究》第五章，吉林教育出版社，1999年，第93—105页。

② 陈秉新：《寿县楚器铭文考释拾零》，《楚文化研究论集》第一集，荆楚书社，1987年，第332—333页；黄锡全："洎前"玉圭跋，《古文论丛》，第372页。

③ 《楚文字编》，第132—133页。

④ 参看《"洎前"玉圭跋》，《古文字论集》，第372页。

⑤ 陈邦怀先生把玉佩"Ⅰ前"隶作"滽肯"，读为涌肯，认为此佩是涌肯（即舍肯）为太子时所作。见所著《战国楚文字小记》，《楚文化新探》，湖北人民出版社，1981年，第154—155页。

⑥ 《古陶文字征》，第147页。

⑦ 参见《古陶文字征》，第60、133、147、168、207页等处。

⑧ 参见裘锡圭：《战国玺印文字考释三则（一）》，《古文字研究》第十辑，中华书局，1984年，第78—83页；又《"洎前"玉圭跋》，《古文字论丛》，第372页；《战国古文字典》，第1442—1444页。

膴、溢，或从水，或从肉，而基本声符又相同，推测此字很可能是醢的异体，也用为官名。分别为"左敱"和"左🔲"的属官。敱读若廪，《说文》："㐭，谷所振入。宗庙粢盛，仓黄而取之，故谓之㐭。……廪，㐭或从广，从禾。"《周礼·司徒》有廪人，掌管粮食的出入[①]。"大祭祀，则共其粢盛。"从陶文看，廪人属下设醢。西汉左冯翊属官有廪牺，职掌祭祀用品[②]。颜师古注："廪主藏谷，牺主养牲。"大约历史上廪和醢的职务或分立或隶属，或并于一署，因时间地域不同而异。🔲字又见于《玺汇》0259，在《玺汇》0209 和 2196、《陶汇》3·282 中用作偏旁，与《说文》邦之古文相近，大概是邦的古文变体[③]。左邦醢，是国家管理相关事务的最高机构之一。

通过上面的分析，可以归纳出职官醢的一些特点：

一、至少从西周一直延续到战国时代；

二、不同时期、不同地域用字有别，但各有理据可以寻绎；

三、中央和地方都有醢，中央政府设立的醢地位尊宠，曾由太子担任；

四、醢有左右之分；

五、主官曰醢尹（或只说醢），副官曰醢佐。

（原载《古文字研究》，第二十四辑，中华书局，2002 年）

---

① 《周礼正义》，第 1227 页。
② 《汉书》，中华书局，1962 年，第 736 页。
③ 《说文古籀补补》，卷六第 9 页，《说文古籀补·补补·三补·疏正》，中国书店，1990 年。

战国文字中的盐及相关资料研究

"夫盐,食肴之将。"新莽诏书里的这句话,言简意赅,深刻阐明了人类饮食中盐的地位和作用。然而在传世先秦文献里,有关盐的史料十分匮乏。仅有的一些古文字资料,人们对它也缺乏足够的认识,不少地方还存在严重误解。这对于先秦经济史的研究不能不说是一种遗憾。

荆门包山楚简出土以后,这种状况出现了一些转机。包山2号墓147简记载:"陈墨、宋献为王煮盬于海,爰屯二儋(担)之食、金铚二铚。将以成收。"整理者不识煮、盬、海等字,并把爰字属上读[1]。后经林沄[2]、刘钊[3]等先生撰文考释,使简文得以通读。

在对上述诸字的考释中,释盬最难能可贵,也最具关键意义。我们先来回顾一下它的释读过程。

林沄先生据周金文覃(晋姜鼎和覃父乙卣)、鈚(乐司徒鈚和陈公孙瘖父鈚,本作从卤比声)二字中卤的不同写法,先考证盬上所从为卤字,又据免盘和晋姜鼎中卤的用法,指出卤是可以计量的半成品,可能就是粗盐,然后推断:"简文既言'煮盬于海',则盬或可能

---

[1] 湖北省荆沙铁路考古队:《包山楚简》,文物出版社,1991年,第28页。
[2] 林沄:《读包山楚简札记七则》,《江汉考古》,1992年第4期,第83—85页。
[3] 刘钊:《谈包山楚简中"煮盐于海"的重要史料》,《中国文物报》第43期第3版,1992年10月18日。

是卤之繁体,或甚至就是未加声符的盐字初文"①。刘钊先生据《五音集韵》所收盐字异体从卤从皿,证明盘就是盐字,然后引文献里煮盐的事例来证明其释读的合理性②。

看来,过去释盘为盐,字形上的主要依据是《五音集韵》中盐的异体。这条材料固然十分重要,但时代偏晚,且为孤证,有必要用古文字资料进行补充论证。

西周册命金文中赏赐物品"簟弼",公认就是见于《诗经·国风·载驱》、《小雅·采芑》、《大雅·韩奕》的"簟茀"。簟字番生簋作簟,毛公鼎作簟③(此字也见于《侯马盟书》一:五七,为参盟人名)。前者从竹覃声,后者从盘声。说明盘独立成字,而且读音也和覃、簟相近。上古覃和簟在侵部定母,盐在谈部喻母,三字韵母旁转,声纽同为舌音,语音相近。

鹽,《说文·盐部》曰"从盐省、古声",战国古玺和简帛文字从盘、古声④,盘相当于盐。

《三代》十九·三十一收录一戈,铭文旧释为"乍潭右",黄盛璋先生改释为"亡盐右",亡盐即无盐,战国属齐,《汉书·地理志》属东平国⑤。其盐作鹽,从水从盘或从洹从皿,是盘的繁构。

---

① 林沄:《读包山楚简札记七则》,《江汉考古》,1992年第4期,第83—85页。
② 刘钊:《谈包山楚简中"煮盐于海"的重要史料》,《中国文物报》第43期第3版,1992年10月18日。
③ 吴大澂:《说文古籀补》,中国书店,1990年,第五卷第23页;容庚撰集、马国权、张振林摹补:《金文编》,中华书局,1985年,第296页。
④ 丁佛言:《说文古籀补补》,中国书店,1990年,第十二卷第1页;何琳仪:《包山竹简选释》,《江汉考古》1993年第4期,第55页;罗福颐:《古玺汇编》3558号,文物出版社,1981年;滕壬生:《楚系简帛文字编》,湖北教育出版社,1995年,第839—841页。
⑤ 黄盛璋:《燕齐兵器研究》,《古文字研究》第十九辑,中华书局,1992年,第30页。

《古玺汇编》0115号玺旧释"鄄城发弩"①、"卤城发弩"②,所谓"鄄"或"卤"作&,右边从土,左边所从和包山2号墓238、241简鹽所从形旁相同,可隶作壏。此字见于《集韵》盐字下。玺文"盐城"可能是卤城的别称(盐卤统言无别),《汉书·地理志》属代郡,地在今山西繁峙县,战国时属赵。

上述材料可以作为释&为盐的古文字学上的证据。

煮盐之事,古籍常见,刘钊文章中举有5例,这里还可再作补充:《周礼·天官·盐人》:"凡齐事,煮盐以待戒令。"《史记·平准书》:"冶铸煮盐,财或累万金,而不佐国家之急,黎民重困。"又:"(东郭)咸阳,齐之大煮盐,孔仅,南阳大冶,皆致生累千金,故郑当时进言之。"《汉书·酈伍江息夫传》:"采山铜以为钱,煮海水以为盐。"《爰盎晁错传》:"吴王即山铸钱,煮海为盐。"《盐铁论·错币》:"文帝之时,纵民得铸钱、冶铁、煮盐。"同书《复古》:"往者,豪强大家,得管山海之利,采铁石鼓铸,煮海为盐。"又《刺权》:"鼓铸煮盐,其势必深居幽谷,而人民所罕至。"

从字理和事理两方面看,我们认为把"&"释为盐应该是可信的。那么,盐为什么写作盫呢?有人说是"盐之省",是不正确的。盫应该是会意字,从皿从卤,本义是煮盐。

卤有咸地的意思。《说文·卤部》:"卤,西方咸地也。"《易·说卦·兑》:"其于地也,为刚卤。"《释文》:"卤,咸土也。"《左传·襄公二十五年》"表淳卤"《正义》引贾逵曰:"淳咸也。"《汉书·宣帝纪》:

---

① 吴振武:《〈古玺文编〉释文订补及分类修订》,《古文字学论集(初编)》,香港中文大学,1983年,第489页。

② 李家浩:《先秦文字中的"县"》,《文史》第二十八辑,中华书局,1987年,第48—59页。

"常困于莲勺卤中。"颜师古注:"卤者,咸地也。"咸地所生颗粒也叫做卤。免盘:"锡(赐)免卤百寽。"晋姜鼎:"易(赐)卤责(积)千两。"指的也就是这种东西。《史记·货殖传》:"山东食海盐,山西食盐卤。"《正义》:"谓西方咸地也,坚且咸,即出石盐及池盐。"盐跟卤虽然有时统言无别,但在先秦两汉时期(至少是有时)有着明显的区别。《一切经音义》卷九:"天生曰卤,人生曰盐,盐在正东方,卤在正西方也。"《说文解字注·盐部》:"盐,卤也。天生曰卤,人生曰盐。"徐灏《笺》:"天生谓不湅治者,如今盐田所晒生盐。人生谓湅治者,如今扬灶所煎熟盐是也。"汉代官印有"莲勺卤咸督",又有"琅邪左盐"[①]。汉时莲勺属左冯翊,有盐池,琅邪郡则盛产海盐。两处官名的不同大约反映了盐、卤的区别。盬中所从卤当是指煮盐的对象而言。

《史记·平准书》:"愿募民自给费,因官器作煮盐,官与牢盆。"《集解》引如淳曰:"牢,廪食也。古者名廪为牢也。盆者,煮盐之器也。"《本草图经》曰:"东海北海南海盐者,今沧密楚秀温台明泉福广琼化诸州官场煮海水作之以给民食者,又谓之泽盐。其煮盐之器,汉谓之牢盆,今或鼓铁为之,或编竹为之,上下周以蜃灰,广丈深尺平底,置于灶背,谓之盐盘。"宋黄鲁直所得巴官铁盆、清代山东登州所见古铜盆[②]是这方面的实物。盬中的皿,应即牢盆、盐盘之类,是用以煮盐的工具。

煮盐之法,多种多样。《管子·轻重篇》"煮沸水为盐"、《汉书·蒯伍江息夫传》"煮海水以为盐",是煮水为盐;《本草图经》"因

---

① 罗福颐:《汉印文字征》,文物出版社,1978年,第12卷第2页。
② 桂馥:《说文解字义证》,上海古籍出版社,1987年,第1025页;桂馥:《札朴》,中华书局,1992年,第364页。

取海卤注盘中煎之",是煮卤为盐;《后汉书·西南夷列传·冉駹夷》"地有咸土,煮以为盐",是煮咸土为盐;《益州记》:"汶山越巂煮盐法各异,汶山有咸石,先以水渍,既而煎之;越巂先烧碳,以井水沃碳,刮取盐。"鹽应是煮水煮卤为盐(煮盐的主要方法)的写照。

弄清了鹽的构形理据,可以从另一个方面证明鹽就是盐字。鹽的确释,对于认识古文字资料中未识的盐字,可以起到阶梯和桥梁的作用。先来看几枚战国古玺,举例如下:

1. 遲鹽之玺(图一,1)
2. 遲鹽之玺(图一,2)
3. 遲鹽之玺(图一,7)
4. 遲鹽之玺(图一,3)
5. 遲鹽之玺(图一,5)
6. 潊衙遲鹽金玺(图一,4)
7. 易都邑圣(?)遲鹽之玺(图一,8)
8. 须久弍丘立鹽旂(图一,6)

图一　战国古玺中所见的盐字

1.《吉林大学藏古玺印选》1　2.《古玺汇编》0199　3.《古玺汇编》0201　4.《古

玺汇编》0322　5.《古玺汇编》0202　6.《古玺汇编》0294　7.《古玺汇编》0200
8.《古玺汇编》0198

上述 8 例都属于齐玺。例 1、3、4、5、7 五玺都没有边框，上面有突出部分，是典型的齐玺风格。例 7 玺"出沂水界中"，玺文"易都"即汉代城阳国的阳都，故城在山东沂水流域①。例 6 首字，从高明先生释②，例 8"须久"从曾宪通先生释③。"灉衢"相当于齐陶的"䟱衢"，亦即䟱巷④。"须久"读为"须句"，战国属齐，故地在今山东东平东北⑤。

㿧、㿧、㿧、㿧、㿧、㿧 字形相近、文例相同，是同一个字的异体。其中 㿧 是繁式，代表着比较原始的写法，其他各例都是它的省变。早些时候，有人把繁式释作卢⑥，简式释作盉⑦。后来异说渐多，罗福颐先生分释为盉、盁、盦三字⑧，吴振武先生隶作盁⑨，李学勤先生隶作盟⑩，葛

---

① 宋书升：《续齐鲁古印捃序》，见郭申堂：《续齐鲁古印捃》，上海书店，1989 年，第 2—3 页；朱德熙：《战国陶文和玺印中的"者"字》，《古文字研究》第一辑，中华书局，1979 年，第 116—120 页。
② 高明：《中国古文字学通论》，文物出版社，1987 年，第 575 页。
③ 曾宪通：《论齐国"遅盁之玺"及其相关问题》，见《容庚先生百年诞辰纪念文集》，广东人民出版社，1998 年，第 619—636 页。
④ 李学勤：《秦封泥与齐陶文中的"巷"字》，《陕西历史博物馆馆刊》第八辑，三秦出版社，2001 年，第 24—26 页。
⑤ 葛英会：《释"戠丘洦盟"玺》，《北京大学学报》1991 年第 2 期，第 87—92 页；曾宪通：《论齐国"遅盁之玺"及其相关问题》。
⑥ 宋书升：《续齐鲁古印捃序》；丁佛言：《说文古籀补补》中国书店，1990 年，第五卷第 5 页。
⑦ 吴大澂：《说文古籀补》，中国书店，1990 年，补遗第 5 页；丁佛言：《说文古籀补补》，第五卷第 5 页。
⑧ 罗福颐：《古玺文编》，文物出版社，1981 年，第五卷第 6 页。
⑨ 吴振武：《〈古玺汇编〉释文订补及分类修订》，《古文字学论集（初编）》，香港中文大学，1983 年，第 489 页。
⑩ 李学勤：《东周与秦代文明》，文物出版社，1984 年，第 327 页。

英会先生隶作盟,读为盀①,但多数学者主张直接释作盟②。释为卢、盉、昷、鼉,与字形不合,隶作昷仍不能读通原文。值得重视的是释盟(含释盀)的意见。盟从血从明,明所从囧偶尔也写作⟨图⟩(侯马盟书明所从),因此从字形上看,释盟有一定的凭据。

这一组字前面的遷,清人宋书升据《说文》古文读为徙③,学者多从之。但他认为遷所从屖为屎,徙、屎二字古通,则遭到批评。曾宪通先生指出,徙为歌部字,屎在脂部,脂歌韵部悬隔,所谓"脂歌二字古通"不足为据。曾先生并认为,玺文之屖、遷和包山简屖、遷为一字之异写。在包山简中,长沙作长遷,《说文》徙之古文屖(形有讹变)应是借沙为徙。沙、徙均为心母歌部字④。

"徙盟"过去没能讲通,最近葛英会先生读为"徙盀"、曾宪通先生读为"誓盟",贯通文例,令人耳目一新。但徙盀、誓盟用玺,似不合用印制度,也不合用印习惯,在文献和民俗中找不到有力的证据。

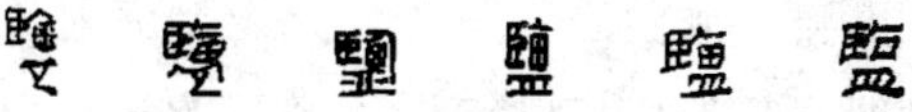

图二　秦系文字"盐"的写法

1.《睡虎地秦墓竹简·秦律十八种》一八三　2.《马王堆汉墓帛书·五十二病方》135　3.《汉印文字征》十二·二　4.《汉印文字征》附录六蓝所从　5.《武威汉简·仪礼·少牢》35　6.《隶字编(下册)》1060

---

① 葛英会:《战国齐"徙盀"玺与"爰土易居"》,《中国历史博物馆馆刊》总第十五、十六期,1991年,第43—46页。此文蒙陈剑博士代为复印。
② 曾宪通:《论齐国"遷昷之玺"及其相关问题》;何琳仪:《战国古文字典》,中华书局,1998年,第724—725页。
③ 宋书升:《续齐鲁古印捃序》。
④ 曾宪通:《论齐国"遷昷之玺"及其相关问题》。

笔者认为,所谓盟应释为盐。其繁式■和包山简■字结构相同。字的上部为卤之省变。秦系文字中的盐(图二)所从卤或作■或作■,可为证明。秦文中盐所从卤还可以省作□,则是齐玺中简式盐省变趋向的极好注脚。《说文·辵部》:"徙,移也。"又:"运,移徙也。"《尔雅·释诂》:"运,徙也。"徙盐就是运盐。《谷梁传·定公四年》:"庚辰,吴入楚。日入,易无楚也。易无楚者,坏宗庙,徙陈器,挞平王之墓。"《史记·商君列传》:"令既具,未布,恐民之不信,已乃立三丈之木于国都市南门……有一人徙之,辄予五十金,以明不欺。"其中"徙陈器"、"徙之"的徙与"徙盐"相仿佛。在较晚的古籍中,"徙"与"盐"或直接连用,如《资治通鉴》卷二百五十九:"十二月,朱全忠请徙盐铁于汴州。"《元和姓纂》卷五:"后汉征南大将军岑晊,字公孝,晊孙轲,吴鄱阳太守徙盐官。"由此观之,齐玺中的"徙盐"很可能是官名。

《战国策·赵二·苏秦从燕之赵始合纵》记载,苏秦说赵王曰:"大王诚能听臣,燕必致氈裘狗马之地,齐必致海隅鱼盐之地,楚必致橘柚云梦之地……"这里已谈到齐国海隅盛产鱼盐。

《管子·轻重甲》:

管子对曰:"楚有汝汉之黄金,而齐有渠展之盐,燕有辽东之煮,此阴王之国也。且楚之有黄金,中齐有菑石也。苟有操之不工,用之不善,天下倪而是耳。使夷吾得居楚之黄金,吾能令农毋耕而食,毋织而衣。今齐有渠展之盐,请君伐菹薪,煮沸水为盐,正而积之。"桓公曰:"诺!"十月始正,至于正月,成盐三万六千锺。召管子而问曰:"安用此盐而可?"管子对曰:"孟春既至,农事且起。大夫无得繕冢墓,理宫室,立台榭,筑墙垣。北海之众,无得聚庸而煮盐。若此,则盐必坐长而十倍。"桓公曰:"善! 行事奈何?"管子对曰:"请以令粜之梁赵宋魏濮阳。彼尽馈食之也,国无盐则肿。守圉之国,用盐独甚。"桓公曰:"诺!"乃以令使粜之,得成金万一千余斤。桓公召管子而问曰:"安用金而可?"管子对曰:"请以令贺献出正籍者必以金,金坐长而百倍,运金之重以衡,万物尽归于君。故此所谓用,若挹之于河海,若输之给马,此阴王之业。"

上面这段文字从一个侧面反映了齐盐生产的规模、销售市场之大以及对国家经济的影响。

《国语·齐语》记载:(桓公)"通齐国之鱼盐于东莱,使关市几而不征,以为诸侯利,诸侯称广焉。"韦昭注:"几,几异服、识异言也。征,税也。取鱼盐者不征税,所以利诸侯、致远物也。"可见齐国是通过关市来对制、售盐者进行征税的。

《周礼·地官·掌节》记载:"门关用符节,货贿用玺节,道路用旌节。"郑玄注:"玺节主以通货贿。"《周礼·地官·司市》记载:"凡通货贿,以玺节出入之。"郑玄注:"玺节,印章,如今斗检封矣。使人执之以通商。""徙盐之玺"应是在盐的流通过程中使用的官印,其目的是保证盐的正常流通以及有效征税和避免重复征税。就其功能而言,颇有点像宋以后的盐引。

例 7 中的"邑圣(?)"是"易都"属下的地名。

例 8 中的 ⿱ 也是盐字,"㢢丘"为"须久"属下的人名或地名。古书旂通旗[①],旗和事同在之部,"立盐旂"似可读为"莅盐事"。

---

① 高亨:《古字通假会典》,齐鲁书社,1989 年,第 380 页。

"立(莅)事"之说屡见于古籍及战国齐赵器物文字①。

安徽省博物馆旧藏一小块金币,其上有圆形印记,作🔲之形。安志敏先生将其释作"覃金"②。1979年8月,安徽寿县东津公社花园大队门西生产队出土战国楚金版5块,其中四块完整,正面钤同文阴文圆印16—21枚,涂书田先生释作"卢金"③。汪庆正主编的《中国历代货币大系——先秦货币》把两字当作一字,释为镡或镵④。"金"右边的字下部为皿,上部是卤,和包山简、天星观简某些盬⑤所从盐完全相同,应释为盐⑥,"盐金"是盐地所铸金币⑦,地在今江苏盐城⑧。战国时先为吴地,后属越,公元前334年楚灭越后属楚。汉于此置盐渎县,晋武帝太康二年更名盐城。

湖北随县曾侯乙墓所出第214号简多难字,其中之一作🔲,整理者怀疑是盟字变体⑨。这个字和齐玺中的🔲形体极近,也应释为盐。"新田之盐"指新田所产的盐。马王堆一号汉墓遣策一○三、

---

① 这枚玺或释为"须戴丘洰盟旌",参见葛英会:《释"戴丘洰盟"玺》,《北京大学学报》1991年2期,第87—92页。

② 安志敏:《金版与金饼——楚汉金币及其有关问题》,《考古学报》1973年第2期,第61—90页。

③ 涂书田:《安徽寿县出土一大批楚金币》,《文物》1980年第10期,第67—71页。

④ 汪庆正主编:《中国历代货币大系——先秦货币》,上海人民出版社,1988年,第1060、1141页。

⑤ 滕壬生:《楚系简帛文字编》,第839—841页。

⑥ 黄锡全先生已把此字释为盐,参见《〈中国历代货币大系·先秦货币〉释文校订》,《第二届国际中国古文字学研讨会论文集》,香港中文大学中文系,1993年。

⑦ 战国晚期,楚王室将部分铸币权下放。参见黄德馨:《楚爰金研究》,光明日报出版社,1991年,第71—77页。

⑧ 何琳仪指出:"盐疑今江苏盐城。"《古币丛考》,台北文史哲出版社,1996年,254页注十四。

⑨ 湖北省博物馆:《曾侯乙墓》上册,文物出版社,1989年,第530页。

一〇四有"盐一资"①,同墓所出印文陶罐中有"盐一资"竹牌,说明盐也作为随葬物品使用,与此情况类似。

通过上面的讨论,我们明确了战国时期的盐字有一种写法从皿从卤,繁体或加水、或加土。这一系列属于会意系统。《说文·盐部》:"盐,咸也。从卤,监声。"则属于形声系统。事实上,秦系文字盐的写法(图二)都属于形声系统。截止目前,我们所掌握的材料还不足以说明会意系列是由形声系列省形而来的,因此,这两个系列很可能是平行的,情形和我们讨论过的达字相似②。

《说文》盐下称:"古者宿沙初作煮海盐。"《广韵》二十四盐下:"古者夙沙初作煮海为盐。"宿(或夙)沙究竟是一个人还是一部落,是什么时候的人或部落,古书记载十分混乱。但过去讨论煮盐的起源,多依据这类模糊的传说③。现在,既然明确了会意的盐字本是煮盐的写照,明确了它在毛公鼎中作为偏旁使用,也就知道了煮盐的发明应在毛公鼎的铸造年代即周宣王④以前。笔者认为,这

---

① 这个盐字的写法又见于洛阳金谷园汉墓所出陶壶上的文字(黄士斌:《洛阳金谷园村汉墓中出土有文字的陶器》,《考古通讯》1958年第1期,第36—41页),过去或依样隶定(湖南省博物馆、中国科学院考古研究所:《长沙马王堆一号汉墓》上集,文物出版社,1973年,第139页;陈松长:《马王堆简帛文字编》,文物出版社,2001年,第602页)或释为醢(张勋燎:《〈洛阳金谷园村汉墓中出土有文字的陶器〉补正》,《考古》1964年第5期,第250页)。其实应释为盐。它和一〇四号简盐写法相近,不同处仅在于把原来的臣讹写为西,这种情形笔者称之为围绕字义进行的改造,例子很多,请参看拙文《汉字形体结构围绕字音字义的表现而进行的改造》,见李圃主编《中国文字研究》第一辑,广西教育出版社,1999年,第61—86页。

② 赵平安:《〈达〉字两系说——兼释甲骨文所谓"途"和齐金文中所谓"造"》,《中国文字》新二十七期,台北艺文印书馆,2001年,第51—63页;又载曾宪通主编《古文字与汉语史论集》,中山大学出版社,2002年,第218—225页。

③ 郭正忠主编:《中国盐业史(古代编)》,人民出版社,1997年,第19—22页。

④ 郭沫若:《毛公鼎之年代》,《金文丛考》卷二,日本文求堂,1932年。

样的结论比单纯依据传说进行揣测要可信得多。

附记:2001年10月,本文曾在上海华东师范大学召开的"古文字信息化处理国际学术研讨会"上宣读。会议期间及会后,蒙季旭升、吴振武、陈伟武、刘乐贤等先生给予鼓励或惠赐宝贵意见。吴先生指出《古玺汇编》0294号(拙文中例8)玺文怪异,字体像西周金文,可能是伪刻。窃以为颇有见地,但由于见不到此玺实物,只能留待日后详考。

11月初,笔者到北大办事,在与陈剑博士聊天时,得知董珊先生也有把齐玺徙后一字释为盐的想法,与拙文不谋而合。他的意见尚未成文,将写入其博士学位论文,请大家参看。

本文此次发表,复蒙李学勤师拨冗审看。谨此致谢。

编按:文中讨论的《古玺汇编》0199号,裘锡圭先生曾指出:"末一字应是根据清人误释而伪造的'鈢'字,……当是伪品无疑。"(《中国文物报》1989年1月30日3版)王恩田、施谢捷先生也以为此玺是伪品。说见《莒公孙潮子钟考释与臧家庄墓年代——兼说齐官印"阳都邑"巨玺及其辨伪》(《远望集——陕西省考古所华诞四十周年纪念文集》(上),陕西人民美术出版社,1998年,第313—318页)和《古玺汇考》(上)(安徽大学博士论文,2006年,第60页)。他们的意见很值得重视。

(原载《华学》第六辑,紫禁城出版社,2003年;又载《考古》2004年第8期。今据后者收入本集)

战国文字中的"宛"及其相关问题研究*

战国时期有一个写作下列诸形的字：

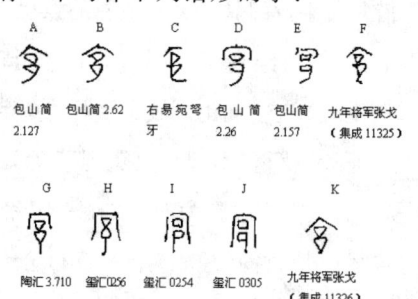

A	B	C	D	E	F
包山简 2.127	包山简 2.62	右昜宛弩牙	包山简 2.26	包山简 2.157	九年将军张戈（集成 11325）

G	H	I	J	K
陶汇 3.710	玺汇 0256	玺汇 0254	玺汇 0305	九年将军张戈（集成 11326）

释法很多，影响较大的有释宫、释邑、释序、大邑的专字等四种①。可以说各有各的依据。因为它的某些写法（如 K 和 G、H 之类）确实很像宫和序，它和邑的形体、用法也似乎有一定的联系。但是，这些释法的不足也是很明显的。它的各种写法中最流行的是 A、B 之类，和宫、序相似的写法只是偶而为之，并不具有代表性；它和邑的用法实际上有较严格的区分，和邑相似的形体，来源并不相同（详后）；至于说它是大邑的专字，字形上根本无从证明。（补记：新蔡葛陵简甲三：275 号中有"大邑"、"中邑"和"小邑"，甲三：348 简有"大宛"，可以证明大邑专字说是错误的。）因此有必要重新考虑

---

* 本文写作过程中得到李学勤师和李家浩先生的帮助，谨此致谢。

① 参见罗运环：《宫字考辨》，《古文字研究》第二十四辑，中华书局，2002 年，第 345—346 页。

它的释读。

我们认为这个字应当释为宛。论证如下：

《侯马盟书》诅咒类一〇五：三有字作

L

整理者隶作惌，解释说：

> 惌——借为冤字，音渊(yuān)，冤屈的意思。《说文》以为惌是怨的古体字。《一切经音义》："怨，屈也。"《诗·都人士》注："苑，犹屈也。"《说文》："冤，屈也。"故惌字可与冤字通用。[1]

诅辞"不卑众人惌死"就是"不俾众人冤死"，文义顺畅，足见整理者的释读正确可从。有人把惌改释为悁[2]或㝉[3]，实际是没有必要的。新近发表的上博藏战国楚竹简《缁衣》第六简和第十二简有下面一组字：

M N O

整理者隶作命或令[4]，完全是依样画葫芦的产物。在今本《缁衣》中，与之相对应的字都写作"怨"，因而也有学者直接把它隶作怨。但李零先生有不同意见，他指出：

> "怨"，……都是假"宛"字为之，其写法，可参看《说文》卷

---

[1] 山西省文物工作委员会：《侯马盟书类例释注》，《侯马盟书》，文物出版社，1976年，第44页。
[2] 如何琳仪：《战国古文字典》，中华书局，1998年，第1370页。
[3] 如汤余惠主编：《战国文字编》，福建人民出版社，2001年，第473页。
[4] 马承源主编：《上海博物馆藏战国楚竹书(一)》，上海古籍出版社，2001年，第180、187页。

十下、《汗简》40页正、《古文四声韵》卷四第19页背和40页正的古文"怨",不是"命"或"令"字。①

李说正确。《汗简》、《古文四声韵》和《说文》古文怨都是从心从宛省,应隶作惌,通怨。(补记:冯胜君先生在《释战国文字中的"怨"》中认为上博《缁衣》M、N、O 都应释为夗,其中 M 是在 N、O 上加声符 O(圆),目的是为了和令区别开来。持这一看法有两点需要进一步解释,一是较早出现的侯马盟书 L 所从上部没有一横画,二是具有重要区别标志的 M 形反而不如简体普及。冯文发表于《古文字研究》第二十五辑,中华书局,2004年。)

曾侯乙墓竹简第 12 号有一个被释作邻的字,作

P

之形。这个字简文用为地名,释邻讲不通。联系上博简中 N 和 O 的写法,应改释为郊。《战国策·西周策》"薛公以齐为韩、魏攻楚"章载韩庆为西周谓薛公曰:"君以齐为韩、魏攻楚,(九)[五]年而取宛、叶以北以强韩、魏,今又攻秦以益之。"知楚有宛地,郊即宛之增累字。简文"郊连嚣东臣所驭政车"即"宛连敖东臣所驭政车"②。

N、O 和 P 所从宛同《汗简》、《古文四声韵》以及《说文》古文怨所从宛结构相同,都可以看作 M 之类写法的省体。

---

① 李零:《上博楚简校读记(之二)》,收入朱渊清、廖名春主编《上博馆藏战国楚竹书研究》,上海书店出版社,2002年,第 409 页。
② "连敖"之释参见裘锡圭、李家浩《曾侯乙墓竹简释文及考释》,《曾侯乙墓》上册,文物出版社,1989年,第 512 页。包山楚简中的字,也有学者释郊。李运富先生认为应释郲,同鄾,本为"汉南之国",后用为姓氏。李说可从。参见《楚系简帛文字构形系统研究》,岳麓书社,1997年,第 112—115 页。

M之类的用法，也反映在后世的楷书中。《正字通·心部》："愈，古文怨作愈，愈是愈之讹。"说明在愈(怨)这个合体字中，"宛"讹变为"命"。又《礼记·大学》："见贤而不能举，举而不能先，命也。"朱骏声："按命者宛字之误，谓下民怨之。"①朱氏之说极具启发性。结合上博简看，命应是宛的讹字，通怨。总之，《正字通》愈所从以及上举《大学》中的命字都应是M之类的写法隶定的结果。上博简整理者所犯的错误，历史上早就出现了。

M比L所从宛多一横划，和集、宜的情形相似。楚文字集往往从宀，有时候宀下还加一横②，宜字也有宀下加横的现象③，但并不影响它们是同一个字。事实上，《集篆古文韵海》所收怨古文作愈，《订正六书通》引古文奇字怨或作宛，宀下都加一横。

回过头来看A—K的写法，不难发现它们和L、P所从以及M、N、O属于一路。特别是其中A、B等主流写法和L所从基本相同，完全可以视为同一个字，释为宛。

宛字"从宀夗声"④。声符夗本是象形字，后来裂变为夕和卩。在秦系文字中，声符夗成为平置的两个部件⑤。如：

《说文》小篆宛作宛

《古玺汇编》3629号作

《睡虎地秦墓竹简》日书乙种195号作

它们和西周金文夗(臣辰卣)字所从偏旁的写法一脉相承，又为后

---

① 参看《说文通训定声》"怨"字下，武汉市古籍书店，1983年，第710页。
② 参看何琳仪：《战国古文字典》下册，中华书局，1998年，第1396—1397页。
③ 汤余惠：《战国文字编》，福建人民出版社，2001年，第501页。
④ 许慎：《说文解字》(大徐本)，中华书局，1998年，第150页。
⑤ 关于该字的演变，参见于省吾：《释智》，《甲骨文字释林》，中华书局，1979年，第40—42页。

世楷书所从出。从传承的角度看,应视为主流的写法。

和秦系文字比起来,A—K所从夗显然是被叠置起来了,情形和吁作旱①以及御将"午"移于"卩"上②、取将"耳"移于"又"上③、精和清分别将"青"移于"米"和"水"上④相似。这一类例子还有很多,裘锡圭先生的文章有专门辑集⑤,可以参看。B中叠上去的"夕"旁,还依稀可以看出原来的笔意。后来演变为 D,和原来的写法就越来越远了。但是宛中"夕"的演变轨迹,还可以从隶古定宛字和宛字偏旁(参见前文)以及夜字的某些写法中寻绎出来⑥。

认识了A—K的形体,与之相关的读法便可以迎刃而解了⑦。

---

① 参看《战国文字编》,第72页。
② 同上书,第117—118页。
③ 同上书,第182页。
④ 同上书,第488页、743页。
⑤ 《战国玺印文字考释三篇》,《古文字论集》,中华书局,1992年,第470页。
⑥ 参看《战国文字编》,第743页。
⑦ 叠置型宛字的用法除本文所讨论的与县有关的一类外,所见还有若干例子。如包山简2.259:"一横枳,有绘(锦)绤,缟宛。"包山简2.260:"一竹枳,绘(锦)宛。"望山简2.47:"四膚,皆蔓(纹)宛。"望山简2.58:"□壐目二膚,丹秋(緅)之宛。"这些都是遣册,其中枳和膚是器物名,宛是与之有关的饰物,可以读为帑,《说文·巾部》:"帑,幡也。"《殷周金文集成》12031也有宛字,从铭文看,"宛右"缀于"齐司马"之后,用为私名,宛为姓氏。此外包山简2.145也有宛字,它与犬字组成一则合文,应释为"宛犬"。(补记:包山简2.155:"襄陵之行仆宛于鄢。"宛读为馆,作动词,当寓居讲,和《左传·昭公元年》"天王使刘子公劳赵孟于颍,馆于洛汭"用法相同。西周金文中有馀字,郭沫若《两周金文辞大系图录考释》谓"金文多用为馆字"。宛、官两声字音近可通。)关于包山2.155简的这个例子,蒙李天虹教授在《楚简文字形体混同、混讹举例》一文中特别提示。李文发表于《江汉考古》2005年第3期,第83—87、69页。《上海博物馆藏战国楚竹书(五)·鲍叔牙与隰朋之谏》第4—5简:"百姓皆宛惥。"宛字整理小组隶作从宀从邑,季旭升先生认为"字当释'宛',于此读为'怨'。宛后一字李天虹教授认为"可能读为'厌',憎恶、嫌弃之义。"把"宛惥"读为怨厌,文从字顺。参看季旭升先生《上博五冂义(上)》,简帛网(http://www.bsm.org.cn),2006年2月18日;李天虹教授《上博五〈竞〉、〈鲍〉篇校读四则》,简帛网(http://www.bsm.org.cn),2006年2月19日。)

请看下面的例子：

(1) 下鄵宛大夫　　玺汇 0097
(2) 上厝宛大夫之玺　玺汇 0100
(3) 上场行宛大夫玺　玺汇 0099
(4) 江夌行宛大夫玺　玺汇 0101
(5) 山桑行宛大夫玺　周秦古玺菁华 145
(6) 郲厚行宛大夫玺　古文字研究第二十二辑，第 179 页
(7) 新东易宛大夫玺　文物 1988 年第 6 期，第 89 页
(8) 鄱宛大夫玺　临淄封泥文字第一册，第 2 页

(1)至(7)为古玺，(8)为封泥，都属于楚国①。下鄵即下蔡，《汉书·地理志》属沛郡；江夌即江陵，《地理志》属南郡②；山桑可与《地理志》沛郡属下的山桑对应③；上场为故唐国所在地，春秋时并入楚，汉时称上唐乡④；鄱即《史记·吴太伯世家》"吴王使太子夫差伐楚，取番"的"番"⑤。郲厚与厹犹声近相通，新东阳当为新置的东阳县，它们战国时都曾属楚，《地理志》属临淮郡。上厝不详。(补记：1999 年湖南常德市德山寨子岭一号楚墓出土一枚"噩

---

① 参看叶其峰：《战国官玺的国别及有关问题》，《古玺印与古玺印鉴定》，文物出版社，1997 年，第 222—230 页；李学勤：《楚国夫人玺与战国时代的江陵》，《江汉论坛》1982 年第 7 期，第 70—71 页；徐在国：《楚国玺印中的两个地名》，《古文字研究》第二十四辑，中华书局，2002 年，第 317—318 页；韩自强、韩朝：《安徽阜阳出土的楚国官玺》，《古文字研究》，中华书局，2000 年，第 176—180 页。

② 李学勤：《楚国夫人玺与战国时代的江陵》，《江汉论坛》1982 年第 7 期，第 70—71 页。

③ 徐在国：《楚国玺印中的两个地名》，《古文字研究》第二十四辑，中华书局 2002 年，第 317—318 页。

④ 同②。

⑤ 同②。

宛大夫玺",陈松长先生已在《湖南新出战国楚玺考略(四则)》中发表介绍。这枚玺属于战国晚期,宛也应读为县。噩又见鄂君启节,指东鄂,地在今湖北鄂城。鄂君启节铸造年代是公元前323年,那时噩是封君之邑,主人称君,后来废君置县,首长称大夫。这种变迁很能证明宛的义涵。陈文发表于《第四届国际中国古文字学研讨会论文集》,香港中文大学中国语言及文学系,2003年。)

(9)东周之客響绖至(致)胙(胙)于戉郢之岁,夏层之月,甲戌之日,子左尹命漾陵宛大夫谍①邻室人杲瘇之典之在漾陵之参玺。漾陵大宛疽、大驻尹币(师)、鄝②公丁、市币(师)墨、币(师)阳庆吉启漾陵之参玺而在之,杲瘇在漾陵之参玺,间御之典匿。大宛内疽(人)氏等。 包山12—13

(10)东周之客響绖至(致)胙(胙)于戉郢之岁,夏层之月,甲戌之日,子左尹命漾陵之宛大夫谍州里人阳销之与其父阳年同室与不同室。大宛疽、大驻尹币(师)言胃(谓):阳销不与其父阳年同室。销居鄝,与其季父郐(?)连嚣阳必同室。大宛疽内(人)氏等。

包山126—127

(11)羕陵宛大夫司败谍羕陵之州里人阳销之不与其父阳年同室。 包山128反

(12)八月壬申之日,鄝易大正登生鈜受期,八月癸巳之日,不遝③鄝易宛大夫以廷,阩门又败。正罗寿戠(识)之。 包山26

---

① 刘钊:《利用郭店楚简字形考释金文一例》,《古文字研究》第二十四辑,中华书局,2002年,第277—281页。
② 李学勤:《续释"寻"字》,《故宫博物院院刊》2000年第6期,第11页。
③ 黄德宽:《说遝》,《古文字研究》第二十四辑,中华书局,2002年,第272—276页。

(13)九月甲辰之日,䫜司败謺①耳受期,十月辛巳之日不逞䫜宛大夫、獣公旅期、朝(?)易公穆疴与周㤺(?)之分諜以廷,阩门又败。　包山47

(14)□岁也,恒思少司马屈蓺以足金六匀(钧)圣命枼,枼宛大夫、左司马陕虐臭弗受。㦱公嬲之岁,恒思少司马䣂勒或以足金六匀(钧)舎枼,枼宛大夫、集易公䣊逯虐櫙(?)受。　包山130

(15)䣂宛大夫命少䫂尹䣂汷。　包山157反

(16)乙酉,䣂宛大夫黄靫。　包山188

(17)九月辛亥之日,临易之宛司马謺㛤受期,戊午之日不量虎下之筫,阩门又败。秀免。　包山53

(18)九月壬戌之日,䣂䣓司惪䣊阳受期,十月辛巳之日不逞安陆之下隋里人屈犬、少宛阳申以廷,阩门又败。廷臁。　包山62

(19)冬厬之月癸丑之日,周赐公讼䣂之兵虞执事人宛大夫競丁,以其政其田。期甲戌之日。䣂路公蛙截(识)之,沤競为謺。　包山81

(20)十月戊寅之日,䣂邮大宛屈𡊁、大𤔲(?)尹夏句浩受期,臭月辛未之日不䡄丝叔归其田以至命,阩门又败。勑絉。包山67

(9)至(20)为楚简。宛前的地名还有相当一部分不可考,但是枼即葉,就是汉晋南阳郡叶县②;䣂即鄀,即《左传·桓公十三年》"楚屈瑕伐罗……及鄀"的鄀;漾陵之漾即《水经注》汝水支流之养水,漾陵在养水之上③;大致是可以认定的。陈伟先生还从司法职

---

① 这个字多从郑刚等先生隶作李。但就字形而言,是謺的省形,详拙文《释包山楚简中的"笞"》,《简帛研究》待刊。(补记:此文已发表于《简帛研究二〇〇二—二〇〇三》,广西师范大学出版社,2005年,第1—5页。)

② 徐少华:《包山楚简释地五则》,《考古》1999年第11期,第74—77页。

③ 黄盛璋:《鄀器与鄀国地望及与楚之关系考辨》,《江汉考古》1988年第1期,第50页。

权、名籍管理、职官设置等方面论证简文羕陵(即漾陵)、喜(即颤)、鄾(郊)等相当于县级组织①,甚为有见。

(21)九年将军张二月,劓宛我其献。 九年将军戈 集成 11325—11326

(22)左周宛② 左周弩牙 集成 11925—11928

(23)右易宛攻尹 右易宛弩牙 集成 11930

这四例都是燕国之物,例(21)出土于河北易县燕下都遗址。劓、左周、右易为地名,具体地望尚待进一步考证。

(24)陈犹立事岁畝月戊寅,各兹安陵宛命左关不羉敕成左关之釜,节于廪釜,敦者曰陈纯。 陈纯釜 集成 10371

(25)皇宛左③ 皇宛左戈 集成 10983—10984

(26)辛宛左 辛宛左戈 集成 10985

(27)皇宛右 皇宛右鹤嘴斧形器 集成 11836

这四例是齐国器物。安陵,旧以为《史记·田敬仲完世家》"齐宣公四十四年伐鲁葛及安陵"的安陵,在今河南鄢陵县西北。郭沫若先生以为此器出于灵山卫,安陵当即灵山卫之古名④。当以旧说为是。辛极可能就是《左传·桓公十六年》"(卫宣)公使诸齐,使

---

① 陈伟:《包山楚简初探》,武汉大学出版社 1996 年,第 94—101 页。

② 董珊先生已将周后一字及(25)至(27)宛隶作宛。见其所著《战国题铭与工官制度》,北京大学博士研究生学位论文,2002 年,第 97 页和第 196 页。但他仍将(21)(23)等处宛隶作宫。

③ 《殷周金文集成》10982 号戈铭文作"皇宫左",系铸铭,大字,过去有人据此把同书 10983—10985 号戈小字刻铭释为"皇宫左",是不对的。实际上前者是伪品,是模仿后者制造的,模仿过程中留下了作伪者错误理解(把宛误作公)的痕迹。情形和两件亡盐右戈相似。亡盐右戈真品(《集成》10975)系刻铭小字,书写正确,伪品(《集成》10976)系铸铭大字,把"亡"字讹成"乍"。

④ 郭沫若:《两周金文辞大系考释》,上海书店出版社,1999 年,第 223 页。

盗待诸莘"的莘,在今山东莘县。其地本属卫,在卫、齐边界之上,可能一度为齐所有。皇地无考。

(28) 左宛　　玺汇0255—256

(29) 右宛槄槫　玺汇0254

(30) 宛右丞[①]　玺汇2718

(31) 厽㭀在宛　玺汇0305

从印面风格看,例(28)至(31)为三晋之物。但过去把左宛隶作左邑,以为即三晋魏之左邑,是错误的。魏玺中左邑往往合文(参见《玺汇》0109、0110、0113等处),写法与此迥异,两者不大可能是同一回事。例(31)中的"厽㭀"吴振武先生认为当读为"三台"[②],是赵燕边界上的城邑,在今河北容城县西南,战国时为赵地[③]。

上举各例中的宛字,除少数外,绝大多数前头冠以地名,后接官名。从可考的地名看,战国时大都为县邑,而这些县邑又往往和《汉书·地理志》的县名相应。其后所接官名如大夫、司马、司败(即司寇)、攻(工)尹之类,都为当时县制所能涵盖[④],因此宛应读为县。宛上古属元部影母,县是元部匣母字,韵部相同,声母同是喉音,古音很近。元部的影母匣母字有相通之例[⑤]。在古书中,罝

---

① 从李家浩先生释读,参看《先秦文字中的"县"》,《文史》第二十八集,中华书局,1987年,第54页。

② 吴振武:《〈古玺汇编〉释文订补及分类修订》,《古文字学论集初编》,香港中文大学,1983年,第491页。

③ 曹锦炎:《古玺通论》,上海书画出版社,1995年,第165页。

④ 关于县大夫、县司寇、县司马,参见徐连达主编《中国历代官制词典》,安徽教育出版社,1991年,第509页、第510页;关于县工尹,参见吕宗力主编《中国历代官职大辞典》,北京出版社,1994年,第22页、第429—430页。

⑤ 王辉:《古文字通假释例》,艺文印书馆,1993年,第834页。

和县声字冒声字相通①,而冒声字和宛声字相通②,因而县声字和宛声字相通是完全可能的。

把宛理解为县,上述文例都能贯通。

例(3)至(6)中的"行宛"可以看作侨置的有名无实的县③。

例(10)中"大宛"和"大驻尹"并列,是官名。揆度前后文意,很有可能是指"县大夫"。即使不是,也应指县的长吏而言。例(18)中"少宛"与"大宛"相对,是与县大夫或长吏对言的概念。(28)至(30)中的"左宛"和"右宛",大概是县大夫佐官的称谓。右宛应和"右鄂(县)吏"(《玺汇》2719)相似。"樝樽"为右宛的私名。

例(31)的情况比较特殊,"在"可能是"厽相"属下的县,"厽相"为上一级机构,相当于郡。县名前冠郡名的结构见于《古玺汇编》0352号三晋玺④。

(25)至(27)为齐国兵器,按照齐兵器铭文的惯例⑤,"左""右"应是指县的左右工而言,是制造兵器的专门机构。

如果上面的考证和推导不误,那么在战国县制方面,我们可以获得几点新的认识:

第一,战国时代各国用来表示县的词除了李家浩先生指出的县、寰、鄂之外⑥,至少还有一种宛的写法,而且一个国家往往同时

---

① 高亨纂著:《古字通假会典》,齐鲁书社,1989年,第169—170页。
② 黄德宽、徐在国:《郭店楚简文字考释》,《吉林大学古籍整理研究所建所十五周年纪念文集》,吉林大学出版社,1998年,第102页。
③ 行字的解释参见韩自强、韩朝:《安徽阜阳出土的楚国官玺》,《古文字研究》第二十二辑,中华书局,2000年,第176—177页。
④ 李家浩:《先秦文字中的"县"》,《文史》第二十八辑,第54页。
⑤ 黄盛璋:《燕齐兵器研究》,《古文字研究》第十九辑,中华书局,1992年,第62页。
⑥ 李家浩:《先秦文字中的"县"》,《文史》第二十八辑,第49—58页。

用几个字来表示；

第二,各国县吏的设置和称谓并不完全相同；

第三,楚国和晋国一样,它的县令也可以称县大夫,而且相当普遍。《左传·宣公十一年》:"诸侯、县公,皆贺寡人。"杜注:"楚县大夫,皆僭称公。"《汉书》孟康注:"楚旧僭称王,其县宰为公。陈涉为楚王,沛公起应涉,故从楚制称曰'公'。"这些理解有失偏颇,应予纠正。

(原载《第四届国际中国古文字学研讨会论文集》,香港中文大学中国语言及文学系,2003年;修订后又载简帛网,2006年4月10日。今据后者收入本集)

两种汉代瓦当文字的释读问题[*]

汉代瓦当大多是篆书,少数是隶书。较之先秦古文字,并不难识,本文将讨论的两种瓦当,之所以长期被误释,主要是字形讹变引起混淆的缘故。

一、"光䆤宇出"瓦当

这枚瓦当1975年出土于陕西兴平县汉武帝茂陵陪葬冢霍光墓附近[①],范制,面径18、边轮宽1厘米。阳文篆书四字(图一)。杨力民释为"光旭块宇"[②],钱君匋、张星逸、许明农释为"光䆤吉宇"[③],王墉释为"光䆤块宇"[④],雷百璟释为"光䆤古宇"[⑤],王辉释为"光耀坎宇"[⑥],都是从上到下,从右至左读,"光"和"宇"的隶定也完全相同,分歧集中在"䆤"和"出"上。

---

[*] 全文蒙李学勤师审看,谨致谢忱。
① 茂陵文物保管所、陕西省博物馆:《汉茂陵及其陪葬冢附近新发现的重要文物》,《文物》1976年第7期,第51—56页。
② 杨力民:《中国古代瓦当艺术》,上海人民美术出版社,1986年,第138页。
③ 钱君匋、张星逸、许明农:《瓦当汇编》,上海人民美术出版社,1988年,第57页。
④ 刘正成:《中国书法全集》第9册,荣宝斋,1992年,第155、248页。
⑤ 雷百璟:《西汉一文字瓦当考释》,《文博》1993年第1期,第64页。
⑥ 王辉:《"光耀坎宇"瓦当考释》,《文博》1993年第5期,第13—14页。

图一 "光耀宇宙"瓦当

"龠"字书未见。杨氏释为"旭",显然是从声音上来考虑。但上古汉语中"龠"声字与"旭"无通假之例,"龠"、"旭"通用恐难成立。即使成立,"光旭塊宇"也讲不通,因为古汉语中"旭"一般不用作动词。王镛和王辉把"龠"看作"耀"、"曜"的通假字[①]或异体字[②],文例上能够说通,在字形关系上却求之过深。《秦汉魏晋篆隶字形表》和《甲金篆隶大字典》把"龠"附在"爚"下,我们认为是正确的。"白"和"火"意义相因,作偏旁时可以替换。《说文·火部》:"爚,火光也。"《玉篇·火部》:"爚,光也。"由"光"或"火光"引申为照。《吕氏春秋·期贤》:"今夫爚蝉者,务在乎明其火,振其树而已。"[③]徐珂《清稗类钞·时令类》:"若星芒撒天,珠光爚海,真异观也。""爚"都用为"照"。

"㘞"与"吉"、"古"形体不同,应不是同一个字。王辉认为"㘞"从"凵"声,"凵"是"坎"的初文,"㘞宇"读为"坎宇",虽有人信从,终觉得牵强。因为把"㘞"拆成两半,取其中一半索解全字之义,方法已非寻常,且"坎宇"之类说法也不见于古籍。多数人

---

① 刘正成:《中国书法全集》第9册,第155、248页。
② 王辉:《"光耀坎宇"瓦当考释》,《文博》1993年第5期,第13—14页。
③ 许维遹集释:"《淮南·说山篇》'爚'作'燿',声同字通。"《吕氏春秋集释》,文古籍刊印本,1954年,第1007页。其实读如字即可。

释为"块",字形符合,文例却讲不通。因此,"甶"必须寻求别的解释。

大家知道,秦汉时代,"甶"和"由"因字形讹变已发生混淆。譬如,马王堆汉墓帛书《五十二病方》中的下面一段文字:

> 以月晦日日下餔时,取甶(块)大如鸡卵者,男子七,女子二七。先[以]甶(块)置室后,令南北[列],以晦往之甶(块)所,禹步三,道南方始,取甶(块)言曰甶言曰①:"今日月晦,靡(磨)尤(疣)北。"甶(块)一靡(磨)□。已靡(磨),置(块)其处,去勿顾。靡(磨)大者。(序号一〇五至一〇七)

共出现七个"甶"字,除字迹模糊难辨者外,都写作"甶",与汉印"由"字写法相同②。又"屈"字本从尸,甶声③,阜阳汉简《苍颉篇》六作"屈",所从"甶"也变成"由"。这些表明,甶不论作为单字还是偏旁,都可以写作"由"。反之,"由"也可以写作"甶"。武威汉简《仪礼》甲本《泰射》:

> 司射进,与司马交于阶前,相左,由堂下——西阶之东——北面视上射,命曰:"毋射获!毋獙护!"(简号四十九至五十)

> 司射述退由堂下,北面视上射,命曰:"不关不舍!"上司揖。(简号六十三至六十四)

同墓所出《士相见之礼》:

> 士相见之礼:垫,冬用雉,夏用腒,左柢奉之,曰"某也愿

---

① 原注:"下'甶言曰'三字系衍文。"《马王堆汉墓帛书》(肆),文物出版社,1983年,释文注释第40页。
② 罗福颐《汉印文字征》,文物出版,1978年,卷十二,第19页。
③ 许慎《说文解字》屈下,中华书局,1963年,第174页。

见,无由达。某子以命命某见"。(简号一)
三个由分别作"㞢"、"由"、"甶"。

元始钫"守令史㞢"的"㞢",容庚先生隶作"由"①。汉代"段㞢印信"、"臣㞢"、"申㞢之印"②的"㞢"字,结合古人常以"由"为名,绝少以"㞢"为名的习惯推断,也应释为"由"。

由此看来,瓦当上"㞢"字可以隶定为"由"。揆度文意,应是"宙"的借字,宙从"由"得声,"宙"、"由"同为幽部字,可以通假。瓦文应按顺时针方向旋读为"光䎦宇由(宙)"。这种读法的瓦当还可以举出一些:吴氏舍当③、冢氏东舍④、万岁冢当⑤、召陵宫当⑥、千秋长安⑦、延寿千年⑧、常阳颍月⑨、宜富贵当⑩等等。

"宇宙"一词,先秦两汉文献习见,不胜枚举。"光䎦宇宙"一类的说法,见于《淮南子·道应训》:

> 罔两问于景曰:"昭昭者,神明也?"景曰:"非也。"罔两曰:"子何以知之?"景曰:"扶桑受谢,日照宇宙,昭昭之光,辉烛四海。阖户塞牖,则无由入矣。若神明,四通并流,无所不极,上际于天,下蟠于地,化育万物而不可为象,俛仰之间而抚四海

---

① 容庚:《金文续编》,商务印书馆,1935年,卷十二,第7页。
② 许慎:《说文解字》,中华书局,1963年,卷十三,第10页。
③ 陕西省考古研究所:《新编秦汉瓦当图录》图一七九,三秦出版社,1986年。该书将"氏"释"尹",今从《中国书法全集》第9册第114、242页改。
④ 陕西省考古研究所:《新编秦汉瓦当图录》图一〇。
⑤ 陕西省考古研究所:《新编秦汉瓦当图录》图二〇二、二〇三。
⑥ 戈父:《古代瓦当》图一九五,中国书店,1997年。
⑦ 戈父:《古代瓦当》图二四三。
⑧ 戈父:《古代瓦当》图二四七。
⑨ 戈父:《古代瓦当》图二六三。
⑩ 戈父:《古代瓦当》图二七〇。

之外。昭昭何足以名之!"故老子曰:"天下之至柔,驰骋天下之至坚。"

文中的"日照宇宙",在结构和意义上,与"光䧹宇宙"都十分相近①。

二、"永保国邑"瓦当

这枚瓦当出土于河南洛阳,现藏陕西省博物馆。范制,面径16厘米(一说16.5厘米),阳文篆书四字,一般释为"永保国阜"②(图二)。

图二 "永保国邑"瓦当

汉印中,"阜"字单用多数作"昌"、"昌"、"昌",作偏旁时偶尔也写作"邑"③,其他文字资料也有相似的情况。因此单从形体上看,

---

① 此条写成之后,蒙刘乐贤先生提示,陈汉平先生在《屠龙绝绪·古代汉字演化举例》"䧹—耀"下有"汉瓦当文字'光耀宇宙'或书作'光䧹宇由'一语,与鄙见不谋而合。

② 陈直:《秦汉瓦当概述》,载《摹庐丛著七种》,齐鲁书社,1981年,第348页;戈父:《古代瓦当》,第175页。

③ 罗福颐:《汉印文字征》卷十四,第8—11页。

释"阜"有一定的根据。问题是"国阜"之类的说法不见于载籍,不符合汉人的语言习惯。

《秦汉南北朝官印征存》①收录1枚"葉阳邑长"印,原著录于《待时轩印存》,大多释作"茅阳邑长"。案首字与"茅"字不类,汉代也没有"茅阳"这个地名,释"茅"误。印文四字都为反书,所谓"茅"实际是"葉"的反写,和马王堆汉帛书《相马经》一四上"葉"字结构相同。葉阳为古邑名,在河南葉县西南旧县镇,战国为楚地,后入秦。秦于此置葉县,一说置葉阳县,从印文看,西汉沿置葉阳县②。该印"邑"作"$\sharp$",还原为"$\sharp$"。

1975年广西合浦堂排一号汉墓出土一枚琥珀印,《广西出土文物》③和《文物资料丛刊》第四辑所载发掘报告④,释为"劳新封印"。该墓发掘者蒋廷瑜先生后改释为"劳邑执刲",黄展岳先生从之⑤。劳邑为地名,执刲为官名。其中"邑"作"$\sharp$"。

《居延汉简》里有这样几支简:

昌邑东䣕望中里宋当时二百一十七□☑(简号二九九·九A,二九九·三二A)

☑□□里公乘张禽年☑阳郡冠军邑中都里公乘邓苟年☑(简号二三○·一)

---

① 罗福颐:《秦汉南北朝官印征存》,文物出版社,1987年,第57页。
② 赵平安:《秦西汉误释未释官印考》,《历史研究》1999年第1期,第65页。
③ 广西壮族自治区文物管理委员会:《广西出土文物》,文物出版社,1987年,第13页。
④ 广西壮族自治区文物工作队:《广西合浦县堂排汉墓发掘简报》,《文物资料丛刊》第四辑,文物出版社,1981年,第46—56页。
⑤ 黄展岳:《"朱庐执刲"印和"劳邑执刲"印——兼论南越国自镌官印》,《考古》1993年第11期,第1024—1027页。

新出简帛与古文字考论　　161

  元城邑［多□□大夫大□□□□□］
  一领
  衣一领
  袍一领
  □袭一领
  □绔一领
  二两
  一两（简号二〇八·二）

三个"邑"字分别作"邑"、"邑"、"邑"。《尹湾汉墓简牍》也有相似的用例：

  朐邑令……迁
  朐邑丞临淮郡取虑杨明故长……以功迁
  朐邑左尉楚国菑丘田章始故东郡大守文学以廉迁
  朐邑右尉楚国彭城□殷故相书佐以廉迁（YM六D三正第二栏）

四个"邑"字都写作"邑"。我们讨论的瓦当上的最后一字，与上揭邑的结构完全相同，可以释为"邑"。

  "国邑"一词秦汉时代常见，譬如《春秋繁露·顺命》："故曰：父之子也可尊，母之子也可卑，尊者取尊号，卑者取卑号。故德侔天地者，皇天右而子之，号称天子。其次有五等之爵以尊之，皆以国邑为号。其无德于天地之间者，州、国、人、民；甚者不得系国邑。"《淮南子·时则》："命司空，时雨将降，下土上腾，循行国邑，周视原野，修利隄防，道通沟渎，达路除道，从国始，至境止。"《论衡·明雩篇》："泰山雨天下，小山雨国邑。"《东观汉记·列传·宗室》："永平九年，恭未有国邑，赐号灵寿王。"都是很好的证明。

"永保国邑"为吉语瓦当,陈直先生说它"瓦质松薄,字体软弱,为东汉时物"[①]。可信。

(原载《考古》1999年第12期,又载《中国古文字研究》第一辑。今据前者收入本集)

---

① 陈直:《秦汉瓦当概述》,载《摹庐丛著七种》,第348页。

秦至汉初简帛文字与假借改造字字源考证

所谓假借改造字，原本属于假借字，由于种种原因，譬如：为了表现它的借义，或为了与本字区别，或由于汉字系统的影响，字形结构后来经过了改造。对于这类字的字源，过去由于缺乏材料，颇多误解。

70年代以来，在我国幅员辽阔的土地上，陆续出土了多批秦至汉初的简帛文字资料。这些资料对于探求假借改造字字源具有十分重要的意义。因为战国秦汉时期，既是假借字使用的高峰期，又是汉字形体演变最剧烈的时期，也正是假借改造字集中形成的时期。

本文试图利用秦至汉初简帛文字来探求无、縣、釁、皋、寀的字源，以此发凡示例，展示秦至汉初简帛文字在研究假借改造字字源方面的巨大价值。

一、释无

《说文·亡部》："𣡀，亡也。从亡無声。无，奇字無。通于元者，虚无道也。王育说'天屈西北为无'。"商承祚先生说："《玉篇》以无为古文,不曰奇字。"① 无字字形奇特,一直没有合理的解释。

从出土材料来看,无字始见于秦汉早期简帛文字。在《睡虎地秦墓竹简》、《马王堆汉墓帛书[壹]》(含《老子甲本及卷后古佚书》和《老子乙本及卷前古佚书》)、《马王堆汉墓帛书[叁]》(含《春秋事语》和《战国纵横家书》)、《马王堆汉墓帛书[肆]》(含马王堆汉墓所出各类医书)、《银雀山汉墓竹简》(含《孙子兵法》和《孙膑兵法》)中,无字共出现二百多次,除一例外②,都用作无。

这些无字的形体非常丰富,主要有以下几种写法:

元(睡虎地秦墓竹简)

夫(老子甲本及卷后古佚书)

夫(孙膑兵法)

无(老子乙本及卷前古佚书)

这些写法和夫字下列写法相同相近:

夫(㽘簋)

夫(睡虎地秦墓竹简)

夫无同是鱼部字,声纽同是唇音,古音很近,古汉语中有通用之例。如《文子·符言》:"故夫为而宁者,失其所〔以〕宁即危,夫为〔而〕治者,失其所〔以〕治则乱,故'不欲碌碌如玉,落落如石'。"《淮南子·精神训》:"夫以天下为者,学之建鼓矣。"《老子甲本及卷后古佚书》392:"是故擅主之臣罪夫赤(赫)。"其中夫均通无。从夫的字也是如此,《战国策·魏策二》:"先王必欲少留而扶社稷安黔首也。"《吕氏春秋·开春论》扶作抚。因此我们认为古文无是夫的通假字。

---

① 《说文中之古文考》,上海古籍出版社,1983年,第108页。
② 《马王堆汉墓帛书(叁)》,文物出版社,1983年,第117页。

夫借来表示有无的无,至少不会晚于战国末年。自从借夫表示无后,因为二字都是常用字,使用频率很高,从形体上进行区别就显得非常迫切,从睡虎地秦简看,人们已经在探索区别二字的途径。如夫作夫夫,无作夫夫。很明显,秦简中夫无求别与后世是不同的。后世主要通过中笔是否出头来区别,这种区别方法在《战国纵横家书》中已经萌芽①,至迟在东汉时代已经成为严格的规范,校官碑、孔龢碑、熹平石经的无都不出头。《说文》所收的奇字无当是汉代的产物。

二、释绵

《说文·系部》:"緜,联微也。从系从帛。"徐灏《说文解字注笺》:"纺絮成缕谓之绵。联微者,言其微眇相续也。因引申为緜长之称。"张舜徽先生说:"緜当以丝絮为本义,乃茧之未纺成缕者,即今语所称丝緜也。其物联缀敷广不绝,揭之则薄如纸,叠之则厚可装衣御寒。古人亦称緜为帛,所谓五十非帛不暖也。緜与絮析言有别,盖精者为緜,粗者为絮,故许以敝緜训絮耳。中土自宋元以来,始有木緜②,故其字从木作棉者最为晚出,古但作緜也。"③

緜的本义为"丝緜",它的小篆形体"从系从帛"。从出土文物看,它始见于秦汉早期简帛。马王堆汉墓帛书《老子甲本及卷后古佚书》103:"緜緜呵若存。"《老子乙本及卷前古佚书》222下:"緜緜

---

① 如该书第 69、176 页,收入《马王堆汉墓帛书(叁)》,文物出版社,1983 年。
② 一般认为公元七世纪开始,从印度引进木棉。
③ 《说文解字约注》,河南人民出版社,1983 年,二十四卷,第 75 页。

呵其若存。"緜字分别作緜、緜。《睡虎地秦墓竹简》602帛作帛、662作帛,与上举绵字所从迥别,知绵本不从帛。

秦汉早期简帛文字中,縣字作縣(睡虎地秦墓竹简)、縣(春秋事语)之形,它本是会意字,像枭首之形。金文作縣(縣妃簋),渐渐演变为縣,再变为縣(小篆)。

拿简帛文字的緜和縣对照就会发现它们仅一横之差,写法惊人的相似。緜和縣都是元部字,我们认为緜原本是縣的借字,在很长一段时期内(汉印里緜尚作縣),緜是通过减少一横画来与縣区别的。大约从汉代开始,出现了从帛从系的緜,是在縣的基础上,根据它所表达的意义"丝緜"进一步改造的结果。因此,緜在借字的基础上曾经经历了两度改造。

由緜字字源的考证,可以联想到一桩悬案。《方言》:"矑瞳子谓之瞛,宋卫韩郑之间曰铄。"《楚辞·招魂》:"遗视矊些。"洪兴祖《楚辞补注》引《方言》:"矑瞳之子谓之瞛。"《说文·目部》:"矑,盧童子也。从目,縣声。"《玉篇》将矊瞛二字并收,以为矊为瞛之或体。段玉裁《说文解字注》:"按《方言》瞛字,当是矊字之误。"张舜徽先生《说文解字约注》:"窃疑今本许书篆文作矊者,乃矊字之笔误。"我们弄清了緜縣的关系,就可以证明顾野王和段玉裁的说法是基本正确的。

三、释釁

《说文·爨部》:"釁,血祭也。象祭灶也。从爨省,从酉。酉,所以祭也。从分,分亦声。"戴侗《六书故》:"以鬯酉或血涂鼎釜及灶,弥其隙也。成庙成器皆釁之。"釁字马王堆汉墓帛书《养生方》149作釁,文例为:"釁冬各□□,草薢、牛膝各五挓(案)。"这个釁与

小篆釁的写法不同,是在下列古文字的基础上演变而来的:

▇(颂簋)▇(秦公簋)

字象双手持皿往头上浇水之形,是沐的本字。由此看来,林义光《文源》说釁"古作▇"是正确的,但他说▇"象人面上眉下须之形","实与眉同字",则不确。金文中一般借为"眉寿"的眉。有时也有其他的用法,如蔡侯申盘"穆穆釁釁"即"穆穆亹亹"。于省吾先生考证釁釁典籍讹作"亹亹"①,是完全正确的。魏王基残碑作▇,可以证明这一点。《尔雅·释诂上》:"亹亹,勉也"《释文》:"亹字或为娓。"

传世文献中,釁和衅也是异体字。如《国语·齐语》:"三衅三浴之。"宋庠《国语补音》衅作釁。又《尔雅·释草》:"蘠蘼,虋冬。"《经典释文》:"虋亦作蘴字。"按蘴即虋之省文。张舜徽先生《说文解字约注》说釁"俗书有璺、衅、亹诸体。"可见异体之多。

釁既为沐之本字,字形和"血祭"本无关系。古籍中借釁表示"血祭"都应属于假借。小篆釁字从酉作,是就皿进行改造的结果,时间大约不会早于东汉。酉(即酒)和血祭有一定的联系,表明改造是扣着词义进行的。由于釁在借字上进行了改造,因而许慎把它当作会意字来理解,就显得很牵强。

四、释皋

《说文·夲部》:"皋,气皋白之进也。从夲从白。礼:祝曰皋,

---

① 于省吾先生说:"'釁釁'典籍皆讹作'亹亹'。"釁即釁字。参见《寿县蔡侯铜器铭文考释》,载《古文字研究》第一辑,中华书局,1979年,第45页。

登歌曰奏,故皋奏皆从夲。《周礼》曰'诏来鼓皋舞。'皋,告之也。"徐灏《说文解注笺》:"气皋白之进未达其旨。"张舜徽先生《说文解字约注》:"此篆说解,但当云:气之进也。皋、白二字皆衍文。从夲从白。白非黑白之白,乃自之省体。自即鼻也,亦省作𦣹,本书𦣹下云:'此亦自字也。省自者,词言之气从鼻出,与口相助也。'皋训气之进也,故从𦣹,象气所自出;从夲,喻气之进疾也。故皋之本义,谓疾进而引其气以作声耳。《周礼·乐师》:'皋舞'。郑注云'皋之言号也。'《仪礼·士丧礼》:'皋某复。'郑注云:'皋,长声也。'皆其义已。自篆体讹从𦣹而为𦥂,说者望文生训,附会于黑白之白,而原意晦矣。"汉印皋或作𦥔,从自作,可证说小篆皋中的白"乃自之省体"有据,皋实际上是嗥的本字。

皋的出现是比较晚起的事情,它在秦汉早期简帛文字中还没有形成专字,只写作罩。譬如:

马王堆汉墓帛书《杂禁方》1:"又(有)犬善皋于亶(壇)与门,塗(涂)井上五尺。"

马王堆汉墓帛书《战国纵横家书》98:"擇(释)齐兵于熒阳成皋。"

银雀山汉简《孙膑兵法》191:"□人于䕺桑而禽氾皋也。"

其中皋分别作𦥔、𦥂、𦥔。尽管简帛的整理者都把它隶定为皋,而实际上它的写法和罩没有什么不同,只是借罩表示皋。这种情况在传世古籍中也是很常见的。如《尚书·皋陶谟》:"皋陶。"《困学纪闻》六引《列女传》作"罩陶。"《左传·僖公三十二年》:"夏后皋。"《路史·后纪》十四皋作罩。《左传·哀公二十六年》《国语·吴语》:"皋如。"《春秋繁露》九皋作罩。《荀子·大略》:"望其圹皋如也,嵸如也。"《列子·天瑞》《孔子家语·困誓》皋作罩。

皋的出现应与睪的异体(实际上是省略形式)有关。东周金文中睪作偏旁时或作▲(邕子甗䍐字所从)。秦汉早期简帛文字或作▲(睡虎地秦墓竹简1089擇字所从)。睪这两个异体和小篆皋的写法很相似。知《说文》小篆皋是在睪之异体的基础上改造而来的,时间不会早于西汉早期。

在许慎所处的东汉时代,皋有两种写法,一种从白,一种从自(汉印中皋字有从白从自两种写法可证),从许慎对皋的解释看,《说文》所录的皋当本从白,至少它是把白当作自来理解的。

五、释宷

《说文·采部》:"宷,悉也。知宷谛也。从宀从采。▲,篆文宷,从番。"徐锴曰:"从宀,覆也;采,别也;能包覆而深别之,宷悉者也。"段玉裁《说文解字注》:"此与覈从西敫同意。"张舜徽先生《说文解字约注》:"宷之言深也,谓辨别事物至深邃也。"诸家皆依▲形为说。

在秦汉早期简帛中,审主要作:

▲(睡虎地秦墓竹简25·50)

▲(老子乙本及卷前古佚书38上)

字下所从和番字不类,番一般作▲(老子乙本及卷前古佚书126上),一律从田,和審字所从有严格的区别。验之此前的古文字,古玺審作▲,番作▲,可以看出简帛文字的写法是与之一脉相承的。

简帛文字中的審,不是像《说文》分析的"从宀从番",而应分析为从㝁从曰(古玺文从口，从口与从曰同意)。㝁就是罙字。据我们考证，罙从穴从火作，象穴中有火之形，本义为竈(灶)，引申为温煮。它的演进序列如下：

🔆(強伯罙鼎)——🔆(沁阳载书)——🔆(石鼓文深字偏旁)——🔆(马王堆医书养生方)——宋(老子乙本及卷前古佚书深字偏旁)①

从罙的演变序列可以看出，宷和罙的某些写法是基本相同的。黄侃先生在《说文同文》中曾指出"宷同罙"，是非常精辟的见解。宷罙同是侵部书母字，古音相同。在从口或从曰的審出现之前，所谓"悉"的意思应是借表示"竈"的罙来表示的，后来才在借字的基础上加意符。《侯马盟书·宗盟类》16·3中有一字作🔆，隶作憲。此字应理解为从思宷声，也是審的异体。这样，小篆審的出现可能有两个途径，一是把曰改成田，一是把憲中的心省去。但无论经过哪种途径，都经历了被番同化的过程。因为被同化，导致了審字的中笔屈首，相应地宷字中笔也改为屈首。

(原载《简帛研究》第二辑，法律出版社，1996年)

---

① 参见拙文《释罙》，《考古》1992年10期，第936、953页。

秦汉简帛通假字的文字学研究

　　从上个世纪末叶到现在,在祖国的大江南北,共发现和发掘了数十批秦汉时期的简牍、帛书。就在这些秦汉简帛里,活跃着一批阵容庞大的通假字。过去,曾经有人对它作过不同程度的研究。诸如钱玄的《秦汉帛书简牍中的通借字》[①]、王美宜的《〈睡虎地秦墓竹简〉通假字初探》[②]、刘方的《试论〈睡虎地秦墓竹简〉中的同音假借》[③]、王大年的《读古书需明通假之管见》[④]、周祖谟的《汉代竹书和帛书中的通假字与古音的考订》[⑤]、以及赵诚的《临沂汉简的通假字》[⑥]等。然而,以上各家的文章,也有两个明显的局限:一是取材不广(仅以一地或两地的材料为研究对象);二是偏重音韵学的研究。

　　为了弥补过去研究中的不足,我们尽可能全面地收集了解放后整理发表的原始资料。计有睡虎地秦简、马王堆帛书、银雀山汉简、阜阳汉简、凤凰山简牍、武威汉简、武威汉代医简、大通孙家寨汉简、定县汉简、连云港花果山简牍、海州的木方、霍贺墓木方、云

[①] 《南京师院学报》1980年3期,第44—48页。
[②] 《宁波师专学报》1982年1期,第38—43页。
[③] 《宁夏大学学报》1985年4期,第80—86页。
[④] 《杨树达诞辰百周年纪念集》,湖南教育出版社1985年,第160—167页。
[⑤] 《音韵学研究》第一辑,中华书局1984年,第78—91页。
[⑥] 《音韵学研究》第二辑,中华书局1986年,第17—26页。

梦大坟头的木方等十余处数十批。可以说,除居延汉简外,解放后出土并已发表的秦汉简帛资料基本上已收罗殆尽。从这些资料中,我们得出通假字的单字达一千余个。在全面占有材料的基础上,我们还选取了不同于前人的视角——文字学角度,拟对秦汉简帛中的通假字作一深入探讨。

讨论将从四个方面展开。

一、通假字自身的形态特征

秦汉简帛中的通假字呈现出纷繁复杂的形态。除通常的写法外,还有古文、籀文、繁体、省体、讹体等。

先来看古文。帛书《老子》甲本133的澪字,通幽。该字不见于字书,从字形看,当从水丬声。丬是战国古文,见于《中山王鼎》,用为"幼"。我们认为,澪字从丬,丬为古文,澪也应是古文。帛书《老子》乙本205上、230下,《六十四卦》27都有叟字,前两例用为邻,后一例用为吝。字见于《汗简》卷六和《中山王鼎》,也是古文。又如马王堆医书《杂疗方》11中的丣字,是酉的古文,简文通留。由丣字我们还能联想到凤凰山168号墓67简上的骊,骊字简文通骝,是从马、以古文丣为声符的形声字,也应当是六国古文。恿在武威医简中前后出现近20次。《说文》:"恿,古文勇。"简文恿用为痛字。此外,银雀山汉简822的朹字,是古文簋,简文通救。这些实例说明,通假字中确有古文的存在。不过,挤进通假字行列的古文只是秦汉简帛中古文的一小股。

秦汉简帛通假字中也使用籀文,但籀文的数量远不及古文多。这里只举一个例子来说明它的存在。武威汉简甲本《服传》20的玺字，通祢，甲本《燕礼》4、《少牢》26中的玺通尔。这几个玺字均从尔从土作，是小篆的写法。而《六十四卦》61也有玺字，通尔，从尔从玉作，和《说文》玺字籀文的写法相同。

接下来，我们来看通假字的繁体。《老子》甲本17："大盈若（冲），其用不䆘。"这里的䆘不见于《说文》，当是从宀、郡声的形声字。我们认为它是窘的繁体字，用为窘。窘字用为窘的例子还见于《老子》乙本卷前古佚书《经法》47上、《十六经》100下等处，这些都是䆘为窘之繁体的佐证。

省体通假字与繁体通假字相比，前者要比后者多得多。这是因为汉字的简化趋向在起作用。如银雀山汉简0006中的䞋字，通知。这个䞋原来是䜌的省体。《说文》白部："䜌，识词也。从白从亏从知。"䞋在䜌的基础上，省掉了"白"。在睡虎地秦墓竹简、马王堆汉墓帛书、银雀山汉墓竹简中，有数以百计的智通知的例子。智字，也是䜌的省体，是在原来的基础上省掉了"于"。在秦汉简帛中，䜌常与知相通。阜阳汉简《万物》001、030等便是。上举的䞋智通知，从本质上讲，与䜌通知是一致的。此外，帛书《五十二病方》51中的瘦，通嚶，是瘿的省体。诸如此类的例子还有不少。

提到讹体通假字，较典型的要数颥和温。银雀山汉简《孙膑兵法》240、《孙子兵法》170皆出现此字。原注云："颥，即颢之讹体。"睡虎地秦简《为吏之道》23壹，阜阳汉简《诗经》049都有颢字，通愿。《老子》甲本卷前古佚书《五行》266㗊通愿，可知"原"声字与"㗊"声字是相通的。温字在《五十二病方》中出现的频率很高，达23次之多，原注认为，温字从䘉从目而略有省变，应即眽字，读为脉，这也是个讹体通假字。如果说通假字与被通假字之间只有一层障碍的话，那么讹体通假字与被通假字之间就有了两层障碍。

双重障碍给识别带来了困难,这大概就是讹变通假字较为罕见的原因吧。

由上面的分析,我们知道了秦汉简帛通假字在用字上确实有种种不寻常的情形。但是,通假字中的古文、籀文、繁体、省体和讹体,与整个通假字汇相比,数量还是很有限的。

二、通假字与被通假字的关系

1. 通假字与被通假字的对应关系

通假字与被通假字的对应关系可以归纳为两个方面。

一方面,一个通假字可以和一个、也可以和一个以上的被通假字相通。我们统计了与六个以上的字相通的通假字,共有 11 例,它们是：

   与 誉旟举豫舆欤异

   昔 奭措索作夕错

   卷 捲券拳圈倦眷

   或 纮惑域有又侑

   余 豫徐畬馀与除

   辟 劈避壁臂譬甓

   隋 憜椭隳脽随堕

   兹 磁灾慈滋孳哉

   叚 假瘕煆暇瑕遐

   执 贽蛰势挚设鸷

   台 怠始怡殆似胎

其中被通假字最多的是"与"字,能与七个字相通。

另一方面，一个被通假字可以用一个，也可以用几个通假字替代。我们可以以颣和德来加以说明。帛书《阴阳十一脉灸经》甲本59、60，乙本15用隤代颣，《五十二病方》200、206、207、208、209用㿗代颣。那么，颣字的通假字有两个。再如德字，代替它的通假字有得直惪。《六十四卦》84："尚九，既雨既处，尚得载，女贞厉。"得通德。阜阳汉简《诗经》："既沮（阻）我直。"德用直代替。而在别的场合，大多数的德写作惪。那么，德的通假字至少有三个。

2. 通假字与被通假字之间的互通关系

通假字与被通假字之间，既有单向选择（即甲可通乙，而乙不能通甲），又有双向选择（即甲可通乙，乙亦可通甲，彼此可以互通）。这里我们只谈彼此互通的情况。

秦简《秦律十八种》41："粝（粝）米一石，为鑿米九斗。"鑿用为毇。阜阳汉简《诗经》116："白石鑿鑿。"两个鑿都通毇。《老子》甲本卷后古佚书《明君》422、429，武威汉简甲本《士相见之礼》8、银雀山汉简1315、4923中的饬都借为饰，而《老子》乙本卷前古佚书《十六经》140上："见地夺力，天逆其时，因而饰之，事环（还）克之。"饰借为饬。《秦律十八种》56、122、123（2）、129和秦简《秦律杂抄》42中的攻通功，而《明君》405、406、416等处的功通攻。阜阳《诗经》120："此右涠（绸）穆七十五字。"穆通缪。《十六经》109上："缪缪天刑，非德必顷（倾）。"两个缪都通作穆。《孙膑兵法》155："辩疑以旌舆，申令以金鼓。"辩通辨。武威简甲本《少牢》25："尸取韭菹，辩擩（撰）于泹。"辨通辩。以上所举的鑿与毇，饬与饰，攻与功，穆与缪，辩与辨都是互通的字。

相互通用的通假字与被通假字，当双方同声系的字增加到一定量时，有时也出现不同声系之间呈系列化的彼此通用。秦汉简帛通假字中较突出的有"昔"系列与"乍"系列,"童"系列与"重"系列的相互通用。

通假字与被通假字的相互通用,在历史上曾造成某些不同字之间功能的合并或互换。前者如䰇踵,后者如醋酢等。

3. 通假字与被通假字之间形体结构上的关系

根据我们的统计,通假字与被通假字之间为相互包容关系以及含有相同声符的接近70%。

a. 通假字与被通假字为互相包容的关系

通假字与被通假字包容的例子如乃与仍扔汤、几与机饥、卜与赴、义与仪议、千与阡、才与财材、广与旷、女与如汝、尸与鸤、勺与芍酌、刃与仞忍、山与疝、也与地他、气与饩汽、反与返坂饭、巨与矩拒钜等。被通假字为通假字所包容的有伤和易、挚蛰与执、畬和弁、兢与兑、莎与沙、宵与肖、根和艮、衷和中、碑和卑、晨和辰、萃和卒、盛和成、葆和保、循和盾等。

以上都是相互包容的简单形态。此外,也有一些较复杂的情形,如才和在相通,亡和丧相通等。小篆的在从土才声,丧从哭从亡亡亦声。古隶阶段的文字与小篆极为接近。当时在和丧的声符还可以辨认,并不像现在的楷书一样面目全非。所以才与在、丧与亡也应是互相包容的关系。另一种比较复杂的形态是,通假字与被通假字彼此包容,其中一方是另一方的声符。如气通慨、慨从氣声,氣又从米气声。比通箆,箆从竹毘声,毘又从囟比声。蜉通乎,蜉从水蜉声,蜉又从虫乎声等。还有个别更特殊的包容现象,如薨通薨,薨从死薨省声。

比较而言,简单的包容关系比复杂的包容关系多,被通假字包容通假字的用例比通假字包容被通假字的用例多。

b. 通假字与被通假字含有同样的声符

这类通假字与被通假字彼此都是形声字。含有同样声符的通假字与被通假字也有各自不同的具体情况。有的声符处于同一个层次,有的处于不同的层次。如损与陨、难与叹、诽与匪、部与踣、脂与诣、涂与途、粉与芬、格与客、振与赈震、挚与絷、请与情清精、陵与菱、被与柀彼、海与晦、逢与锋蜂、阅与锐、案与按、宵与消、党与倘、桥与矫、根与垦垠艰、株与诛、涧与简等,都同处在第一个层次。也有少数处在第二个层次的,如薄与薄、怕与喝等。有的通假字与被通假字的声符则处在不同的层次上。譬如堵和曙,曙从日署声,署又从者声。堵中的"者"声与曙中的"者"处在不同的层次上。类似的例子如枇与篦、修与涤、洛与露、复同覆、欲同歛、蓑同鎓、蕃同藩、敀与缗、脌与胏、卷与倦、疠与蛎等。

4. 通假字与被通假字的繁简关系

就通假字而言,它的绝大多数是笔画较少或笔画一般的常用字。用生僻字作通假的也偶有所见,但数量极其有限。如果比较通假字与被通假字笔画的繁简,则以笔画少的通假字代笔画多的被通假字为最多。我们对笔画少的通假字,以及对笔画一般和笔画多的通假字进行了抽样调查,发现四画的通假字比被通假字形体简单的占 85% 以上,九画的占 60% 多,十七画的占 40% 左右。基本趋向是,笔画越少的通假字以简代繁的比率越高,笔画一般的偏高,而笔画越多的越呈滑坡趋势。

抛开那些与被通假字的笔画相同的通假字不计,秦汉简帛通假字以简代繁的总比例也在 70% 左右。

三、秦汉时代大量使用通假字的原因分析

甲骨卜辞里有许许多多的假借字,据吉林大学古文字研究室统计,假借字在甲文中所占的比例在90％以上[1],后姚孝遂修正此说,云占76％。但这些都是本无其字的假借,真正的通假是很少见的。以金文而言,陈抗同志在他的硕士论文《金文假借字研究》[2]中,收金文实词通假字(除开干支字、方位字)253个(其中包含一些本无其字的假借),可见金文通假字也不算多。事实上,春秋以前,真正的通假字是不多的。刘又辛先生说越早的文献中通假字越多[3],是不符合实际的。通假字的剧增大约在战国秦汉时期。战国楚简、帛书里就有不少通假字,到以后的秦汉简帛中,通假字的规模达到了登峰造极的地步。

为什么战国秦汉时期通假字会出现剧增呢?这是一个值得我们深思的问题。我们认为主要有两个原因:

一是形声字的大幅度增加。甲骨文的形声字只占20％多,金文占40％左右。春秋以后,由于汉字偏旁趋于成熟,为创造大量的形声字提供了条件[4]。因此,春秋以后,形声字获得了长足的发展,汉字通过增累、替换、讹变、声化[5]、新造等手段创造了大批形

---

[1] 《古文字研究的现状及其展望》,载《古文字研究》第一辑,中华书局,1979年,第20页。

[2] 稿本,藏中山大学古文字研究室。

[3] 《通假概说》,巴蜀书社,1988年,第1—5页。

[4] 张振林先生《试论铜器铭文的时代标记》,《古文字研究》第五辑,中华书局,1981年,第68—75页。

[5] 拙作《汉字声化论稿》,《河北大学学报》1990年2期,第5—9、32页。

声字。

我们知道,汉字从来就有一种依靠文字形体显示词的音义的传统。早期的象形会意字依靠象形的线条、象形的部件及部件组合来显示词义。早期的假借字则是运用一些常用字来表示新词的读音。由于象形表意字对于显示复杂和抽象概念感到困难,假借又导致了汉字职能上负担过重和显示上的混乱,所以后来的形声字采取了双轨显示的办法,既继承了它们的优良传统,又弥补了它们的不足。

形声字由表意和表音两部分组成。它的意符和声符分别对词的意义和声音起一种"显示"作用。这种显示作用对词的理解和识别都极其重要。

秦汉简帛中的通假字和被通假字绝大多数是形声字。前面已经谈到,通假字与被通假字之间,有共同声符的和为相互包容关系的占总数的70%以上。有共同声符的通假字与被通假字都是形声字,为相互包容的通假字与被通假字至少有一方是形声字。这两类通假字与被通假字之间,要么有共同的声符,要么一方是另一方的声符,总之,它们之间在形体上有共同的部分。这共同的部分,从语言与形体两个方面把通假字与被通假字密切联系起来。

正是由于共同的部分在通假字与被通假字之间架起一座坚实宽广的桥梁,我们在理解含有通假字的句子时,才可能沿着这一线索,在含有同一声符的谐声系列中,根据句子的意义,比较容易地确定被通假字的具体所指。我们有理由相信,在当时人们的心目中,对通假字的识别应当是自然的和比较容易的。唯有这样,通假字才可能大规模地使用。

二是古文字的隶变。战国中晚期到秦汉时期,正是古文字隶变阶段。这个阶段大致和通假字剧增的阶段相当,这并不是偶然的。事实是古文字的隶变与通假字的剧增有着必然的联系。

古文字阶段,汉字的形体是表意的,象形表意字所记录的本义和引申义可以通过字形看出或悟出。这样一来,虽然当时缺少系统的古文字字典,但在人们的心目中,这部字典实际上是存在的,因为大多数的字通过象形表意的形体在某种程度上"注出"了词的本义和引申义。这个特点,决定了当时的人们不会因为某字的形义暧昧而误用汉字,从而导致通假字的增多。而隶变阶段的情况却恰恰相反。古文字的隶变使汉字失去了原有的象形意味,同时造成了很多字的形体结构发生了讹变。结果是,很多字的形体失去了原来的"显示"功能,造成了字的形体与词义的脱节。正是由于字形与词义关系的隐晦或脱节,使得人们在用字的选择上常常感到困惑,从而导致了通假字的大量产生。

古文字的隶变,同时也使得很多汉字的功能由对词的内涵的"显示"变成"标示"。经由隶变的汉字,由于形体与字义的关系发生脱节,而只成为一个既不表音又不表义的、由笔画组合而成的方块。这种方块对它所记录的词起着"标示"作用。即它只是作为词的象征物,使不同字之间能够相互区别。隶变的这种趋向实际上是对古汉字的形与音义关系的一次革命性的否定。同样,使用通假字也不考虑通假字形体对被通假字词义的表现,只是把通假字作为一个符号来"标志"被通假字。通假字的这种否定字对词义表现的特点,在性质上,和隶变对字的形与音义关系的否定倾向是一致的。既然通假字的剧增是在隶变对古文字传统形义关系的否定的大气候下进行,我们认为,它可能受到了隶变的影响和冲击。

古文字的隶变造就了很多与词的音义失去联系的汉字,给人们的学习、识别和使用带来了极大的困难。因此汉字运用了形声法则,对旧有汉字进行了大规模的改造。这种情况可以概括为汉字的隶变刺激了形声字的剧增,而形声字的增多又为通假字的剧增提供了条件。

四、通假字造成了字义与词义的错综和字词的分立

大凡越是早期的汉字,字义与词义的关系就越单纯。画个山的形状,表示山这个词,这时字义与词义的关系是一对一的。字就是词,词就是字,二者可以合而为一,自从有了本无其字的假借后,字义与词义的关系才出现了错综。如甲文其字,象个簸箕,借为第三人称代词,这样其字就记录了两个词。秦汉时期,由于通假字的广泛使用,字义与词义的错综变得更为复杂。如毋与无勿侮相通,毋字代表三个词,周与州舟雕调相通,周字代表四个词,付与俯鮒踝附柎相通,付代表五个词。同样,一个词往往可以用几个字来代替,如也这个词,可以用殹䜳两个字来代替,有可以用右又或三个字代替等。这样,使得字与词在分布关系上显得更为丰富多彩和错综复杂,从而导致了字与词关系的严重对立。也就是说字和词这两个概念在当时人们的心目中,会因为通假字的大量出现而出现清晰的分立。事实也正是这样。《说文》的着眼点是字,目的在于探讨字的本义。《尔雅》的着眼点是词,目的在于探讨词义。《释名》则是从错综复杂的字词关系中去探索词的本源。《方言》是通过理论各方言区用字的分歧,着眼于"词",把不同方言区用字分歧统一起来。

结 语

上面,我们从通假字自身的形态、通假字与被通假字的关系、秦汉时通假字剧增的原因、通假字对字词关系的影响四个方面对秦汉简帛的通假字进行了分析。这对于认识通假字的本质特征和秦汉通假字的特殊规律都是积极的和有益的。我们认为有三点特别值得一提:

1. 战国秦汉时期,使用的通假字最多。在这以前曾大量使用本无其字的假借,但真正的本有其字的通假很少。在经历了战国秦汉的高峰期以后,通假字又呈现骤减的局面。我们说明了战国秦汉时通假字剧增的原因是古文字的隶变和形声字的增多。

2. 在通假字的选用上,有两个基本的倾向,一是以简代繁,一是往往考虑对通假字的识别。正因为如此,秦汉简帛通假字以简代繁的占绝大多数,通假字与被通假字之间有识别标志的占绝大多数。

3. 通假字与被通假字的剧增导致了字与词的对立。这两个概念的对立,具有重要的理论价值和实际意义。由于字义与词义关系的错综和字词的分立,对于字义、词义、字词关系的探讨变得更加迫切。《尔雅》《释名》《方言》《说文解字》正是在这种背景下应运而生的。因此可以说,秦汉时通假字的剧增刺激了文字学、词汇学、词源学、方言学的形成和发展。

我们认为,传统的古汉语研究常常是字词不分,把古汉语中的一个字当作一个词,这种做法是不科学的和有害的。

(原载《河北大学学报》1991年第4期)

汉字形体结构围绕字音字义的表现而进行的改造

我们汉语写词有一个重要特点,就是让字的形体结构分别与它的音义,或者同时与它的音义联系起来。这不仅反映在造字上,同时也反映在汉字形体结构围绕表音表义而进行的改造上。

汉字形体结构围绕表音表义而进行的改造(为了行文的便利,文中有时简称"改造")是个错综复杂的问题。本文主要以甲骨文、金文、竹简、石刻和宋元以来若干刊本抄本中的文字材料(其中包括大量过去被忽视的俗别字)为主,以其他的文献材料为辅,通过对若干单字的考订分析,试图勾勒出汉字形体结构围绕表音表义而进行改造的概貌,并且由此引申开去,讨论若干与之相关的问题。

一、汉字形体结构围绕字义的表现而进行的改造

这方面的改造,根据其方法的不同,可以分为三类。

(一)在原字上加注表意偏旁

有的是为了使表义更明确更充分的,如:

盥字,早期甲骨文作&,象在皿中洗手之形。后期加"水"作&,字义更为显豁。

射,甲骨文作𐩒,趩簋加"手"作𐩒,突出了射箭的动作特征。

埶,甲骨文作𐩒,义为"种植"。盠方彝加"土"作𐩒,表义更为明确。

《说文》社之古文作𐩒,商承祚先生案曰:"《论语》'夏后氏以松,殷人以柏,周人以栗。'此从木土,各树其土所宜木也。"①

有的是为了使不显字义的形体再现字义,如:

尞,甲骨文作𐩒,本象烧柴祭天之形,到了小篆,字形发生讹变,故加"火"以显示字义。

争,本为会意字,象上下两手同争一物,隶变后字义不显,故加"手"旁。《大分》曰:"兵单力挣。"又曰:"男女挣威。"《姓争》:"规(蚑)侥(蟯)毕挣。"②"挣"即"争"字。

有的是为了明确多义字的某一个意义,如:

尊,《居延汉简甲编》532作"樽"。大徐本《说文》尊下校语:"别作罇。"尊,酒器也,引申为尊卑之尊,后加"木"或"缶",以明尊之本义。

虚,本从丘,虍声,本义为"废墟",引申为"虚无",张平子碑作"墟",加"土"以明确其本义。

豆,郭勑碑"爵鹿俎桓"作"桓"。《说文》:"桓,木豆谓之桓。"《经典释文》:"豆又作桓。"《广韵》:"桓,笾豆。"豆本象形字,是一种器物的名称,后借为"豆菽"字。大约在汉代出现了"桓",用以明确其本义。(以上各例是为了明确多义字的本义。)

啟,本义是用手开门,引申为开天放晴。早期甲骨文"开天放晴"只作𐩒或𐩒,四期后始作𐩒或𐩒,加"日""月"以明其引申义。

---

① 商承祚:《说文中之古文考》,上海古籍出版社,1983年,第6页。
② 《马王堆汉墓帛书[壹]》,文物出版社,1974年,第7、9页。

冬，甲骨文作🔣，金文多作🔣。本为象形字，引申为"冬天"的冬。陈骉壶"孟冬戊辰"作🔣，加"日"，为冬季冬天之专字。

资，柳敏碑"天憒鲠□"作"憒"。《汉隶字源》："义作资。"资本是资财，引申表示人之天资，故加"心"旁。

弟，张迁碑、魏受禅表作"悌"。本义为次弟，引申为兄弟，再引申为孝悌。孝悌的"悌"先只作"弟"，后加"心"以明其义。

痛，北军中侯郭仲奇碑："流涕痛伤。"故民吴仲山碑："感痛奈何。"堂邑令费凤碑："痛兮切恻。""痛"一并作"癑"。《罗不淖尔汉简释文》39"痛"亦作"癑"。痛者、病也。本指生理上的疾病，引申为情绪上的痛，故加"心"。

领，祀三公山碑："迥在西领。"《两汉金石记》："以领为嶺。"《汉书·严助传》："舆轿而隃领。"项昭曰："领，山领也。"王羲之《禊帖》："崇山峻领。"嶺亦只作"领"。后加"山"以明其引申义。

（以上各例是为了明确多义字的引申义。）

甲骨文翼作🔣，象鸟类羽翼之形。早期甲骨文借为"昱日"字。第四期以后在其旁加注"日"，作🔣等形，成为"昱日"之专字。

殿，灵台碑阴："欲造皇屋壁庑。"周公礼殿记："修旧筑周公礼壂。"《流沙坠简·急就篇》、皇象本《急就篇》与此同，皆作"壂"。殿之本义为击也。循声借为殿堂义，后于字下加"土"。

师，武氏石阙铭："孙宗作师子。"《金石粹编》："师子即狮子。"古无狮字，只写作师。《说文》虩下："虎鸣也。一曰师子。"《尔雅·释兽》狻麑："即师子也。"《汉书》狮作师，《后汉书》师狮并用。加"犬"以别其假借义。（以上各例是为了明确多义字的假借义。）

很明显，在原字上附加的表意偏旁，其显示字义的程度是有限的,一般只表示事物的类属。

(二)替换原字的部分形体

大致可以分为三种情况。

1.使形体结构更贴近字义。

这类字所触及的对象,有表意字,也有形声字和假借字。

先谈表意字。

《说文》僕之古文作䑃,从臣。甲骨文本作䑃,早期金文变作䑃,从"人"。《尚书·费誓》:"臣妾逋逃。"传曰:"役人贱者男曰臣。"《尚书·微子》:"我罔为臣仆。"臣僕义同。把"人"换成"臣",与仆义更贴近。

壾,衡方碑、孙叔敖碑葬字如此。《类篇》:"葬或作壾。"尧庙碑作"壾"。葬本象弃死人于草莽中。换"艸"为"土",于字义更贴切。《孟子·滕文公上》:"盖上古尝有不葬其亲者,其亲死则举而委之于壑。他日过之,狐狸食之,蝇蚋姑嘬之,其颡有泚,睨而不视。……盖归反虆梩而掩之。"从考古发掘看,华夏民族从原始社会开始,就实行土葬,商周以来,至于秦汉,对墓穴经营日趋讲究,进而发展成地下宫殿。把"艸"换成"土",正适应了这种变化。

罸,唐扶颂、张寿碑罚字如此。古文字作罸,早期隶书结构同。《佩觽》:"古罰从刀詈人。"古代采取军事统治,处罚动辄杀头,故从刀。《元命苞》改"刀"从"寸"。寸者,法也。睡虎地秦简耏作"耐"[①],许慎说:"耏……或从寸,诸法度字从寸。"与罸同理。

皷,韩勑碑、孙叔敖碑阴鼓字如此。《广韵》引《说文》作皷,今本《说文》作鼓。甲骨文象手持棍棒击鼓之形,隶变以后,字义不

---

① 《睡虎地秦墓竹简》,文物出版社,1978年,第86页。

显,换"支"为"皮"。鼓用兽皮蒙制而成,故从皮。

國,魏三级浮图颂作"圀"。"囗",是表示一定范围的偏旁,所以圀就是"囗中有民"或"有民之囗"。又齐宋敬业造象作"国",即"囗中有王"或"有王之囗"。"王"后来变成"玉","国"遂写作"国",《正字通》收录。

再看形声字。

甲骨文教作🝁,从攴从子,爻声。从攴从子,象持棍棒打孩子,是奴隶制专制家长统治下教育方式的写照。可与《尚书·尧典》"扑作教刑"相印证。《说文》所收古文之一作🝂,"攴"变成了古文言,适应了教育方式进步的需要。

《说文》古文脣作🝃,篆文作🝄。商承祚先生说:"是从页犹从面也。惟面上不止脣,犹脣之从肉,其义不相切也。今改口是矣。"①顾和脣的意符换成口后,于字义更贴切。

笔,见于北齐隽敬碑、齐房周陁墓志等处。甲骨文作🝅,象手持笔形。后加竹旁,成为从竹聿声的象形字。随着语音的演变,中古时笔与聿读音已经不同。于是换声符为意符,写成"笔"。上从竹,下从毛,是用表意手段创造的笔的象形字。这类字还有尖䫜等。

窟,唐端州石室记窟字。本从穴,屈声。在中古音系中,窟和屈韵已不同。前者在没韵,后者在物韵,意味着屈的表音功能已经式微。唐时书碑人将"屈"换成"屋","穴中之屋",正会出窟的意义。

替换形声字的部分形体,有时是意符,有时是声符。

最后来考察假借字。

清初刊《目连记弹词》罪作"罪"。据《说文》,罪为皋之借字。

---

① 商承祚:《说文中之古文考》,第37页。

清初刊《目连记弹词》作罳,系从网从犯。犯者,侵也。从"犯"比从"非"更能表达字义。

与表意字、形声字比较而言,替换假借字的部分形体表达字义是不多见的。

2. 把象形符号换成表意偏旁。

彣,就是"文",甲骨文作☆之形,象人胸口上有花纹,省体作☆。"彡"是文饰的象形。当文失去了象形意味之后,把"彡"附上去,通过"彡"把"文"字的含义与文饰联系起来,以补救失落的象形意味。因此,表意偏旁"彡"代替了甲骨文中"✗""✓"的作用。《说文》立彣部,解释为"郁也,从彡从文",把文和彣看作两个字,是不对的。新版《辞源》彣下说"'文'本字",误认为彣为文之古字。实际上,彣是文的后起字。

羁,见于睡虎地秦简①和张迁碑。《隶辨》:"即羈字。"《说文》羁本作羅,"马络头也。从网从馽。馽,马绊也"。石鼓文羈作☆,正象马足被绊之形。隶书羅把馽中象形马绊改成表意偏旁"糸"。

这类例子最能说明汉字在形体发展过程中,表意方式由象形符号到表意偏旁的变化。

3. 为了明确多义字的某一意义。

贤簋贤作☆,中山王嚳方壶作☆,乃贤人之专用字。换"贝"从"子",与贤人之义更贴切。

曾伯陭有"用孝用享",乃金文常语,孝为动词,与享同义。孝之本义为孝顺,享孝为其引申义。匜铭作☆,换"子"从"食",与享孝义更贴近。

---

① 《睡虎地秦墓竹简》,第 105 页。

楚王熊忻鼎:"以共献尝。"尝作"竷"。酓前盘、酓前匜以及战国简皆与此同,大抵为楚物。郭老说:"竷从示尚声,当即祭名蒸尝之专字。"①作为祭祀动词,尝从"示"比从"旨"更能表达字义。

嗣,《说文》:"诸侯嗣国也。"金文用法与之相近。嗣子壶:"命瓜君孠子作铸尊壶。"嗣作孠,把"冊"换成"子",嗣子之义更为明显。

乘,战国望山 M_2 竹简作辇,鄂君启节作𢌛,从甲骨文看,本象人爬树。本义为登上,引申为乘车乘坐。辇𢌛分别为乘车乘坐之专字,是把"木"换成了"车"或"几"。

媻,齐法义优婆姨造象婆字。《说文》作"媻",大约汉代开始写作婆,司空残碑"婆娑尊俎"是其证。六朝时期,婆多作母称。如《魏书·汲固传》:"李(宪)即为固长育五十余岁,恒呼固夫妇为郎婆。"后来也引申为丈夫的母亲。婆从女,虽可表示它的义类,但过于空泛,把"女"换成"母",更贴近字义。

(三) 改变原字的形体

其触及的对象也包括表意字、形声字和假借字。

1. 改变表意字的形体。

《银雀山汉简》0647、2971 简退作"㥄",是从《说文》古文㥄变来的。畏有害怕的意思,和退的字义相因,畏退微物阴入对转,因此,"畏"实际上起着兼表音义的作用。

孙叔敖碑、戚伯著碑、蒋君碑龜(龟)作"蠅"。在古文字中,龜是象形字。到了隶书,象形意味丧失殆尽。所以省掉部分形体,加上两"虫"帮助表达字义。我国古代习惯上把动物看作虫类,龟作

---

① 《金文续考》,人民出版社,1954 年,第 416 页。

为动物的一种，也被看作虫类。《说文》："蠵，大龟也，以胃鸣者也。"字从虫。鳌字，隋修七帝寺碑作螯，唐王法墓志则作鼇，虫龟通用。把龟改作鼋，即存龟之大概，又加二"虫"以表义。

唐公房碑鼠作䑕。《隶辨》："䑕即鼠字。"鼠之为物，最厉害的是爪牙，《诗经·召南·行露》："谁谓鼠无牙，何以穿我墉。"表明古人早已注意到了这一点。隶书变鼠字上部为臼，象两爪之形。把下部变作耳，即牙字。郑固碑："出则爪耳。"《汉隶字源》："（耳）即牙字。"又史晨碑邪字偏旁作"耳"，也与此同。这个字的改变，是文字演变和社会心理相互作用的产物。

猙，《流沙坠简·简牍遗文》第 20 简有此字。罗振玉考释说："古简猙字即幸字。诸简中幸字多从犬，然皆上犬下羊，此简著犬于羊侧。汉印中有'大利长幸'等语，其幸字上皆从犬，与篆文从夭作不合。前人不敢确定为幸字，然汉石刻中幸字皆从犬，无从夭者，今证以诸简，知汉人隶书无一与篆文合者，是可异也。"幸，《说文》从夭从屰，此处改成从犬从羊，是有其社会根据的。我国古代，视羊为吉祥物，故美善群等意义吉利的字皆从羊。《说文》："羊，祥也。"羊引申出祥义，后造祥字以区别。犬和羊一样，也是吉祥物。从狩猎社会开始，狗即用以打猎。殷武丁时有"多犬"之官，专门饲养猎犬，供王田之所需。《周礼·秋官》有"犬人"，掌相犬牵犬以供祭祀。狗还可以给人看家，看护田具。此外，也用于军事。《墨子·备穴篇》："墨穴之中备一狗。狗吠则有人也。"《居延汉简甲编》中也常有"入狗×枚"的记载。由于狗在人们生活中的重要作用，因而为人们所喜爱。今天，民间还保留着许多关于狗的佳话。相传一只狗到了海的彼岸，在晒着稻谷的垫子里滚了一身谷粒带回大陆。游水的时候，身上的谷粒被冲洗掉，为了保住仅存的谷粒,狗不得不高高地翘着尾巴(狗至今还保留着这一习惯)。老百姓为了感谢它的"丰功伟绩",吃饭前总要先敬它一勺。相关的还有"狗来财"的说法。如此等等,都反映出狗是能给人们带来吉祥和幸福的。因此,汉人改羞为从犬从羊是有其深刻蕴意的。

爨,魏□□残墓志爨字。《说文》:"齐谓之炊爨。"炊和爨是同义词,爨字隶变以后字义不显,故改下部为"炊"以明其义。

北魏司马景和墓志铭:"宜阳子司马景和妻。"妻作妻。魏张元祖造象作妻。所从即事字,苻秦广武将军□产碑事作事。《说文》女部妻下:"妇与夫齐者也。从女从屮从又。又,持事,妻职也。屮声。"妻字的出现和《说文》:"持事,妻职也。"这一类理念有关。这可以视为意识反作用于存在在汉字构形上的一个突出表现。在上古汉语里,事为之部崇母字,妻为脂部清母字。黄绮先生曾证成支脂之三部不分[①],可见,事与妻在上古的读音是极近的。在许慎的心目中,事妻有同源关系。到了中古,二字读音已有变化,但仍接近,同源关系仍被默认。

魏皇甫驎墓志铭、北齐天统五年造丈八大象记、安阳隋人残经刻臺字作"臺"。《说文》:"臺,观四方而高者。从至从之从高省。与室屋同意。"由于隶变以后原字变成了无理性的形体,故就原形改为臺。李敬斋《文字源流》:"臺,积土可登以观四方者。从高土,会意。"《尚书·泰誓》:"惟宫室台榭。"孔传:"土高曰台,有木曰榭。"

後,唐泾阳县令梁秀墓志後字。甲骨文作𢒘,金文作𢓆。林义光说:"8,古玄字,系也,从行省,𠂤象足形,足有所系,故后不得前。"[②]

---

① 《论古韵分部支、脂、之是否应分为三》,《河北大学学报》(社科版)1980 年第 2 期,第 71—93 页。

② 林义光:《文源》,写印本,1920 年,第 8 卷,第 5 页。

後字彳旁不变,夋变为"亥",有个成语叫作"过犹不及","不及"即赶不上,也就是落后的意思。

2. 改变形声字的形体。

寶字夏承碑作"寶",景北海碑阴作"寶"。寶之中部变成"珍"或"珎"。《玉篇》："珎同珍。"《说文》里寶珍互训,参以典籍训诂,亦复如此。寶或寶存原字的框架,通过把原字的中部改成珍,字义就更明显了。

寬,汉碑多作"寛",《居延汉简甲编》2223亦然。陈球碑作寛,石经论语残碑作寛。由小篆可知"莧"和"莧"为莧之变。莧甲骨文作𦫳,《说文》解释为"山羊而细角者",《说文解字系传》说它"俗作羱",《尔雅·释兽》说"羱如羊"。袁文曰："盖寬字从莧,音胡官切,乃桓字,山羊是也。"①《殷虚书契续编》1·51·4"屮于帮十莧羊",可证其说不谬。传世古籍羱羊作羱,未有作莧者,说明莧字很早就成了罕为人知的僻字。到了汉代,知道莧的音读的人越来越少,所以把莧上的"廿"改成"心"。既存了原来寬字形体之大概,又说明寬是一种性情。武斑碑："慈惠寬□。"平都相蒋君碑："寬猛协中。"平舆令薛君碑："寬猛以济。"皆指性情言之。

遷,汉碑遷字。马王堆三号汉墓出土的《论约》遷作从辵䙴声②。在汉代,"䙴"实际上已经极少使用,一般人很少知道它的音义。于是,人们把遷字下部改作"升",升有升高义。《诗·小雅·天保》："如月之恒,如日之升。"《易·坎》："天险不可升也。"史晨后碑："升堂屏气。"韩勑碑："礼器升堂。"曹全碑："升降揖让。"孔宙碑

---

① 袁文:《甕牖闲评》,上海古籍出版社,1985年,卷四,第43页。
② 《马王堆汉墓帛书[壹]》,文物出版社,1974年,第7、9页。

阴:"捕巡字升台。"皆作为升高义,与遷义同。改造以后,一见"升"字就可以明白遷的字义。因此,它实际上成为新的了解字义的窗口。而遷字所留下的框架则指示我们去联想这就是遷字。

闚,吴仲山碑:"未尝闚城。"魏孝文比干碑、北齐董洪达造象铭亦有此字。《五经文字》:"闚与窺同。"闚是形声字,《说文》:"闪也,从门规声。"《方言》卷十"闚,视也。凡相窃视,南楚谓之闚"。改规声为视,透过门闚视的意义就活脱脱地显现出来了。

發,魏元妃李氏墓志發字。《说文》:"發,射發也。""引,开弓也。"發和引是同义词,隶变后,癹已经不用,發的结构难以理解,故其下部改成"引",以表示發字之义。

窺,魏司空穆泰墓志、隋龙藏寺碑、唐镜铭"鸾闚自儛"窺字如此。《干禄字书》也收录,以为俗体。《说文》:"窺,小视也。从穴规声。""规"与"视"形近,变为"视",窺便成为会意字。从穴从视,从穴缝中看,正是窺探的意思。

賢,唐李休墓志賢字。明代焦竑《俗书刊误》贤"俗作賢"。贤本从贝臤声。汉魏以后,臤字罕用,认得它的人很少,臤渐渐失去了表音功能。賢,多才也。古籍中主要指德才兼备的人。忠,《说文》:"敬也。"二字意义相因,因此,"賢忠"有时连用,贤之作賢,正是为了表达字义的缘故。

罵,小篆作𡣍,《说文》:"詈也。从网马声。"隶变以后写作罵。后改"罒"为"叩",与詈罵的字义关联起来。

3. 改变假借字的形体。

丙字甲骨文作冂或冂,其本义迄今尚无定论。卜辞习见冂字,象两手奉牲首于座上之形,则丙为置物之器具可无疑。春秋鄦侯簋丙作冂,郭沫若解释说:"丙字作灭从火,与子禾子釜同。案此器至关重要。由此可以推之十干已与五行方位相配,丙属南方,故从火作。"①李孝定也说:"鄘侯簋及子禾子釜两丙字皆从火作,两器皆晚周物,疑五行之说起于是时矣。"②

又战国时拍盘有🗌字,《古文字类编》入于章(墉)下。铭文曰:"隹正月吉日乙丑,拍乍朕配平姬䚄宫祀彝。"可知拍盘是平姬夫君为她所作祭器。䚄宫,平姬受享之处,亦平姬拥有之专庙。䚄即《说文》亯部之䚄,许慎释为"用也。从亯,从自,自知臭。亯,所食也(原作香所食也,依段注改)。读若庸"。《玉篇》:"䚄,今作庸。"《广韵》:"䚄者,庸之古文。"段注:"此与用部庸音义皆同。"殆用食字本借亯。金文作🗌。䚄改章下部为"自",从亯从自,成为用食之专字。孙诒让说:"此(䚄)字与古文墉音同,形亦相近,而实非一字。金文拍盘有🗌宫,即此字也。上从'亯'不从'章'省,不从'自'不从'口',形义较然不同。"③孙氏显然没有领悟章到䚄的变化。班簋城作🗌,战国陶文作🗌,其中🗌变为🗌,足以证明䚄是从章变来的。

改变原字的形体结构以表达字义,有一个共同特点,即在改变原字的形体结构时,总是保存原字的大致框架,并通过所改变的形体来强化表意效果。这种改造法,我们称之为"象形表意法"。

4. 改变原字的异体以明确其某一意义。

《说文》:"🗌商,星也。从晶㐱声。🗌,曑或省。"臣铉等曰:"㐱非声。"此字父乙盂作🗌,㽞鼎加"彡"作🗌。🗌即簪篸之本字,象人头

---

① 郭沫若:《两周金文辞大系图录考释》,科学出版社,1958年,第173页。
② 李孝定:《甲骨文字集释》,中央研究院历史语言研究所,1970年,十四卷"丙"下案语,第4234页。
③ 孙诒让:《名原》,齐鲁书社,1986年,下卷,第4页。

上插三枚簪子，后引申为三，进而引申为表示星名（因曑星由三星组成）。为了表达星名的需要，便在簪柄的空处加点，并将簪柄离析为"晶"。

畼，圉令赵君碑："畼于诸夏。"夏承碑："靡不寻畼"。皆作畼。史晨后碑："五官掾鲁孔畼"作畼。《隶辨》："碑复变田从由。"晋郑烈碑："遗向畼于吴会。"《隶辨》："碑复变田从申，今俗用之。"《说文》："畼，不生也。"徐铉曰："借为通畼之畼，今俗作畅。"畅本是由畼之别体"畼"加以改造而来的。把"由"改成"申"，与畅义相因。

二、汉字形体结构围绕字音的表现而进行的改造

（一）把原字部分形体改成声符

1. 在表意字上进行改造。

金文"既生霸"的"生"，扬簋盖作 𤯓，豆闭簋作 𤯓，散氏盘作 𤯓。郭沫若说："实生之初文，象果实迸芽之形，后乃讹变而为从目生声。"①

丧（丧），甲骨文作 𠷂；从桑从众口，为死丧之本字。毛公鼎作 𠷂，齐侯壶作 𠷂，到小篆，变成 𠷂，从亾声。丧亾上古都属阳部。

肉，史晨后碑："不能得香酒美宍。"《吴越春秋·勾践阴谋》："断竹续竹，飞土逐宍。"《墨子·迎敌祠》："狗彘豚鸡，食其宍。"吐鲁番哈拉和卓九〇号墓出土文书《高昌主簿张绾等供账》、阿斯塔那一四二号墓出土《高昌买羊供祀文书》《高昌皮肉价钱账》肉皆作"宍"。唐齐士员造象作"宍"。《隶辨》："宍，即肉字。"《广韵》："肉，

---

① 郭沫若：《卜辞通纂》，科学出版社，1983 年，第 146 页。

俗作宆。"无论"宆"还是"宆",都把肉字内部写成"六",作为声符。古音六在觉部来母,肉在屋部日母,也较近。宆字产生以后,还对从肉的字产生影响,"胬"字,唐光禄大夫段瑗墓志作"𦙾"。

柒,李翊夫人碑作"枀"。柒和七古音同属质部清母,汉代每每通用。新莽侯钲:"重五十柒斤。"《隶辨》:"此云重五十柒斤者,隶法小变而借作七。"《方言》:"吴有柒娥之台。"吴岩山纪功碑:"柒月己酉朔。"《疏勒河流域出土汉简》317:"……百柒十柒日半日为五月二十柒日半日。"《居延汉简甲编》194:"……柒月癸丑……"又2418:"建武柒年四月……"柒皆用为七。因柒变为枀,相应地,漆也写作柒。《广韵》:"漆俗作柒。"《金石文字记》:"漆,后人省作柒。"

鬯,魏青州刺史元晫墓志作𠤕字。此字甲骨文作𔒋,《说文》:"𔒋,以秬酿郁草,芬芳攸服以降神也。从凵,凵,器也,中象米,匕所以报之。"据甲骨文,字象器中有秬和郁草之形。小篆鬯下之匕乃圈足Ｕ之讹变。𠤕字因匕亡形近,变"匕"为"亡"。亡鬯同在阳部,因此亡可以表示鬯之音读。

壶,唐尚书司勋郎中吉浑碑壶字。壶隶变以后已不复象形,故此碑变上部为"古"。壶在模韵匣母,古在姥韵见母,声近。古为壶之声符。

命,元刊《古今杂剧三十种》、《朝鲜新声太平乐府》,明刊《薛仁贵跨海东征白袍记》、《岳飞破虏东窗记》,清初刊《目连记弹词》作"𠇮"。命是会意字,原作𠇮,后加口。隶书已很难看出它是会意,于是乎把"人"下改成"丙",成为声符。丙中古属梗韵帮母,"命"属映韵明母,音近。

把表意字的部分形体改成跟这部分字形相近的声符,是个很值得重视的现象。这个条例的发明,唐兰和裘锡圭先生都作出了贡献。

唐先生说:

> 把物形的某一部分直接变作声符,应作为"声化"的一类。例如"狽"字本象一只兽,尾梢粗,后来就尾梢改成"贝"字,从犬贝声。"鼉"字本象带尖嘴的鳄鱼,现在把身子作为黾字,而嘴跟头变成"單(单)"字,从黾单声。这种字的来源,大都由于形体的错误①。

唐先生指出了有些象形字直接改变其中的部分形体为与之形近的声符。

裘先生说:

> 有些表意字是通过把字形的一部分改成形状跟这部分字形相近的音符的途径而转化成形声字的。

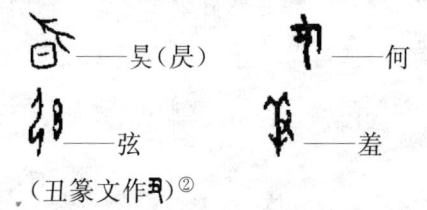

昊(昃) ——何

弦 ——羞

(丑篆文作)②

裘先生指出了某些表意字把其中的一部分形体改成形状跟这部分字形相近的声符的现象。

其实,改变原字的部分形体为声符,不仅发生在表意字里,同时也发生在形声字里。

2. 在形声字上进行改造。

---

① 唐兰:《中国文字学》,上海古籍出版社,1979年,第103页。
② 裘锡圭:《汉字字形的演变·形声字》,北京大学讲义。

如寐,甲骨文作𤕫。商承祚先生案曰:"罗师释寐,从㝱省,木声。"①《说文》:"从㝱省,未声。"则"木"变成"未"声。木在屋部明母,未在物部明母,声同部近。

榦,"从木倝声",武荣碑:"内榦三署。"郭仲奇碑:"为国桢榦。"榦皆作"幹",变"木"为"干"声。臣铉等曰:"(榦)今别作幹。"榦作幹是从隶书开始的。干和榦古音声韵相同,因此,古书中常通用。《广雅》:"甲乙为幹,寅卯为支。"然幹支之"幹"自《史记》、《汉书》以下皆作干。郡县吏之幹,郑季宣碑、司马整碑阴、北海相景君碑皆作干。"木"变成"干"后,便成为相当贴近的声符。

耻,谯敏碑:"耻与邻人羼并枱驱。"《隶辨》:"《说文》耻从心,碑变从止。"隶书心止形近,止与耻同在止部,变"心"为"止",可以表音。

一般说来,这类字是在保留原字的大致轮廓的前提下,就着原字的形体因势利导,把其中的一部分改成声符。轮廓的作用是在改造字和旧字之间起着"定向联想"的作用。只要看一看原字残留的轮廓,便可以想到原来应是某字,我们把这种改造法叫作"象形表音法"。

(二)替换原字的部分形体

1.替换表意字的部分形体。

幼,《说文》:"少也。从幺从力。"甲骨文作𠃌,中山王壶作𢆶,换"幺"为幽声。幽幼同在幽部影母。

囿,《说文》:"苑有垣也。从囗有声。一曰禽兽曰囿。𡇀,籀文囿。"甲骨文作𡈽、𡇀,秦公簋作𡈽,换原字中部为"有"声,有囿同在

---

① 商承祚:《殷虚文字类编》,1923年刻本,卷七,第14页。

之部匣母。

在汉字系统中,这种现象是不多见的。

2.替换形声字的部分形体。

①有少数是用声符替换形声字的意符。

霸,令簋作霸,曶鼎作霸,《说文》:"从月霝声。"师奎父鼎作霸,把形旁"月"换成声旁"帛"。《古文尚书》"魄"作"霸",上古帛霸同在铎部。

馘,汉斥彰长田君断碑:"讨馘畔夷。"《隶续》:"馘即聝字。"《礼记·王制》:"以讯馘告。"郑氏注:"馘,或为䤜。"䤜馘上古同是职部见母。而或在职部匣母。"䤜"作为声符比"或"更贴近馘的字音。

麗,齐比丘惠瑗造象麗(丽)字。《说文》:"麗……从鹿,丽声。"此处把"鹿"换成"麈",麗麈声近。

这类例子亦极为罕见。

②更多的情形是替换形声字的声符。

a.有的是为了把原声符换成更贴近当时语音的声符。

可以先从上古音的角度来考察一些汉代的实例。

鉏,《居延汉简甲编》2418 作"鋤"。助鉏属鱼部崇母,且属鱼部精母。

琮,韩勑碑作"瑹"。崇琮属冬部从母,宗属冬部精母。

煇,尧庙碑作"爗"。曋煇属微部晓母,军属文部见母。

跳,汉骰阮神祠碑:"扬波跳沫。"《汉隶字源》:"跳即踔字。"《集韵》:"越也,或从兆。"踔兆属宵部定母,卓属药部端母。

痾,帝尧碑作"疴"。阿痾属歌部影母,可属歌部溪母。

遐,斥彰长田君断碑作"遐"。瑕遐属鱼部匣母,叚属叶部见母。

接着,从中古音出发考察一些汉以后的例子。

狗,齐道兴造象,吐鲁番阿斯塔那一三四号墓文书《唐写本孔子与子羽对话杂抄》(二)作"猗"。苟狗属厚韵见母,句属侯韵见母。

盪,魏安康元均墓志作"蘯"。荡盪属荡韵定母,汤属唐韵透母。

溉,隋陈叔毅修孔子庙碑:"早彰溉釜之篇。"《金石文字辨异》:"溉即溉。"溉概属代韵见母,既属未韵见母。

磁,唐李休墓志、唐圭峰禅师碑作"礠"。慈磁属之韵从母,兹属之韵精母。

迢,唐九成醴泉铭:"仰视则迢递百寻。"《金石文字记》:"迢作迢。"苕迢属萧韵定母,召属宵韵章母。

瑯,唐瑯瑯墓志铭:"故瑯瑯王氏夫人。"《金石文字记辨异》:"瑯瑯字古书多作琅邪,此用唐时俗体,为今人所本也。"瑯郎属唐韵来母,良属阳韵来母。

梓,唐赠泰师孔宣公碑:"广命杍材。"《金石文字记辨异》:"杍材即梓材。见《古文尚书》。"唐楚金禅师碑:"工人杍匠。"梓子属止韵精母,辛属真韵心母。

上面所列举的都是用与形声字读音相同的声符改进形声字。

也有一些是用与形声字读音相近的声符改进形声字。可以从中古音出发来分析一些例子。

如楯,魏广川孝王元焕墓志作"輴":

盾——上混定

循——平谆邪

輴——平谆彻

暑，魏镇北太守元思墓志作"㬥"：

暑——上语书

煮——上语章

者——上马禅

堪，齐诸葛子恒造象记，隋宫一品张安姬墓志作"墈"：

勘——去堪溪

堪——平覃溪

甚——上寝禅

张世禄先生说：

> 乃若流俗字体，有更易声旁，以谐今读者，如"戰"之为"战"，"猶"之为"犹"，"廟"之为"庙"，"懼"之为"惧"，"擔"之为"担"……揆诸古今音变，颇能吻合，虽诡更正文，无当大雅。似非肆意简化可比，亦可藉以觇语变之迹焉。①

b. 改进已罕为人知的声符。

当形声字的声符作为单字消失或者成为僻字时，实际上等于失去了表音功能。因此，往往对这类声符进行改造。

璞，汉孔宙神祠碑："蹈仁义兮履卦纯。"《类篇》："璞作卦。"《玉篇》："卦，玉未成器者。"

樸，汉孔宙碑："故能兴朴□于彤幣。"樸作朴。

浸，隋王弘墓志、唐乐达墓志皆作"浸"。浸，"从水㑴声"。㑴字早废，换为侵。

鬭，元刊《古今杂剧三十种》、《朝野新声太平乐府》，明刊《娇红记》、《薛仁贵跨海东征白袍记》，清初刊《目连记弹词》作"閗"。乾

---

① 张世禄：《字形挚乳说》，《中国文字》第一卷第5期，1945年，第4—10页。

隆抄本《百廿回红楼稿》一、十六回简化为“闰”。“斲”字早废，换成“斗”声。

舞，元抄《京本通俗小说》，元刊《全相三国志平话》作“舜”。甲骨文作，象两手持树枝跳舞。后借为有无字，于是复于其下增“舛”。隶变后变成“舞”，上部已不具有理性，改为“无”后，成为声符。

特别值得一提的是，隶变以后，“恢复省声”的现象时有发生。例如：

舆，“舆省声”，景君铭作“轝”。

齋，“齊省声”，淮南庙碑作“𥜾”。

浆，“將省声”，杨震碑阴作“漿”。

瑩，“營省，亦声”，冯绲碑作“瑩”。在一字程度上恢复省声。

瑩，“營省声”，魏元廞墓志作“璿”。

见于其他文献的还有，如张有《复古编》：

莥，“若省声”，别作“蒀”。

弞，“引省声”，别作“矤”。

聳，“從省声”，别作“聳”。

“恢复省声”说明，改字者既确认了“省声”的可靠，又感到省去声符在表音上毕竟是一个缺陷。

c.用简单声符替换繁难声符。

中山王方壶愿作“忈”。以“元”替换“原”。元原愿上古属元部疑母。又该壶载作，用“”替换“𢦏”，𢦏从声。

战国印文輔作，用“父”替换“甫”。《说文》：“甫……从用从父，父亦声。”父甫音同。

周憬铭洶省作“汹”，匈从“凶”声。

陈球后碑爡省作"焰"。闇从"臽"声。

郑烈碑燹作"烽"。逢从"夆"声。

杨震碑阴浃作"沃"。芙从"夭"声。

魏城门校尉元腾墓志"蘩"作"蕷",烦繁蘩皆在元韵奉母。

唐王元崇墓志"鹏"作"鹛",伏服鹏同在屋韵奉母。

乾隆抄本《百廿回红楼梦》"覆"作"襆",伏復同在屋韵奉母。

这类字说明,汉字在简化的时候,也是照顾表音的。

(三) 在表义字上加注声符

1. 为了使表意字的形体既表义又表音。

如甲骨文上字作二,衍笔作上,中山王壶作🔲,侯马盟书七七·九作🔲,加注"尚"声。

甲骨文保字作🔲,陈侯午錞作🔲,加注"缶"声。

寶,甲骨文作🔲,商末且己鼎作🔲,加注"缶"声。

甲骨文耤作🔲,大耤鼎作🔲,加注"昔"声。

龏,甲骨文作🔲,邾公华钟作🔲,齐侯錞作🔲,加注"兄"声。

《说文》古文嚚作🔲,商承祚先生说:"从壬声。甲文作🔲,象从口之嚚嚚。"[①]

《说文》古文鼓作🔲,许慎说:"籀文鼓从古声。"

2. 为了区别字形而加注声符。

为了把形近字区别开来,有时在原字上附加声符。这是一种一举两得的办法——把区别字形和表现字音兼顾起来。

如早期甲骨文🔲作🔲,与川之异体易混,五期以后加中作🔲。

---

① 商承祚:《说文中之古文考》,第16页。

甲骨文鸡早期作▨,易与鸟相混,后期作▨,加注"奚"声。

甲骨文▨,易与衣相混,金文加"又"声作▨,简写作▨。

甲骨文麇作▨,与鹿形近,石鼓文作▨,加"米"声。

甲骨文齿作▨,中山王方壶加"止"声作▨。原来的象形字被简化。

这类字加注声符以后,原来那部分形体往往被简化或同化。同化往往符合简化的原则。

3. 为了反映语音的变化。

汉语的词的读音是不断变化的,包括古今音变和方言的差异,这种变化必然反映到汉字中来。

侯马盟书二〇〇·七〇有"狗"字,战国印文同此。狗本只作"犬"。后来犬的读音有了变化,为了反映它的音变,在原字上加"句"。

4. 为了明确多义字的某一意义。

甲骨文"位"只作▨,本义为站立,引申为"位置"。中山王方壶:"述(遂)定君臣之胃(位)。"作▨。加注"胃"声,区别引申义。

汉字在明确多义字的某一意义时,一般是加注形符,加注声旁的情况是很少见的。

三、与改造字有关的若干问题

通过对改造字的全面考察,我们可以从中受到一些启示,并解决一些相关问题。

(一) 改造对汉字基本类型的影响

汉字的基本类型包括表意、形声和假借。汉字形体结构的改造对三大基本类型产生了强烈的影响。这种影响突出表现在两个方面,一是三大类型之间的相互转化,二是新的类型的出现。

在三大类型的相互转化当中,占比重最大的要数表意字转化为形声字。这类转化早已为人们所瞩目,这里无需多论。值得一提的是将形声改成表意,将假借改成表意或形声。

把形声字改造成表意字,如筆之作笔,窟之作窒,闚之作闚,窺之作窺,都属此类。它可以说明:形声作为结构方法并非对于任何单字来说都是优越的。因此,当形声字的结构需要改造时,并不是把它都改成新的形声,有时也改成表意字。

把假借字改造为表意字或形声字,如章之作螶,师之作狮,突出地反映了纯表音字与表意或表音挂钩的趋向。

但是,形声转化为表意,假借转化为表意或形声,其规模是相当有限的。

除了三大基本类型的转化之外,改造还导致了新的类型的发生。分别介绍如下:

1. 经"象形表意法"和"象形表音法"改造过的一部分字。

用"象形表意法"改造过的字,除了成为表意字或形声字的那部分外,其他如匏、寶、寶、寬、遝、癶、贒等,都属于新的结构类型。

用"象形表音法"改造过的字,除了成为形声字的那部分外,其他如宍、突、枲、曫、臺、畬等,也都属于新的结构类型。

这类字就着原来的形状,通过改变其中的部分形体,以表义或表音。它的原来残留的框架只起帮助"定向联想"的作用。真正起到表音表义作用的只有被改变的部分。因此,它不同于一般的表意字,也不同于一般的形声字,更不是假借字,而是一种新的类型。

2. 形声字的意符被改造以后的两声字。

如幹、耻、霜、鱖、壓等。这类字原本是形声。对原字进行改造时,原来的意符被改成声符。这样,原字便由一古一今两个声符组成,成为一个新的类型。

(二)从改造的手段、目的看汉字表音表意的趋向及特点

改造所使用的手段可分为表意和表音。凡是所使用的手段与原字形体结构表现字义有关的为表意手段,所使用的手段与原字形体结构的表音有关的为表音手段。

考察汉字形体结构的改造过程,可以清楚地看到:汉字发展过程中形体结构的表意趋向是很强烈的。汉字不仅用表意手段改造原来的表意字,同时也改造原来的形声字和假借字。过去只强调表音对于表意字的冲击,却忽视了表意同时也在冲击形声字和假借字,即表意也在冲击着表音。

同时,也应清楚地看到:汉字的表音趋向并不像我们想象得那么突出。

形声字不外乎两种,一种是由意符和声符在同一平面上构成的。这类字意符和声符是平行的关系,分别从表意和表音两个方面来表现字的内涵。在这类字的结构里,不能认为表音趋向就比表意趋向强烈,同样,也不能认为表意趋向比表音趋向强烈。另一种形声字是在汉字发展过程中经改造而形成的。有两种情况,一种是在形声字的基础上进行,另一种是在表意字的基础上进行。我们认为,把甲形声字改造为乙形声字,不足以说明汉字表音表意的趋向。因此,我们只拟考察表意字经改造而成的形声字。表意字围绕表音而进行的改造,包括以下六个来源:

把表意字的部分形体改成声符;

替换表意字的部分形体为声符;

为了使表意字既表音又表意而加注声符;

为了反映语音的变化而加注声符；

为了区别字形而加注声符；

为了明确表意字的某一意义而加注声符。

以上六个来源的形声字都不多，而且最后两类加声符的目的主要还不是为了表音。

表意字围绕表意而进行的改造，包括两类：

为了使不显字义的形体再现字义；

为了明确多义字的某一意义。

在表意字经改造而形成的形声字中，围绕表意字的表意而来的形声字占大多数。

因此，如果从改造表意字而来的形声字看，数量最多的是从表意的角度改造而来的。

过去，文字学家们总喜欢以形声字在甲骨文中占 20% 左右，在《说文》中占 80% 多，在现代汉字中占 90% 以上来描写汉字的表音趋向。现在看来，这个方法是不妥当的，结论自然也是靠不住的。

总之，从汉字形体结构的改造过程看，汉字的表意趋向比我们过去认识的要大得多，而表音趋向要小得多，甚至可以说，汉字的表意趋向比表音趋向要大。

（三）改造法与造字法的关系

改造法和造字法有着明显的区别。当语言的词已经有了自己的书写符号时，其加工的方法便是改造法，还没有书写符号时，为了记录语词的需要，给它造一个或借一个书写符号，都属于造字，其方法便是造字法。对于某个特定词的书写符号来说，造字在先，改造在后。

改造法和造字法虽有区别,但都属于汉字结构的方法。

改造的具体方法是造字法的继承和发展。如果对传统的造字法进行综合分析,那么造字法包括表意、意音、表音三类。只有在同一平面上构成的形声字才够称用"意音"法造的字。改造汉字形体结构时,只继承了"表意""表音"两种方法。

改造不仅继承了造字的方法,也发展了造字的方法。如:"象形表意法"和"象形表音法",分别是"象形"(属"表意"法)和"表意""表音"在汉字形体结构改造过程中相结合的产物。"象形"本指"画成其物,随体诘诎"。而"象形表意法"和"象形表音法"中的"象形",是指改造过程中保留原字的大致轮廓,使改造字的轮廓像原字的轮廓。以便给人们在改造字和原字之间架起联想的桥梁。

这种"象形"与"表意""表音"的结合,便形成了新的汉字结构的方法。

(四) 改造字中包含着可资利用的宝贵资料

汉字不仅通过记录语言来反映语言和社会,而且单字形体结构本身,也包藏着许多宝贵资料,在改造字中,也是如此。

1. 某些改造字可以借以推求语义语音的演变轨迹。如我们可以从齐法义优婆姨造象潇字,知婆作母称的下限至迟在南朝齐时。证之文献,无有不合。也可以从尧庙碑㷉作爌,知军与爌的语音的分化至迟不晚于东汉。从韩勑碑琮作璂知道,宗与琮的声符在东汉已经不同。

2. 把原字中的某一部分改造成与之形近的同源字,是改造字中的特殊现象。如北魏司马景和妻墓志铭的妻作妻,银雀山汉简退作遐。事之与妻,畏之与退,字义相因,字音相近。可以视为由同一语根派生出来的同源字。

3. 鄦侯簋、子禾子釜丙作𠙹,说明十干与五行相配的下限在春秋时期。

4. 改造字中还保存着民俗的资料,如幸字,汉简汉碑作㚔,集中反映了华夏民族尚羊尚犬的风俗。又汉碑葬作塟埊,也反映了我们民族的葬俗由天葬到土葬的变迁。

5. 改造字中还有思想史的重要资料,如唐李休墓志贤作贒,反 2 映了賢与忠这两个不同的概念至少在唐以前便已统一。

两点说明:

一、本文按照传统的分法,把秦汉以前的汉语语音叫作上古音,把魏晋至唐宋的汉语语音叫作中古音。上古音依据唐作藩先生的《上古音手册》,中古音依据丁声树、李荣先生的《古今字音对照手册》。

二、文中依据裘锡圭先生的分法,把汉字的基本类型分为表意字、形声字和假借字。

附记:本文是作者的硕士学位论文,是在黄绮、程垂成、谢质彬先生指导下完成的。1987年上半年,通过由许嘉璐、王宁、魏际昌等先生组成的答辩委员会的答辩。同年底,黄绮先生把它推荐给《河北学刊》,作者很快收到用稿通知。但时隔多年,一直未见刊出。现改发于此。为保持原貌只删掉了一些不合时宜的例子,其他一仍其旧。

(原载《中国文字研究》第一辑,广西教育出版社,1999年)

隶变对汉字的影响
——以实例阐析汉字重要转变期之现象

一、"隶变"一词的出现、使用及其含义

"隶变"一词,大约最早见于唐玄度的《九经字样》。玄度于唐太和年中(公元八二八—八三五)考定石经字体,补充张参《五经文字》未收之字,于唐文宗开成二年(公元八三七年)辑成此书。书中多次用到"隶变"一词,现全部移录如下:

保保　养也从人从子从八上说文下隶变

草莫　日冥也从日在茻中茻音莽茻亦声也上说文下经典相承隶变

尒乖　怪乎戾也从丫从八八古文别字上说文下隶变

秊年　上说文从禾从千声下经典相承隶变

敆敢　相取也从受殳上下相付也持也从古声上说文下隶变

於　本是乌鸟字象形古文作𦤀篆文作𠃉隶变作於

枏冉　染乎毛冉冉也象形上说文下隶变

覃覃　音谭上说文下隶变

要要　身中也象人腰自曰之形上说文下隶变

丞承　上说文下隶省从卩从手卩音节又从𠬞竦手也凡奉弄戒兵共等字悉从𠬞隶变不同各从其便也

外外　远也从卜从夕卜尚平旦今夕卜于事外矣上说文下隶变

以上各例中,"隶变"一词共出现十一次。两例用为动词,即"於"字条中"隶变作於"和"承"字条中"隶变不同各从其便也"。动词"隶变"即"变为隶书"的意思,指的是小篆变为隶书。其他九例用为名词,从文意推知,应是指"经过隶变的字"。

观察《九经字样》中出现的"隶变"之例,除了"外"字条是一般的形变,其他都是讹变。

继《九经字样》后,郭忠恕在所著《佩觿》里,又把"隶变"和"隶省"、"隶加"、"隶行"作为并列的概念提出,并用举例方式进行解释。郭忠恕认为"衛夢"之字是谓隶省(本作衛瘳),"前寶"之字是谓隶加(本作歬寶)。"詞朗"之字是谓隶行(本作罶腺),"寒無"之字是谓隶变(本作寒森)。分析下来,《佩觿》中的"隶变"是指小篆变隶过程中除开隶省(省掉一些形体)、隶加(增加一些形体)、隶行(调动原来字形的位置)之外的讹变现象。

徐铉在校注《说文解字》时,也使用了"隶变",同时还使用了"变隶"一词,下面是几个例子。

跟下:今隶变作邓

丘下:今隶变作丘

尾下:今隶变作尾

㠯下:今隶变作卅

竹下:今隶变作大

亏下:今隶变作于

网下:今经典变隶作罔

先下:今隶变作旡

归纳起来看,徐铉的"隶变"或"变隶"是同一概念,都是指小篆变成隶书。其中,包括了小篆变成隶书过程中的讹变、省变和一般的形变。

唐玄度、郭忠恕、徐铉三家都是唐末宋初著名的文字学家,他们对于"隶变"的理解既有共同点,又有差异性。差异集中表现在对隶变内容宽狭的界定上。近现代比较权威的解释,可见于《辞源》和《中华大字典》,这两本书把隶变都解释为"隶书变改篆法"。这解释模糊得很,尤其"篆法"究竟是什么,很难说得清楚。

由上面的简述可看出,在什么是隶变的问题上,历史上并不曾有过统一的、明晰的看法。

二、隶变研究的简单回顾

隶变发生很早,然而把它作为研究对象却是很晚以后的事。第一篇专门研究隶变的论文是1933年杨振淑的《隶变考》[①]。它通过对三百六十多个单字从小篆变为隶楷的具体描述,来说明隶变中汉字形体的变化。文章纯属罗列举证性质,并不曾作系统的探讨。李凤鼎还为此文写了一篇叙言[②],以自己的切身体会,阐述了弄清隶变的重要性。过了两年,杜镇球撰《篆书各字隶合为一字篆书一字隶分为数字举例》[③],用具体的实例,证明隶变过程中"隶合"、"隶分"的存在和它的一些特点。

以上两文发表以后,并没有马上引起人们继续探讨它的兴趣。经过数十年的沉寂,一直到五十年代末,蒋善国先生才在他的《汉

---

① 《女师学院期刊》第一卷第二期,1933年7月,第1—43页。
② 《隶变考叙》,与《隶变考》合刊,同上。
③ 《考古学社社刊》第二期,1935年,第29—33页。

字形体学》①里,继续讨论隶变问题。他以一节的篇幅,通过小篆和汉碑隶(八分)字形的比较,归纳出一些隶变条例,还阐述了隶变对汉字的影响。

紧接着,蒋维崧先生在《由隶变问题谈到汉字研究的途径和方法》②一文中,着重说明了隶变发生的原因。他不同意说隶变的发生只是简化引起的。认为隶变是形声字的增多和简化两个趋向共同作用的结果。

一九七四年,裘锡圭先生撰《从马王堆一号汉墓"遣册"谈关于古隶的一些问题》③。作者指出:"隶变是在战国时代秦国文字的简率写法的基础上形成的"。这一见解给隶变研究以诸多启迪,成为新时期隶变研究的良好开端。

吴白匋先生的《从出土秦简看秦汉早期隶书》④,分析了小篆隶变的一些方法。

姜宝昌先生的《文字学教程》⑤以一章的篇幅来研究隶变。作者把小篆同汉碑和部分简帛文字比较,以大量的例子说明了隶分隶合的现象,并从"表现在结构方面的变化"、"表现在笔画方面的变化"、"表现在部件位置方面的变化"三方面探讨了隶变的某些规律。

陆锡兴先生在《论汉代草书》⑥一文的第四部分从草书的角度来研究隶变。他认为"隶变比较突出地反映在秦汉时期,而这段时

---

① 《汉字形体学》,文字改革出版社,1959年9月第1版,第175—291页。
② 载《山东大学学报》1963年第3期,第1—20页。
③ 《考古》1974年第1期,第46—55页。
④ 《文物》1978年第2期,第48—54页。
⑤ 《文字学教程》,山东教育出版社,1987年9月第1版,第774—817页。
⑥ 载《汉代简牍草字编》,上海书画出版社,1989年12月第1版,第1—28页。

期正是汉代草书的成熟时期。因此要弄清隶变,一定要研究草书作用。"基于这一认识,文章从笔画形态、笔顺、文字结构等方面简明扼要地阐述了草书对于隶变的重要作用。

此外,关于隶变也还有一些非专门的很零星的论述,这里就不一一介绍了。

从以上所简述的研究看,其使用的材料、触及的面各有不同,都或多或少地推动了隶变的研究。尤其是蒋善国、裘锡圭、姜宝昌、陆锡兴先生,为我们提供了较多的借鉴。

但是,也应该指出,过去的研究,无论是对隶变名实的理解,还是研究隶变的方法,都存在着一些明显的缺陷,直接影响了隶变研究的广度和深度。

有鉴于此,在前人研究的基础上,我于 1985 年着手研究隶变,写了万余字的初稿,然后一度搁置。1988 年我又把"隶变"确定为博士论文的选题,三年后完成书稿。1993 年在博士论文的基础上出版了专著《隶变研究》。有幸得到国内外学术界的鼓励和好评。现应本书编辑的约请将其中的部分章节再次校改发表,希望有助于读者了解这段汉字史的概貌。

隶变是汉字发展进程中最复杂最难辨析的阶段[1]。隶变也是汉字发展史上一个最具有关键意义的阶段[2]。张振林先生还指出,在汉字五千年的历史中,最重要的大概有三件事,第一是汉字的产生及"六书"与汉字构形法的创造;第二件大事是隶变;第三件大事是汉魏以后直到今天的汉字简化和近百年来的汉字拼音化实

---

[1] 见张政烺先生 1995 年 4 月 18 日给作者写的一封推荐信。
[2] 李学勤《隶变研究・序》,见赵平安:《隶变研究》,河北大学出版社,1993 年,第 2 页。

验[1]。由此,"隶变"的重要性可见一斑。

本文的主旨是论述隶变对汉字的影响。为使叙述清楚,先介绍一下我对隶变的基本看法。

大约从战国中期开始,秦系文字的小篆(广义小篆)经由古隶到今隶(八分)的演变,就是隶变。隶变阶段的通用汉字,主体是秦系文字,但从中也可看出其他六国文字的影响。隶变导致了大量的隶分、隶合现象,破坏了原有汉字的组织性与系统性,破坏了汉字表音表意系统,使汉字更趋符号化。

在隶变的过程中,由于直、减、连、拆、添、移、曲、延、缩等手法的综合运用,现代汉字的基本笔画开始形成,导致了字的重心不再在一个字的中部,字的结体不再向中心聚集,而是移至水平线上,字形也不再略呈椭圆,这就促成了方块汉字的定型。

隶变的现象非常复杂,但始终遵循着下列规律:保留原字的框架轮廓或特征部位,顺应书写需要,体现汉字表音表意的特点,追求字的匀称美观。

三、隶变对汉字形体结构的影响

(一) 隶变使汉字更趋符号化

甲骨文和西周早期的金文象形程度很高,几乎每个字的结构都可以理解和分析。西周中期以后,由于线条化和平直化的影响,汉字象形程度相对降低,但绝大多数字的结构都可以进行偏旁分

---

[1] 张振林《隶变研究·序》,见赵平安:《隶变研究》,河北大学出版社,1993年,第5—9页。

析。大篆继承了西周晚期文字,虽然象形化程度进一步降低,但它的结构绝大多数仍保持原特征,仍可以进行字形结构的分析。小篆也是如此。

处于隶变过程中的汉字,尤其是完成了隶变的汉字,情况就大不相同。就独体字而言,由于隶变的原因,象形字已不复象形。我们很难把"❀"跟女人的形象联系起来,把"丨"跟刀子的形象联系起来。至于合体字,也有相当数量的不能再用六书进行分析,如"赤"本从"大"从"火",相马经 16 下作"赤","莫"字从"日"从"艸",老子甲 19 作"莫",孙子兵法 123 作"莫"。

尤其值得注意的,是隶变对汉字结构系统的破坏。隶变前的汉字,一个偏旁的写法在不同的字中基本上是一致的,故而具有较严密的组织性和系统性。隶变发生以后,这种情况遭到严重破坏。有时是同一个形体演变为不同的写法,有时是不同的写法演变为相同的形体。这两种现象通常被叫作隶分和隶合。前人把隶书和《说文解字》小篆进行比较,做了许多隶分和隶合的归纳工作[①]。

在隶变的不同阶段,隶分隶合的程度和规模并不是完全一样的。隶变早期,隶分隶合的程度和规模就不如中期。也有这样一种情况,早期的一些隶分隶合现象到了后期却不见了。但无论如何,隶分和隶合都直接破坏了汉字原有的组织性和系统性,破坏了汉字既有的表音表意系统,使其更趋符号化。

由于隶分隶合的原因,造成了汉字偏旁部件的大量混同。对隶变过程中混同偏旁部件的归纳整理,有助于我们了解隶变对汉

---

① 如顾蔼吉的《隶辨》,中国书店,1982 年,第六卷,第 1—86 页;蒋善国的《汉字形体学》,文字改革出版社,1959 年 9 月第 1 版,第 198—277 页;姜宝昌的《文字学教程》,山东教育出版社,1987 年 9 月第 1 版,第 198—277 页。

字结构系统的破坏程度,又可以为考释隶变阶段的未识字提供依据。下面的字例,是我初步整理的结果。

竹艸 亻彳 艸屮 竹个 穴宀 攴夂 旡夊 亦赤 攴叉 月肉 戈弋
氏民 旡冬 丰羊 查崀 示禾 田曰 片斤 吉者 乃弓 東柬 凡鬥
音言 攴刀 寸刀 貝鼎 刀方 瓜爪 广厂 分火 生王 貝見 羊半
心小 犬犮 魚角 兄只 辛立 日田 邑阝 刀力 田白 大火 去盍
丮月 士土 王玉 丹月 万于 已几 爻文 元示 隶聿 美羑 月目
同目 木尤 小十 木士 曰日 术米 雚萑 力几 又尹 丈又 申央
去缶 金全 斤片 辛羊 雨虍 竟竞 月同 旨自 卯吅 啻商 攴支
支夊 舟片 隹隼 艸非 牙耳 萬离 緊奚 田由 大亦 喬高 熏黑
辛亲 重童 目日 寸方 耒來 邕吕 昜易 木大 朱未 酉西 咼果
豖豕 般股 匕止 面面 手于 戊戈 久欠 瓦凡 系玄 系糸 支朵
毛手牛 吉告古 井开丹 办刃夂 矢夫天无 戊戌戉戌 舆木丌不六

(二) 现代汉字基本笔画在隶变过程中形成

在隶变过程中,由于直、减、连、拆、添、移、曲、延、缩等手法的综合运用,现代汉字的基本笔画便开始形成。汉字笔画的形成因字而异,极为复杂。下面,以对文物资料分析的实例(所用资料详见附录)来介绍点、撇、捺、钩笔画形成的基本情况。

点的形成:

利用原来的曲笔及短笔改点

火〔石〕————火〔碑〕

犬〔石〕————犬〔碑〕

米〔陶〕————米〔碑〕

戈〔石〕————戈〔碑〕

广〔简〕————广〔碑〕

火〔简〕——心〔碑〕

馬〔印〕——馬〔碑〕

拆开字头为点

内〔陶〕——内〔简〕

羊〔简〕——羊〔碑〕

立〔石〕——立〔碑〕

衣〔石〕——衣〔碑〕

省掉复杂字头,以点代之

鹿〔简〕——鹿〔碑〕

为区别形近字而加点

王〔石〕——王〔陶〕玉〔碑〕

为书写美观而加点

广〔金〕——广〔简〕

撇的形成：

把左行的线条改为撇

人〔石〕——人〔简〕

豕〔简〕——豕〔碑〕

彡〔简〕——彳〔简〕

皮〔简〕——皮〔简〕

断线为撇

手〔简石陶〕——手〔碑〕

禾〔石印〕——禾〔简〕

肉〔金〕——肉〔金〕——角〔碑〕

勺〔简〕——勺〔简〕

连线成撇

支〔简〕———丈〔简〕

才〔石〕———犬〔简〕

捺的形成：

捺一般处在字的右下角和右上角。多与撇相对而成，主要是从改、断右行的曲线和直线而来。

八〔石〕———人〔碑〕

仌〔石陶印〕———衣〔碑〕

才〔印〕———犬〔简〕

与〔陶金简〕———支〔简〕

歹〔陶〕———欠〔碑〕

倉〔简〕———倉〔阜苍 35〕

今〔石〕———今〔定县 19〕

舍〔简〕———舍〔定县 70〕

食〔简〕———食〔武威士相见 12〕

钩的形成：

钩在汉字中并不单独使用，它总是位于其他笔画的收笔处，与其他笔画构成横折钩、竖弯钩等，多与下一笔的书写有连带呼应关系。

上提笔成钩

弋〔石〕———戈〔碑〕

鹿〔简〕———鹿〔碑〕

鬼〔简〕———鬼〔睡 28.5〕

孑〔石〕———子〔碑〕

左收笔成钩

㡿〔陶〕————皮〔陶〕

廿〔简〕————也〔简〕

连笔成钩

帝〔金〕————帝〔碑〕

横、竖在隶书中占比例最重,形成途径也很广泛,如:把曲笔拉直成横、竖,连笔成横、竖,拆笔成横、竖。至于横折钩、竖弯钩等较为复杂的笔画,可以看作是两种笔画的组合,它们在隶书中也都已经有了。

(三) 隶变使汉字方块体态得以定型

隶变前的汉字与隶变后的汉字,在体态上区别最为明显。隶变前,汉字体态主要表现在两个方面:其一,用笔以曲笔为主,横笔和竖笔用得较少,尤其是竖笔,只用于某些单字和偏旁的中笔;其二,上述用笔特点决定了字的重心往往在一个字的中部,曲笔配置都以中线为基准,其四角的外部轮廓和整个字的形态,略呈椭圆。而隶变以后的汉字,曲笔已被拉直,连绵的线条被拆断,汉字已由点横竖撇捺等基本笔画构成,字的结体不再向中心聚集,而是移至水平线上,这一变化是很明显的。而且,由于这些基本笔画的运用,字的四角多呈方形,整个字的体态也呈方形。

过去,一般认为方块汉字的形成是在印刷术发明以后,显然过晚,而李圃先生把方块汉字形成的上限提前至甲骨文时期,也是很可商榷的。李先生在"自序"里说:"编者曾对一千个甲骨文常见字的形体进行了十六字格编码统计,正方形和准正方形的字二百九十七个,占总数的百分之二十七点五,长方形和准长方形以及横长方形的字七百七十五个,占总数的百分之七十二点五。这个初步的统计表明,汉字的方块形体可以把上限推至盘庚迁殷以后的殷商。"①关于这个方面,我想,方块汉字的本质并不是字形能大致往方块里套,而在于由"、"、"一"、"丨"、"丿"、"乀"等笔画构成的方正的特点,从而决定了字的方块体态。

四、隶变对字际关系的影响

(一) 通假字急剧增多

我曾经对睡虎地秦简、马王堆帛书、银雀山汉简、凤凰山简牍、武威汉简、武威汉代医简、大通孙家寨汉简、定县汉简、连云港花果山简牍、海州的木方、霍贺墓木方、云梦大坟头的木方等十余处数十批秦汉简帛中的通假字进行了收集整理。在这些资料中,通假字的单字总数达一千多个②。这个数字是相当可观的。

甲骨卜辞里有许许多多的假借字,据吉林大学古文字研究室的统计,假借字在卜辞中所占比例在 90% 以上③,后来,姚孝遂先生纠正此说,认为所占比例为 74%④。但是,那些多是本无其字的假借,真正的通假字是极少见的。以金文而言,陈抗先生在《金文假借字研究》⑤中,收金文实词通假字(除开干支字、方位字)二百五十三个(其中还包含一些本无其字的假借),可见金文通假字也

---

① 李圃:《甲骨文选读·自序》,见《甲骨文选读》,华东师范大学出版社,1981 年 6 月第 1 版,第 1 页。
② 见作者编《秦汉简帛通假字典》,待刊。
③ 《古文字研究的现状及其展望》,载《古文字研究》第一辑,中华书局,1979 年 8 月第 1 版,第 12—22 页。
④ 姚孝遂:《古汉字的形体结构及其发展階段》,载《古文字研究》第四辑,中华书局,1980 年 12 月第 1 版,第 7—39 页。
⑤ 见作者硕士论文,藏中山大学古文字研究室。

不算多。刘又辛先生说,越早的文献中通假字越多①。这观点不符合实际的情况。事实上,春秋以前,真正的通假字是不多的。我在收集整理工作中看出,通假字的剧增是在战国秦汉时期,而在秦系文字中,这个时期恰好与隶变过程相当。

通假字在隶变阶段中剧增,绝不是偶然的。首先,隶变使得很多字的形体失去了原来的字形对字义的显示功能,造成了字形与字义的脱节,这样,人们在用字的选择上常常会感到困惑,从而导致了通假字的大量产生。其次,通假字否定字形对字义表现的特点,与隶变对字形表现字义的否定倾向是一致的。既然通假字的剧增在隶变的背景下产生,它就可能受到隶变的影响和冲击。再次,隶变造就了很多在形体上与音义失去联系的汉字,给人们的学习、识别和使用带来了极大的不便,因此人们运用形声法则对旧有汉字进行了大规模的改造。这种情况,实际上就是隶变刺激了形声字的剧增,而形声字的增多又为通假字的剧增提供了条件。

(二) 大量形近字混同

汉字从来就存在着一些形近字。例如,在甲骨文特有的结构中可见"犬"和"豕"、"竝"和"替"、"尸"和"弓"等②。这些字很容易引起误认③。金文中,也有类似情形。

隶变以后,由于字形的剧烈变化,一些形似字严重混淆。如果单独拾出,有些已无法辨认。要区别这些形近字,必须认真体会原

---

① 《通假概说》,巴蜀书社,1988年11月第1版,第2页。
② 姚孝遂:《契文考释辨证举例》,《古文字研究》第一辑,中华书局,1979年8月第1版,第175—183页。
③ 这一点,甲骨文时代的讹变就可证明。参见张桂光《古文字中的形体讹变》,《古文字研究》第十五辑,中华书局,1986年6月第1版,第153—183页。

文,参以形体知识,细细推勘。例如:《武威汉代医简》第六简"治伤寒遂风方","遂"为"逐"字之讹。第 68 简"逐服之","逐"为"遂"之讹。我们所以知道上面两个字混同,是因为在理解原文时,发现"遂"或"逐"按它本来的意义在句中讲不通,于是根据句子定下它的意义的基调,再沿着形体的线索去寻求本字的结果。这个过程和由通假字寻求本字的过程是很相似的[①]。

隶变阶段中的单字混同现象很普遍,有较常用的字,也有较生僻的字,现列举若干如下(所用资料详见附录):

鬪〈鬭〉〔睡虎地 13 壹、14 壹〕　　早〈旱〉〔睡秦 2〕
旱〈皂〉〔睡秦 13〕　　壹〈壺〉〔睡秦 47、100〕
蘁〈蠚〉〔睡秦 88〕　　傅〈傳〉〔睡杂 8〕
中〈甲〉〔睡法 136〕　　㚔〈䍩〉〔马春 7〕
衛〈衛〉〔马春 62〕　　甯〈宰〉〔马春 62〕
勒〈勤〉〔马春 96〕　　代〈伐〉〔马春 31〕
曰〈甘〉〔马春 80〕　　扶〈扶〉〔马春 89〕
生〈王〉〔马春 95〕　　笴〈苟〉〔马战 17〕
相〈伯〉〔马战 50、51、52〕　　脊〈齊〉〔马战 67〕
堅〈豎〉〔马战 127〕　　戎〈戍〉〔马战 141〕
易〈昜〉〔马战 142、153〕　　式〈戎〉〔马战 147〕
芯〈笑〉〔马战 267〕　　白〈曰〉〔马老甲 148〕
道〈遺〉〔马老甲 32〕　　善〈若〉〔马老甲 52〕
與〈興〉〔马老甲 200、225、287〕　　曰〈日〉〔马老甲 37〕

---

① 参看黄侃:《求本字捷术》,载《黄侃论学杂著》,上海古籍出版社,1980 年 4 月第 1 版,第 359—360 页。

谷〈合〉〔马老甲159〕　　　沸〈涕〉〔马老甲185〕
設〈詩〉〔马老甲212〕　　　士〈土〉〔马老甲314〕
哀〈充〉〔马老甲415〕　　　枯〈栝〉〔马战424〕
大〈六〉〔马老乙27上〕　　 涅〈淫〉〔马老乙100上、
　　　　　　　　　　　　　 　 101上〕
私〈和〉〔马老乙103下〕　　 止〈乏〉〔马老乙105下〕
繲〈總〉〔马老乙124上〕　　 土〈之〉〔马老乙135下〕
天〈大〉〔马老乙179下〕　　 鄉〈卿〉〔马老乙198下〕
鼓〈豉〉〔武医15〕　　　　　霰〈霾〉〔马五21〕
尾〈戾〉〔马五48〕　　　　　魊〈魃〉〔马阴88〕
沽〈活〉〔马阴88〕

单字的混同有些是一时一地的、短期的，也有一些混同的程度很深，时间很长，成为后世校勘学、训诂学的艰巨课题。如"勑"和"敕"字。《说文》："敕，诫也。从攴束声。"

《礼器碑》说"韩明府名勑字叔节"，《繁阳令杨君碑阴》说"故吏程勑伯严"，勑都是人名，《说文》："勑，劳也。从力来声。"古人的名和字的含义都有关联，其中大多数是相符的。韩勑和程勑分别字叔节和伯严，与"劳"的意义不属一类。这里的勑是敕（又作勅）的误字。

在传世古籍中，把勑写作勑的比比皆是。例如，《易·噬嗑》："先王以明罚勑法。"《书·皋陶谟》："勑我五典五惇哉。"《益稷》："勑天子之命。"《康诰》："惟民其勑懋和。"《多士》："勑殷命，终于帝。"《诗·楚茨》："既匡既勑。"各例中的勑都应读 chì，通饬。

隶变阶段中通假字的急剧增多和单字的大量混同，使人们阅读时常常容易碰到疑点和难点，造成阅读上的停顿，影响了阅读的速度。

(三) 多义字和形近字的分化

由于假借和词义引申的原因,古汉字中有一大批多义字。多义字是书面语中不可避免的现象,但超出一定的限度,会影响语言的明晰度。隶变阶段中创造了一批分化字,从一定程度上缓解了多义字与语言清晰度之间的矛盾。

古汉字中的某些形近字,在隶变中形体发生变化,导致了字形混同。写字的人于是对混同的某一方进行处理,使其具有明显的个性特征。例如,为使"玉"字与"王"区别在字中加一点,为使"七"字与"十"区别把竖笔斜曳。

五、隶变为书法艺术提供了新基石

书法是用笔书写汉字的艺术,历史非常悠久。殷代的甲骨文和金文,有好些作品都异常美观。留下这些字迹的人,虽然不再知道姓名,但他们毫无疑问都是优秀的书法家。

总的说来,在古文字阶段,由于字形的基础是象形,书法艺术创造受到许多掣肘。正是因为如此,进入春秋以后书写者便通过附加形体(与字音字义无关的符号)来追求字的形态美。我粗略归纳了一下,当时使用的附加形体有"、"、"一"、"口"、"▽"、"ᐱ"、"∥"、"彡"、"≡"、"丨"、"八"、"丿"、"乀"、"日"、"兀"、"Ɛ"、"C"、"※"、"="、"廾"。鸟形以及虫形等也是当时使用的附加形体。

另外,江淮流域一些国家的文字,通过使线条扭曲变形的方式来达到某种美的需要,还有从字的周边来美化字形的做法。这些虽然可能与民俗有关,但也能看出其表现的局限及需要。

大篆似乎没有出现过美化的倾向,但大篆都是典型的"玉箸体",线条粗细均匀,偏旁结构规范化程度高。从大篆的书法看,它的艺术表现主要反映在字形结构上,其构形线条则比较单一。

与大篆相比,隶变后的汉字为书法艺术提供了前所未有的条件。隶变后,汉字分化出点、横、竖、撇、捺、钩等基本笔画,成为构字的单位。这些笔画能够被书写得仪态万方、变化无穷。其次,隶变后的汉字扬弃了随体诘屈的蜿蜒线条,每个字的笔画数量较固定,由它们组合而成的形体结构更加清晰,书写者容易形成自己的风格。最后,隶变过程中孕育出来的草书,日后更成为书法艺术的顶峰。我们可以说,隶变把书法艺术导入了一个新的境界。

附录:参考文献及其简称表

一 简帛类

释青川秦墓木牍 文物一九八二年一期。

睡虎地秦墓竹简〔睡〕 睡虎地秦墓竹简整理小组编,文物出版社一九七七年九月第一版。

　　编年记〔编〕南郡守腾文书〔南〕

　　秦律十八种〔秦〕 效律〔效〕

　　秦律杂抄〔杂〕法律答问〔法〕

　　治狱程式〔治〕为吏之道〔为〕

云梦睡虎地秦墓 云梦睡虎地秦墓编写组编,文物出版社一九八一年九月第一版。

马王堆汉墓帛书〔壹〕 国家文物局古文献研究室编,文物出版社一九八〇年三月第一版。

老子甲本〔老甲〕　老子甲本卷后古佚书〔老甲佚〕

五行〔行〕　九主〔九〕

明君〔明〕　德圣〔德〕

老子乙本〔老乙〕　老子乙本卷前古佚书〔老乙佚〕

经法〔法〕　十六经〔十〕

称〔称〕　道原〔原〕

马王堆汉墓帛书［三］　马王堆汉墓帛书整理小组编，文物出版社一九八三年十月第一版。

战国纵横家书〔战〕　春秋事语〔春〕

马王堆汉墓帛书［肆］　马王堆汉墓帛书整理小组编，文物出版社一九八五年三月第一版。

足臂十一脉灸经〔足〕　阴阳十一脉灸经甲本〔阴甲〕

脉法〔脉〕　阴阳脉死候〔死〕

五十二病方〔五〕　却谷食气〔却〕

阴阳十一脉灸经乙本〔阴乙〕　导引图〔导〕

养生方〔养〕　杂疗方〔杂〕

胎产方〔胎〕　十问〔十〕

合阴阳〔合〕　杂禁方〔禁〕

天下至道谈〔天〕

马王堆汉墓帛书《六十四卦》释文　文物一九八四年三期。

马王堆汉墓帛书《相马经》释文　文物一九七七年八期。

西汉帛书《天文气象杂占》释文　中国文物第一期。

阜阳汉简诗经研究〔阜诗〕　胡平生、韩自强编著，上海古籍出版社一九八八年五月第一版。

阜阳汉简《苍颉篇》〔阜苍〕 文物一九八三年第二期。

阜阳汉简《万物》 文物一九八八年第四期。

银雀山汉墓竹简［壹］ 银雀山汉墓竹简整理小组，文物出版社一九七五年七月第一版。

  孙子兵法〔子〕 孙膑兵法〔膑〕

银雀山竹简《守法》、《守令》等十三篇 文物一九八五年第四期。

银雀山简本《尉缭子》释文 文物一九七七年第二至第三期。

临沂银雀山汉墓《王兵》篇释文 文物一九七六年第十二期。

银雀山汉简释文 吴九龙，文物出版社一九八五年十二月第一版。

  孙子兵法〔子〕 孙膑兵法〔膑〕

  尉缭子〔尉〕 晏子〔晏〕

  六韬〔六〕 守法守令十三篇〔守〕

  论政论兵之类〔论〕 阴阳时令占候之类〔阴〕

  其他之类〔其〕

江陵凤凰山八号墓竹简试释〔凤 M8〕 文物一九七六年第六期。

凤凰山一六七号汉墓遣策考释〔凤 M167〕 文物一九七六年第十期。

凤凰山汉简牍 中山大学古文字研究室摹本，一九七九年摹，含十五种：

  M8 遣册〔M8〕 M9 遣册〔M9〕

  M9 轺车构件〔M9〕 M10 郑里廪籍〔M10〕

  M10 遣男女徙塞书〔M10〕 M10 里人名籍〔M10〕

M10 钱物出入籍〔M10〕　M10 付物籍〔M10〕

M10 大竹简〔M10〕　M10 木牍〔M10〕

M168 衡杆〔M168〕　M167 遣册〔M167〕

M168 遣册〔M168〕　M169 遣册〔M169〕

云梦西汉墓出土木方初释　陈振裕，文物一九七三年第九期。

大通上孙寨汉简释文　文物一九八一年第二期。

武威汉简〔武威〕　甘肃省博物馆、中国社会科学院考古研究所编著，文物出版社一九六四年九月第一版。

江苏连云港市海州西汉侍其繇墓　考古一九七五年第三期。

海州西汉霍贺墓清理简报　考古一九七四年第三期。

江苏连云港市海州网疃庄汉木椁墓　考古一九六三年第六期。

江苏连云港市花果山出土的汉代简牍　考古一九八二年第五期。

武威汉代医简〔武医〕　甘肃省博物馆、武威县文化馆合编，文物出版社一九七五年十月第一版。

《儒家者言》释文〔定县〕　文物一九八一年八期。

居延汉简甲乙编　中国社会科学院考古研究所编，中华书局一九八〇年七月。

流沙坠简〔正编、补遗、考释〕　王国维、罗振玉，一九三四年校正重印本。

汉晋西陲木简汇编　张凤，上海有正书局一九三一年影印本。

汉代简牍草字编　陆锡兴编著，上海书画出版社一九八九年十二月第一版。

汉简文字类编　王梦鸥，艺文印书馆一九七四年十月初版。

二　金文类〔含货币文〕

秦汉金文录　考古学社专刊，一九三一年。

金文编　容庚编著，张振林、马国权摹补，中华书局一九八五年七月第一版。

金文续编　容庚撰集，商务印书馆一九三五年六月初版。

秦铭刻文字选　上海书画社编，一九七六年八月第一版。

战国时代的秦国铜器　李学勤，文物参考资料一九五七年第八期。

古代量器小考　紫溪，文物一九六四年第七期。

西安市西郊高窑村出土秦高奴铜权　文物一九六四年第九期。

陕西省博物馆鉴选一批历史文物　文物一九六五年第五期。

介绍陕西省博物馆收藏的几件战国时期的秦器　陕西省博物馆，文物一九六六年第一期。

西安市郊发现秦国杜虎符　黑光，文物一九七九年第九期。

河北围场县又发现两件秦代铁权　石枢砚，文物一九七九年第十二期。

西沟畔匈奴墓　文物一九八〇年第七期。

北京拣选青铜器的几件珍品　李学勤，文物一九八二年第九期。

咸阳博物馆收藏的两件带铭铜壶　考古与文物一九八三年第六期。

陕西铜川发现战国铜器　卢建国，文物一九八五年第五期。

湖北随州市发现秦国铜器　文物一九八六年第四期。

试论战国型秦兵的年代及有关问题　陈平，载《中国考古学研究论集》，三秦出版社一九八七年十二月第一版。

古钱大辞典　丁福保，中华书局一九八二年十二月第一版。

我国古代货币的起源和发现　王毓铨，科学出版社一九五七年。

中国货币史　彭信威，上海群联出版社一九五四年。

三　陶文类

竹里秦汉瓦当文存　王福田，咸丰二年七桥草堂自刻本。

秦汉瓦当文字　程敦，光绪二十年袖珍山房石印。

秦汉瓦当文字　辇庐丛著七种，齐鲁书社一九八一年。

秦汉瓦当　河南省博物馆，中原文物一九八七年特刊（八）。

秦汉陶文　袁仲一，三秦出版社一九八七年五月第一版。

古陶文汇编　高明，中华书局一九九〇年三月第一版。

四　石刻类

隶释·隶续　洪适，中华书局一九八五年十一月第一版。

隶韵　刘球，嘉庆十五年刻本。

汉隶字源　娄机，咫进斋刻本。

隶篇·隶篇续·再续　翟云升，道光十八年刻本。

隶辨　顾蔼吉，中国书店一九八二年三月第一版。

古石刻零拾　容庚，一九三四年北京琉璃厂来薰阁本。

秦始皇刻石考　容庚，燕京学报第十七期，一九三五年。

石刻篆文编　商承祚，科学出版社一九五七年九月第一版。

诅楚文考释　郭沫若，科学出版社一九八二年十月第一版。

明拓绎山碑　江苏广陵古籍刻印社一九八六年十二月第

一版。

汉碑集释　高文,河南大学出版社一九八五年。

五　印玺类

汉印分韵合编　袁日省、谢景卿、孟昭鸿编,上海古籍书店一九七九年十月印行。

十锺山房印举　陈簠斋集,涵芬楼影印本。

秦汉玉印图录　倪玉书,一九四二年。

汉印文字征　罗福颐编,文物出版社一九七八年九月第一版。

汉印文字征补遗　罗福颐编,文物出版社一九八二年十二月第一版。

试论几方秦代的田字格印及有关问题　赵超,考古与文物一九八二年第六期。

秦汉南北朝官印征存　罗福颐主编,文物出版社一九八七年十月。

玺印文综　方介堪编纂,张如元整理,上海书店一九八九年三月第一版。

六　综合类

汗简·古文四声韵　郭忠恕、夏竦撰,中华书局一九八三年十二月。

说文中之古文考　商承祚,上海古籍出版社一九八三年三月影印本。

秦书集存　华学涑,天津博物院一九二二年。

汉语古文字字形表　徐中舒主编,四川人民出版社一九八〇年八月第一版。

古文字类编　高明编,中华书局一九八〇年十一月影印本。

秦汉魏晋篆隶字形表　汉语大字典字形组编,四川辞书出版社一九八五年八月第一版。

七　其他

宋本广韵　陈彭年等,中国书店一九八二年六月第一版。

集韵　丁度等,中国书店一九八三年七月第一版。

说文解字　许慎,中华书局一九六三年十二月。

说文解字注　段玉裁,上海古籍出版社一九八一年十月第1版。

说文解字义证　桂馥,齐鲁书社一九八二年十二月第一版。

说文通训定声　朱骏声,武汉古籍书店一九八三年六月影印本。

战国史　杨宽,上海人民出版社一九八〇年七月第二版。

秦集史　马非百,中华书局一九八二年八月第1版。

秦史稿　林剑鸣,上海人民出版社一九八一年。

(《汉字古今谈》,Edition Voldemeer Zürich,2004)

新出简帛与古文献求索

《穷达以时》第9号简考论
——兼及先秦两汉文献中比干故事的衍变

郭店楚简《穷达以时》有这样一段：

> 初洎（？）酣，后名易（扬），非其惪（德）加。子疋（胥）前多玌（功），后翏（戮）死，非其智悷（衰）也。①

注〔一二〕："裘按：《韩诗外传》卷七：'伍子胥前功多，后戮死，非知有盛衰也，前遇阖闾，后遇夫差也。''非知有盛衰也'句，《说苑·杂言》作'非其智益衰也'。二书此段文字与简文基本相同。"②裘锡圭先生引《韩诗外传》和《说苑》为注，指出这段话后半部分系引述伍子胥的故事，十分正确。

这里需要讨论的是这段话的前半部分——"初洎（？）酣，后名易（扬），非其惪（德）加。"都在第9简的范围之内。对于这一部分的理解，目前主要有两种意见。

一种以张立文先生为代表。张先生在《〈穷达以时〉的时与遇》中分析道：

> 伍子胥前建功后戮死，并非他的才智有变化，而是遇到不同君主的缘故。千里马不同的待遇，是由于是否知道其为千

---

① 荆门市博物馆：《郭店楚墓竹简》，文物出版社，1998年，第145页。
② 同上书，第146页。

> 里马所致。伍子胥的才智和骥千里之足的功能并非因人而异，而是本来具足的。他与人的为善加德并无直接联系。"初滔酨，后名昜（扬），非其惪（德）加。"初滔没于困厄，后来显达扬名，并不是德加的缘故。"[芷兰生于深林，非以无]嗅而不芳。"芷兰生于茂林之中，并不因无人嗅到而不芳香。伍子胥的智，骥的千里之足，芷兰的芳香，都是客观存在，是其自身本具的品格和才能。①

从张先生的分析看，他是把"初滔酨，后名昜（扬），非其惪（德）加"作为开启贯穿下文的泛泛之论来理解的。

另一种可以池田知久先生为代表。他在《郭店楚简'穷达以时'の研究》注[4]中指出：

> この箇所は、『穷达以时』と类似する文章ある『韩诗外传』卷七は、
>
> > 虞丘名闻于天下、以为令尹、让于孙叔敖、则遇楚庄王也。
>
> に作り、同じく『说苑』杂言篇は、
>
> > 沈尹名闻天下、以为令尹、而让孙叔敖、则其遇楚庄王也。
>
> に作る。この两者に『穷达以时』の『后名昜（扬）』に表现のやや近い『名闻于天下』や『名闻天下』が含まれているところから、『穷达以时』のこの箇所は、"虞丘"すなわち「沈尹」の故事を述べた文であろうと考えられる。②

他把"初滔酨，后名昜（扬），非丌（其）惪（德）加"隶属于上一句，认

---

① 姜广辉主编：《郭店楚简研究》（《中国哲学》第二十辑），辽宁教育出版社，1999年，第218页。
② 东京大学郭店楚简研究会编，池田知久监修：《郭店楚简の思想史的研究》第三卷，第151—152页。

为是讲沈尹(虞丘)的故事,亦即上文所述孙叔敖故事的延续。河井义树[1]、王志平[2]等先生也有类似的意见。

其实只要结合上下文的行文特点,就会发现这两种看法是站不住脚的。

上面一段从"舜耕于鬲(历)山,匋(陶)笃于河滨,立而为天子,塼(遇)尧(尧)也"到"孙㠯(叔)敫耶(憗)思少司马,出而为命(令)尹,塼(遇)楚臧(庄)也",讲述的是六个性质相近的故事,用的是六个整齐的排比句。如果把"初滔酭,后名易(扬),非其悳(德)加"缀于孙叔敖的故事之后,句式便显得参差不齐,有狗尾续貂之感。同样,"初滔酭,后名易(扬),非其悳(德)加"和下一句"子疋(胥)前多㓛(功),后翏(戮)死,非其智悇(衰)也"也是一对排比句,讲述的也应该是两个性质相近的故事。

那么,"初滔酭,后名易(扬),非其悳(德)加"所指究竟是什么呢?要弄清这个问题,正确释读"滔酭"至为关键。

过去对"滔酭"有两种隶定,多种读法。

整理小组隶作"滔酭",李零先生怀疑应读为"韬晦"或"澹晦",是默默无闻的意思[3]。周凤五先生认为应该读为"顑颔",表示"不饱貌"[4]。

---

[1] 大东文化大学郭店楚简研究班编,池田知久监修:《郭店楚简の研究》(一),第88—89页。
[2] 《〈郭店楚简〉笺释》,《简牍学研究》第三辑,甘肃人民出版社,2001年,第44—51页。
[3] 《郭店楚简校读记》,《道家文化研究》第十七辑,三联书店,1999年,第495—496页。
[4] 《郭店楚简识字札记》,《张以仁先生七秩寿庆论文集》,台湾学生书局,1999年,354—355页。

黄德宽、徐在国两位先生隶作"沈酭"[①],刘钊先生认为应该读为"沈郁","沈郁"即"沉滞",本为"伏积","伏止",引申为"不遇"之意[②]。

所谓"淊酭"原作：

▨ ▨

后者见于包山简：

> 飤室之飤：脩一簋、脊(脯)一簋、魦酭一碸、▨一碸、菟蘆二碸、蒿蘆一碸、蒥菽之蘆一碸、▨某一碸、▨肉酭一䍃、箕酭一䍃、鮴一䍃、醢一䍃、▨一▨、▨(渦昱)一䍃、青绘之𦆤四口糗、四笰飤、箕鱼一簋。255—256

原注(508)："酭，读作醢。"[③]《说文·酉部》："醢，肉酱也。从酉盍。䤈，籀文。"又《皿部》："盍，小瓯也。从皿有声。读若灰，一曰若贿。盍，盍或从右。"酭是醢的本字，上举包山简中的三个酭，用的都是本义。"魦酭一碸"即"魦醢一缶"，"▨肉酭一䍃""箕酭一䍃"即"▨肉醢一冥[④](皿)""箕醢一冥(皿)"。

▨多以为淊字，惟黄德宽、徐在国两位先生有不同的考释：

> 穹9有字作▨，原书疑为"淊"字。我们认为此字应释为"沈"。信阳楚简2—023枕字作▨（从李家浩先生释，《信阳楚

---

① 《郭店楚简文字考释》，《吉林大学古籍整理研究所所建所十五周年纪念文集》，吉林大学出版社，1998年，第104页。
② 《读郭店楚简字词札记》，《郭店楚简国际学术研讨会论文集》，湖北人民出版社，2000年，第82—83页。
③ 湖北省荆沙铁路考古队：《包山楚简》，文物出版社，1991年，第59页。
④ 关于此字的释读，详拙文《从楚简"娩"的释读谈到甲骨文的"娩妫"——附释古文字中的"冥"》，《简帛研究二○○一》，广西师范大学出版社，2001年，第55—59页。

简中的"柿枳"》,《简帛研究》2,法律出版社,1996 年版),包山楚简邡(沈)字作▨,酖字作▨〔《简帛编》539、1100 页,《安徽大学学报》(待刊)〕。凡此均可证▨字应释为"沈"。[①]
黄、徐二位从李家浩先生释▨为枕受到启发,把▨释为"沈",可从。但若严格隶定,还是把它隶作湛为好。《三代》五·十一·二所收王人者甗有者字。从"尢"之字写作从"者",大概是楚文字的特色。

湛字可以读为醢[②]。战国文字多见醢字,一般作酷:

① 酷差(佐)鄝惑、坪夜公鄝冒。包山简 138

② 嚣酷君(尹)之州加甈鼬。包山简 165

③ 羕陵公之人虘龂(慎)、大室酷尹溺。包山简 177

④ 邯酷尹迆以鄝蓉为君月贞。天星观简卜筮类

⑤ 郄酷尹者故□自乍(作)征(钲)城(铖)。

徐酷尹征城,三代一八·三·二一四·一

⑥ 王右酷鉨《古玺汇编》0001

①至④为楚简,⑤为郄国金文,⑥为楚玺。酷尹即醢尹、酷差即醢佐,均为职官名[③],前者为主官,后者为佐官。例④表明,酷可从事宗教活动,和《周礼·天官·醢人》相似。可见,酷大致相当于醢,是醢的异体字。

---

① 《郭店楚简文字考释》,《吉林大学古籍整理研究所建所十五周年纪念文集》,吉林大学出版社,1998 年,第 104 页。

② 孟蓬生先生认为此处湛应读为醢,可从。

③ 徐在国先生把楚简中的这个字隶作酖,读为沈,认为酖尹就是古书中的沈尹,为楚国大臣之名。我们认为,这样理解,无法解释"酷佐"和在"酷"前加地名和机构名的现象。详《读〈楚系简帛文字编〉札记》,载《安徽大学学报》1998 年 5 期,第 84 页。

《穷达以时》中的"滆酳"应读为"醓醢"。古书注家对醓醢理解不一,孙诒让辨之甚详,现移录如下:

注云"醓,肉汁也"者,《说文·肉部》云:"肶,肉汁滓也。"又《血部》云:"䁈,血醢也。《礼》有䁈醢,以牛干脯梁籟盐酒也。"无醓字。《聘礼》注云:"醓,醢汁也。"又《公食大夫礼》注云:"醓醢,醢有醓。"毕沅校本《释名·释饮食》云:"醢多汁者曰醓。醓,沈也。宋鲁人皆谓汁为沈。"《毛诗·小雅·行苇》传云:"以肉曰醓醢。"案:《说文》云"礼有䁈醢"者,许所见《仪礼》、《周礼》经文,并作䁈醢也。二徐本作《礼记》,非。今从段玉裁校删。依许说,则肶为肉汁滓,䁈为血醢,二义不同。然《礼经》无血醢,而郑读醓醢,正与许书䁈字说解同。窃谓正字当本作肶,䁈乃后来孳生字。二《礼》及《毛诗》并作醓,此经别本又作滆,皆䁈之变体。汉时礼家说,盖有以醓为血醢者,许遂别以䁈隶《血部》,实则与肶是一字也。凡《礼经》单言醢,不着牲兽者,并即三牲之醓醢,是肉非血,许说未确。段玉裁云:"许云汁滓者,谓醢不同涪也。凡醢臡皆有汁,而牛干脯独得肶名者,六畜不言牲名,他醢臡不言肶,立文错见之法。汁即盐酒所成,言皆胜物,非有熟汁也。毛传云'以肉曰醓醢',大郑云'醓醢肉酱也',皆言肉以包汁。不言何肉者,盖谓《周礼》六牲之肉,下文醢臡麋鹿麏兔雁,在六兽六禽内可证也。许但言牛干脯者,举六牲之一以包其余也。"案:段说是也。凡醓皆有汁,故实于豆。《行苇》孔疏谓"肉醢特有多汁,故以醓名。其无汁者,自以所用之肉鱼雁之属为名",非也。又《内则》,记大夫庶羞二十,牛炙、牛胾、羊胾、豕炙之下,并有醢。孔疏引熊氏云:"此经承牛羊之下,则是牛肉羊肉之醢。以其庶羞,故得用三牲为醢。若其正羞,则不得用牲,故《醢人职》无云牲之醢也。"今案:熊说亦非也。此经醯醢,即是三牲之醢,安得谓《醢人职》无牲醢乎?①

根据孙氏考证,醢又作肬胒盬,它和"醢"都是牲肉做成的肉酱,并无有汁无汁、肉醢血醢之别。"醯醢"则为同义连用。

《楚辞·九章·涉江》:"接舆髡首兮,桑扈裸行。忠不必用兮,贤不必以。伍子逢殃兮,比干菹醢。"汪瑗《楚辞集解》:"比干,纣之诸父,一曰纣之庶兄,圣人也。纣惑妲己,作糟丘酒池,长夜之饮,斫朝涉,刳孕妇。比干正谏,纣怒曰:'吾闻圣人之心有七窍。'于是乃杀比干,剖其心而观之,故曰菹醢。菹,淹菜。醢,肉酱也。"②《楚辞今注》:"菹醢:肉酱。指纣杀比干,将其剁成肉酱。"③"醯醢"和"菹醢"同义,本义为肉酱,引申为把人剁成肉酱的酷刑。

在先秦两汉文献中,比干与伍子胥的故事往往连称。除上举《涉江》外,还可举出下面各例:

《荀子·宥坐》:"女以知者为必用邪?王子比干不见剖心乎!女以忠者为必用邪?关龙逢不见刑乎!女以谏者为必用邪?吴子胥不磔姑苏东门外乎!"

同书《臣道》:"比干、子胥可谓争矣。"

同书《大略》:"比干、子胥忠而君不用。"

《鹖冠子·备知第十三》:"比干、子胥好谏而不知其主之煞之也。"

---

① 《周礼正义》,中华书局,1987年,第396页。
② 董洪利点校本《楚辞集解》,北京古籍出版社,1994年,第169页。
③ 汤炳正、李大明、李诚、熊良智:《楚辞今注》,上海古籍出版社,1996年,第134页。

《吕氏春秋·不苟论第四·不苟》:"故子胥见说于阖闾而恶乎夫差。比干生而恶于商,死而见说乎周。"

《韩诗外传》卷第一第二十六章:"昔桀杀关龙逢,纣杀王子比干,而亡天下,吴杀子胥,陈杀泄治,而灭其国。"

《盐铁论》卷二《非鞅》:"是以箕子执囚,比干被刑。伍员相阖闾以霸,夫差不道,流而杀之。"

同书《散不足》:"此诗人所以伤而作,比干、子胥遗身忘祸也。"

《新序·杂事第三》:"臣闻比干剖心,子胥鸱夷,臣始不信,乃今知之,愿大王熟察之,少加怜焉。"

同书《节士第七》:"昔者,桀杀关龙逢,纣杀王子比干而亡天下;吴杀子胥,陈杀泄治而灭其国。"

《论衡·死伪篇》:"伯有强死能为鬼,比干、子胥不为鬼。"

《中论·夭寿第十四》:"积善之家必有余庆,而比干子胥身陷大祸。"

由于醯醢和菹醢同义,古书中比干、伍子胥的故事又往往连称,所以我们认为"初潲酗,后名易(扬),非其悳(德)加"讲的应是王子比干的故事。

《楚辞·天问》有"比干何逆,而抑沉之"句,《楚辞今注》:"抑沉:压抑。"①如果把它和前引《涉江》"伍子逢殃兮,比干菹醢"联系起来考虑,那么"潲酗"也有读为"沉醢"的可能性。

而如果参照下文"子疋(胥)前多玌(功),后翏(戮)死,非其智愯(衰)也",知"初潲酗"前应补入主语"比干"。这样句式和句意才

---

① 汤炳正、李大明、李诚、熊良智:《楚辞今注》,上海古籍出版社,1996年,第114页。

可谓完整。

为什么第9简"初滀酗"前不见"比干"二字？从常理推测有三种可能：一是抄漏；二是本来有，因简首损毁没去；三是在上一支上，而这支简已不复存在。让我们来一一分析。

看《穷达以时》书法严谨，通篇绝少漏字现象。如果真的漏落"比干"二字，从上下的排比句式看，是很容易检查出来补上去的。因此第一种可能性虽然不能完全排除，但即使有，也不大。

第9简简首尖锐，形制与其他简不同，颇令人怀疑削去了一部分。但这支简的长度与其他简基本相当，即使简首削去了一部分，削去部分也不可能有两个字的空间。况且这支简上已有21个字，而《穷达以时》整简都在18至23字之间，其中18字1支，19字2支，20字3支，21字3支，22字2支，23字1支，这支简容字已属中等偏上，应该就是原来的样子。因此第二种可能性也很小。

日本学者池田知久[①]、河井义树[②]曾指出第8至第9简之间可能有脱简，可谓慧眼独具。结合上面的分析看，我们认为脱简的可能性确实是很大的。

最后我们想借此机会梳理一下先秦两汉文献中比干故事的衍变脉络。这对于弄清《穷达以时》第9简的误解缘由和正确理解这支简的含义都是很有必要的。

《史记·殷本纪》：

> 纣愈淫乱不止。微子数谏不听，乃与大师、少师谋，遂去。

---

① 东京大学郭店楚简研究会编，池田知久监修：《郭店楚简の思想史的研究》，第三卷，第152页。

② 大东文化大学郭店楚简研究班编，池田知久监修，《郭店楚简の研究》（一），第89页。

比干曰:"为人臣者,不得不以死争。"乃强谏纣。纣怒曰:"吾闻圣人心有七窍。"剖比干,观其心。箕子惧,乃详狂为奴,纣又因之。殷之大师、少师乃持其祭器奔周。周武王于是遂率诸侯伐纣。纣亦发兵距之牧野。甲子日,纣兵败。纣走,入登鹿台,衣其宝玉衣,赴火而死。周武王遂斩纣头,悬之[大]白旗。杀妲己。释箕子之囚。封比干之墓,表商容之闾。封纣子武庚禄父,以续殷祀,令修行盘庚之政。殷民大说。于是周武王为天子。

又《宋微子世家》:

王子比干者,亦纣之亲戚也。见箕子谏不听而为奴,则曰:"君有过而不以死争,则百姓何辜!"乃直言谏纣。纣怒曰:"吾闻圣人之心有七窍,信有诸乎?"乃遂杀王子比干,刳视其心。

这两段文字是汉以前有关比干故事中比较严谨详细的记述。从中可以知道:一、比干是商纣的亲戚和臣属;二、比干曾劝谏商纣停止淫乱,激怒商纣,被商纣剖心;三、周武王灭商之后,封比干之墓。这几点也散见于先秦两汉其他文献之中,虽然基本精神一致,但具体细节存在出入。

如《孟子·告子上》、《论语·微子》说比干是纣的叔父,《孟子·告子上》赵岐注又说"纣为君,又与微子比干有兄弟之亲"[①]。《史记》笼统地说比干是纣的亲戚,采取了折中的说法。

关于周武王封比干之墓,《尚书·武成》、《礼记·乐记》、《吕氏

---

① 胡玉缙认为"庶兄之解,殊非事实",见《汉书人表考》卷二,《万有文库》第二集624种,上海商务印书馆,1937年,第77页。

春秋·慎大览·慎大》等处和《史记》记载相同,但《荀子·大略》作"哭比干之墓",《新序·杂事第三》作"封比干之后,修孕妇之墓",增添了若干具体的细节。

关于比干之死,古书中笼统地说"死"(《论语·微子》、《韩诗外传》卷第十)、"杀"(《庄子·人间世第四》、《韩诗外传》卷第一、《新序·节士第七》)、"戮"(《吕氏春秋·孝行览第二·必己》)、"诛"(《新书》第五卷《连语》、《汉书》卷二十《古今人表》)、"被刑"(《盐铁论》卷二《非鞅》),具体一点的多说"剖心"(《尚书·泰誓下》、《荀子》之《宥坐》《儒效》《议兵》《正论》《尧问》、《韩诗外传》卷第七),《史记》采用剖心之说。只有《楚辞·九章·涉江》说比干遭菹醢而死。郭店楚简《穷达以时》和这种说法竟相暗合,说明应有所凭据。商纣曾"醢鬼侯"(《战国策·赵策三》)、醢梅伯(《楚辞·天问》)。《楚辞·离骚》曰:"后辛之菹醢兮,殷宗用之不长。"凡此都说明纣时滥用醢刑。事实可能是比干遭剖心之后,又遭醢刑。我想,过去不能正确理解"初滔酯,后名易(扬),非其惪(德)加"固然有多种原因,但恐怕和我们不甚了解比干遭醢的史实也有直接的关系。

(原载《古籍整理研究学刊》2002年第2期)

楚竹书《容成氏》的篇名及其性质

上海博物馆所藏楚竹书《容成氏》，共有50余支简，长达2000多字，内容为上古帝王的传说，十分珍贵重要。原简经李零先生悉心整理，释文照片业已全部发表[1]，引起了学术界的极大关注。最近有多位学者在网上发文讨论[2]，提出了一些很好的意见。特别是陈剑博士在编连上作了多处调整[3]，使简文内容更为贯通、显豁，为进一步的讨论提供了一个很好的"平台"。

陈文指出："第35号是由上下两段残简'遥缀'而成的，即整理者认为是一简之折，但不能紧接，中间还有一小段残缺。实际上，这两段残简无论是从编绳位置看，还是从内容看，都不可能属于同一简。本篇竹简共有上中下三道编绳，上下两道分别位于简首和简尾的首字、末字的上下方。简35上段简首残缺，第一道编绳痕迹已不存。中间一道编绳痕迹位于"囗王天下十又六年而桀作"的"作"字下，从第12页的小图版可以清楚地看出，按整理者的编排，则这道编绳痕迹的位置太靠上，跟同篇其他简完全不能相合。如

---

[1] 马承源主编：《上海博物馆藏战国楚竹书（二）》，上海古籍出版社，2002年，图版第93—146页，释文考释第249—293页。
[2] 参见简帛研究网（http://www.bamboosilk.org）上有关文章。
[3] 陈剑：《上博简〈容成氏〉的拼合与编连问题》，载简帛研究网（http://www.bamboosilk.org），2003年1月9日。

果将其下移与其他简的中间一道编绳对齐,则其下端与35简下段将有一大段重合的部分。由此看来,简35上段与下段决不可能属于同一简。它们应该分别编号重新排列。"[1]他把此简的上段和下段分别编为"35A"和"35B",把全篇竹简重新编连后的简序为:1～3,35B,4～7+43,9～11+13+14+8+12+23+15+24～30+16～21+30～32+22+33～34+35A+38～41+36～37+42+44～53。

鉴于目前文章多为零星的字词考释,本文拟在陈文编连的基础上,对《容成氏》的篇名、性质等问题谈一些初步的意见。

篇名"容成氏",本作"讼城氏",原书于第53号简的背面。整理者李零先生读为容成氏,定为这一组简文的篇题,是很正确的意见。第53简的正面简文,语义未完,后面还有若干脱简。一般说来,一篇完整的竹书,篇题往往是写在最后一支简上的。如果竹书后面部分脱去,篇名也会随之脱去。《容成氏》的情况不是这样,值得引起注意。

第53简正反两面的字迹,明显有所不同。正面文字起笔和收笔比较细,多锋芒,整体风格犀利粗犷,背面则笔画均齐,风格秀媚,不像是一次书写完成的。第53简正面的文字和1—52简系同时所书,篇题"讼城氏"应是脱简之后补上去的。

这一判断引导我们思考另一个问题:既然篇题补了上去,为什么不把残缺的简文也补上去呢?想来原因不外两个,一是没有必要,二是没有可能。既然篇题都已经补上去了,补足简文的必要性

---

[1] 陈剑:《上博简〈容成氏〉的拼合与编连问题》,载简帛研究网(http://www.bamboosilk.org),2003年1月9日。

是不容怀疑的。所以后一种可能性最大。那么,《容成氏》在抄写的时候应该已经是残本了。

李零先生说原书的篇题"估计是在倒数第二、三简的背面",言下之意是原书结尾处大约缺两三支简,但没有说明依据。在战国文献中,正面举例常称"尧舜禹汤文武",反面常称"桀纣幽厉",下限往往止于西周。《容成氏》叙述古帝王已到周武,缺简应该不会太多。

古书有拈取篇首字定名的习惯,整理者推测,《容成氏》讲述上古帝王,是从容成氏开始的。这和《六韬·大明篇》等文献不同,而和《庄子·胠箧》一致。大家知道,古代传说往往带有明显的地域特色,如比干剖心,在楚地文献里又说比干醢醢[①]。《容成氏》出于楚地,讲述上古帝王以容成氏为首,大约反映了楚地的习惯。因此,它很可能属于楚地原生的文献。

《容成氏》所述帝王传说,有的十分精确,如说启"王天下十又六世而桀作"[②](35简),与《史记·夏本纪》合;"汤王天下三十又一世而受(纣)作"(42简),与《殷本纪》和甲骨卜辞合;周武王伐商纣在"戊戌之日"(51简),与《尚书·泰誓》和《史记·周本纪》相合。这说明它叙述的内容是有所凭据的。也有的有明显谬误,如说纣囚文王于夏台之下(46—47简),与传世文献记载不符。《夏本纪》等文献载桀囚汤于夏台,《周本纪》等载纣囚文王于羑里,简文是张冠李戴的结果。类似的错误还有。此外,《容成氏》叙述夏商周三

---

① 赵平安:《〈穷达以时〉第9号简考论——兼及先秦两汉文献中比干故事的衍变》,《古籍整理研究学刊》2002年第2期,第18—21页。

② 世字原作年,李锐认为当为世字之误,参其所著《上海馆藏楚简(二)初札》,载简帛研究网(http://www.bamboosilk.org),2003年1月6日。

代历史,由夏禹直接到夏桀,由商汤直接到商纣,然后是周文王周武王,明显有所侧重,和《世本》《竹书纪年》等性质不同。它是通过朝代更迭的轮廓来说明某种理念的。这种现象在先秦时代很普遍,属于诸子类。

《汉书·艺文志》有《容成子》十四篇,属于阴阳家,另有《容成阴道》二十六卷,属于房中类。二书早已亡佚,从内容看,应与《容成氏》无关。

那么《容成氏》究竟是一种什么性质的东西呢?竹书脱简后没有了结论性的部分,要回答这个问题,很不容易。但由于先秦诸子引述古代帝王事迹往往是为了说明自己的主张,它的取舍和褒贬总能反映出作者的思想倾向[①],所以我们还是可以结合竹书所叙述的内容来尝试回答这一问题。

《容成氏》叙述古代帝王的故事,大致是以时间顺序为经的。根据性质的不同,可以把它分为前后两段。"禹于是乎让益,启于是乎攻益自取"(34简)以上为第一段,先述尧以前古帝王,继而是尧由贱被奉为天子,尧闻知舜贤让位于舜,舜立禹以为司工,立后稷以为耤,立皋陶以为李,立质以为乐正,然后是舜让位于禹,禹让位于皋陶,皋陶称疾不出而死。讲的都是禅让和尚贤的事情。所使用的一些语言,如说禹以前"其德酋清,而上爱下,而一其志,而寝其兵,而官其材"(1—2简)等等,体现了墨家的兼爱、尚同、非攻、尚贤和节用的思想。第二段述启以下,重点讲夏桀、商纣不循

---

① 廖平在《书经大统凡例》(刻本,四川存古书局,1918年)中说:"儒家之尧、舜,美备;墨家之尧、舜,质野。""由儒墨推之诸子,道家之尧、舜,天神;农家之尧、舜,并耕;兵家之尧、舜,战争;法家之尧、舜,明察。各执一偏,言人人殊。"指出战国时期各家都在按要求塑造尧舜。实际上,塑造其他帝王也是如此。

先王之道，周文王佐纣，商汤伐桀和周武王伐纣。汤的"慎戒征贤"、"立伊尹以为佐"和文王佐纣同样体现了尚贤、尚同和非攻的思想。特别是对周文王佐纣的描述，与儒家文献大异其趣，给人印象极为深刻。

> 于是乎九邦叛之，丰、镐、舟、䣜、于、鹿、耆、崇、密须氏。文王闻之，曰："虽君无道，臣敢勿事乎？虽父无道，子敢勿事乎？孰天子而可反？"纣闻之，乃出文王于夏台之下而问焉，曰："九邦者其可来乎？"文王曰："可。"文王于是乎素端襮裳以行九邦，七邦来服，丰、镐不服。文王乃起师以向丰、镐，三鼓而进之，三鼓而退之，曰："吾所知多鹰一人为无道，百姓其何罪？"丰、镐之民闻之，乃降文王。文王持故时而教民时，高下肥毳之利尽知之，知天之道，知地之利，思民不疾。昔者文王之佐纣也，如是状也。（45—49简）

这个文王是作为纣臣的身份出现的，俨然成了尚同、非攻的典范。

桀之伐岷山氏娶女，"为桐宫"，"为璿室"，"为瑶台"，"为玉门"（38简）；纣之"作为九成之台"（44简），"为金柽"，"为酒池，厚乐于酒，溥夜以为淫"（45简）；和墨家非攻、非乐、节用主张相违背，是《墨子》常常援引的反面例子。而商汤伐桀，武王伐纣被描写成禀承天意、拨乱反正之举。在《墨子·非攻下》中对此有明确的解释。当有人举汤伐桀、武王伐纣皆立为圣王来非难墨子的非攻说时，墨子回答说："子未察吾言之类，未明其故也。彼非所谓攻，谓诛也。"墨子的非攻是指攻打无罪之国，讨伐有罪之国为"诛"，"诛"也是墨子所认同的。因此由《容成氏》简文的叙事过程看来，确实反映出了明显的墨家思想倾向。

战国时代,墨学在楚地广为流传,对此李学勤先生有简要的说明。他说:

> 墨子本人曾到楚国,见楚惠王。《文选》注引《墨子》佚文:"墨子献书惠王,王受而读之,曰:'良书也'。"(亦见于余知古《渚宫旧事》)他又曾和楚封君鲁阳文子相会议论,还派弟子耕柱子仕于楚国,可见墨学在战国前期即已在楚地传流。公元前381年,楚悼王死,阳城君因攻吴起事获罪,墨者巨子孟胜死难,弟子死者八十余人。至楚威王时,墨家田鸠又来到楚国,与威王问答。所谓墨分为三,南方之墨者邓陵子为楚公子之后,苦获、已齿也应为楚人。由此可知,战国中期楚国的墨学相当兴盛①。

因此,楚地出土墨家文献是很自然的事情。事实上,1956年河南信阳长台关一号墓就已经出土过《墨子》的佚篇②。

应该指出,《容成氏》虽然反映了墨家思想,但是它和《墨子》各篇的风格还是有所不同。《墨子》各篇有比较集中的主题,论说色彩很浓,举例简明扼要。《容成氏》则以顺序叙述古代帝王的传说来阐明自己的理念。形式更为朴拙,素材更为详备。从这一点来说,我们认为它如果不是早期墨家的作品,就应该是墨家讲学时讲义一类的东西。

有学者撰文说:"尧舜禅让和汤武革命是早期儒家的两个基本

---

① 李学勤:《长台关竹书中〈墨子〉佚篇》,《简帛佚籍与学术史》,江西教育出版社,2001年,第332页。

② 河南省文化局文物工作第一队:《我国考古史上的空前发现、信阳长台关发掘一座战国大墓》,《文物参考资料》1957年第9期,第21—22页,图版27—32页;河南省文物研究所:《信阳楚墓》,文物出版社,1986年,释文考释第124—136页,图版113—128。

思想。"①这是对的。但据此认为"从思想倾向来看,《容成氏》应属于儒家的作品"②,则失之片面。因为"孔子墨子俱道尧舜"(《韩非子·显学》),也同推汤武。墨家虽然主张非攻,但对汤武革命这类讨伐有罪之国的行为,也是从根本上认同的(已详上文)。因此尧舜禅让和汤武革命同样也是墨家的思想。

在战国时期儒家文献中,伯益(伯翳)、皋陶、后稷往往被描写为尧的大臣③,而在《容成氏》中,禹为司工,后稷为农官,皋陶为理官,质为乐正,都是舜的大臣,和《尚书·舜典》相似。《舜典》的成书年代过去颇为分歧,从这一点看,似乎不应晚于战国晚期。

(原载《华学》第六辑,紫禁城出版社,2003年)

---

① 姜广辉:《上博藏简〈容成氏〉的思想意义——上海博物馆藏战国楚竹书(二)〈容成氏〉初读印象札记》,载简帛研究网(http://www.bamboosilk.org),2003年1月9日。

② 同上。

③ 刘起釪:《我国古史传说时期综考》,《古史续辨》,中国社会科学出版社,1991年,第24页。

《容成氏》所载"炮烙之刑"考

上博馆藏楚竹简《容成氏》是一篇十分重要的战国文献。作者通过叙述上古帝王的事迹,特别是朝代更迭之际的帝王事迹来阐明自己的理念。就文体来说,应当属于诸子类;就思想倾向来看,可能属于墨家作品[①]。

《容成氏》所述的帝王事迹,可以印证、修订和补充传世文献,弥足珍贵。其中有一段(第四十四、四十五简),我们认为和商纣的"炮烙之刑"有关,引述如下:

> 于是乎作为九成之台,寘盂炭其下,加圜木于其上,思民道之,能遂者遂,不能遂者,内(坠)而死,不从命者,从而桎梏之。于是乎作为金桎三千。既为金桎,又为酒池,厚乐于酒,溥夜以为淫,不听其邦之政。

关于"炮烙之刑",见于《荀子》、《韩非子》、《吕氏春秋》、《淮南子》、《新序》、《列女传》、《史记》、《汉书》等众多古籍。但在战国文献中只有"炮烙之刑"的名称,没有细节方面的记述。从汉代开始,虽涉及一些细节,但分歧严重。分歧主要集中在"烙"字上,对此郑珍、郑知同父子作过详细爬梳、考证。郑珍说:

[①] 可参看拙文《楚竹书〈容成氏〉的篇名及其性质》,载《华学》第六辑,紫禁城出版社,2003年,第75—78页。

若"纣作炮烙之刑",则本是"格"。宋本《史记·殷本纪》"纣乃重刑辟,有炮格之法",《集解》引《列女传》曰:"膏铜柱,下加之炭,令有罪者行焉,辄堕炭中。妲己笑,名曰炮格之刑。"《索隐》云:"邹诞生云:格,一音阁。"又云:"见蚁布铜斗,足废而死,于是为铜格,炊炭其下,使罪人步其上。"与《列女传》大同,并足明"格"是铜器,非"炮"对文。俗本尽改作"烙",以灼训之,与《庄子》同没古义。[①]

郑知同按语曰:

江邻几《杂志》引陈和叔云:"炮烙,《汉书》作'炮格',知古本《汉书》原同《史记》。"又《吕氏春秋·过理》篇云"亡国之主,一贯糟丘酒池,肉圃为格",高注:"格,以铜为之,布火其下,以人置上。人烂,堕火而死,笑之以为乐。"《晋书音义·载记》第三卷云:"炮烙,公百反,一作'格'。"作"格"乃原本。此皆古作"炮格"之明证,乃他处具改作"烙"。《吕览·顺民》篇"文王愿与民请炮烙之刑",高注:"纣尝爇烂人手,因作铜烙,布火其下,令人走其上,堕火而死,观之以为娱乐,故名曰炮烙之刑。"此"烙"本是"格",依注铜格之说与《过理》篇同可见。《荀子·议兵》篇"纣为炮烙刑",杨倞引《列女传》"膏铜柱"之文解之,而云:"烙,古责反。"此"烙"亦"格"之误。据杨氏之音,知必非"烙"字也。邹诞生音阁,杨音格,取庋阁、枝格之义,不远也。至格之为器,高氏、邹氏所言铜格,是谓以铜为架,郑君《周礼·牛人》注所谓"屠家悬肉格"是也,与《列女传》"铜柱"之说有异。《淮南子·俶真训》"纣为炮烙(亦'格'之讹),铸金柱",

---

① 郑珍《说文新附考》,《郑珍集》,贵州人民出版社,2002年,第363页。

此刘子政之说所自出。高注云："铸金柱,然火其下,以人置其上,随陷火中。"与其注《吕览》不同,乃各随文解之。又《齐俗训》"炮烙(亦当作'格')生乎热斗",此邹诞生"蚁布铜斗"之说所自出,而高注云："庖人进羹于纣,热,纣以为恶,以热斗杀人。赵国斗可以杀人,因起炮烙(亦当作'格')。"此言铜斗事,又与邹氏殊别,盖各据所闻。要足证"格"是物名,非烧烙也。诸书改"格"为"烙",又在《庄子》传本以后。①

郑氏父子认为,炮烙的"烙"原本应当作"格",是一种物名,是很正确的。实际上段玉裁、俞樾等人②都有类似看法。俞氏并认为："惟炮格似有二义,《荀子·议兵》篇'纣剖比干,囚箕子,为炮格刑',杨注引《列女传》曰:'炮格为膏铜柱加之炭上,令有罪者行焉,辄坠火中,纣与妲己大笑。'此则炮格为淫刑以逞之事,是一义也。若此文(指《韩非子·喻老》)云:'纣为肉圃,设炮格,登糟丘,临酒池。'则似为饮食奢侈之事,别为一义。"③

在《容成氏》简文中,与"格"相应的字是"盂"。这个字从皿、于声,笔道十分清晰,无疑就是"盂"字。它的写法和西周金文是一脉相承的④。这个"盂"字再一次提醒我们,过去把东周文字中从血、从亏或从血、从亏、从皿⑤的字释为"盂"是靠不住的,应该把它隶作宁或从宁、从皿的字,释为"宁"或"盝"⑥。盂为影母鱼部字,格

---

① 郑珍《说文新附考》,《郑珍集》,第363—365页。
② 详俞樾《诸子平议》卷二一"设炮烙"条,中华书局,1954年,第419—420页。
③ 同上书,第420页。
④ 参见容庚等《金文编》,中华书局,1985年,第338页,第1—3行。
⑤ 同上书,第338页,第4—5行。
⑥ 可参看拙文《金文考释五篇》,收入《容庚先生百年诞辰纪念文集》,广东人民出版社,1998年,第448—454页。

为见母铎部字,影、见两母可以相通[①],鱼、铎两部可以对转,足见盂、格语音关系密切,具备通假的条件。问题是,在"盂"和"格"两种写法中,究竟"盂"是本字呢,还是"格"是本字呢?由于涉及炮烙之刑的内涵,弄清这个问题显得十分必要。

目前看来,在与炮烙之刑有关的材料中,《容成氏》的书写年代最早,记录得也很清晰明确,我们认为应当充分尊重《容成氏》的记述。尤其是在传世材料存在严重分歧、不能显示明确指向的情况下,更是应当如此。基于这一考虑,不妨把"盂"看作本字。从出土的青铜器看,盂主要是一种盛食器,但也可以作水器,此外还可以盛冰用。这种器物安阳殷墟曾有出土,流行于西周,春秋时期尚有所见[②]。我们知道,古时候往往一器多用,盛食、盛水的东西也可以拿来盛炭,盆就是这方面的例子,盂的情形大概和盆一样,也可以作盛炭之用。

根据《容成氏》的记述,商纣的炮烙之刑应包括:"作为九成之台",就是修筑一高台;"加圜木于其上",在高台上架一根圆木;"寘盂炭其下",在台下放置铜盂和炭。根据盂的特点,炭大概是置于盂中的。人在圜木上走,不摔下去便罢,如果摔下去,就会掉进盂里,不是摔死就是被烧灼而死。这就是商纣的所谓"炮烙之刑"。如果以此为基点来检讨后来的种种说法,有两点特别值得注意:

一般把商纣炮烙之刑看作惩罚罪人的刑罚。从《容成氏》看,它似乎只是一种游戏,被唤来参与游戏的人是"民",指自由民而

---

① 参见孟蓬生:《上古汉语同源词语音关系研究》,北京师范大学出版社,2001年,第99—100页。

② 马承源:《中国青铜器》,上海古籍出版社,1988年,第163—167页。

言。他们不服从命令时,才被当作罪犯桎梏起来。

有些文献说商纣"铸金柱"(如《淮南子·俶真训》),《容成氏》中没有,所谓"金柱"大概是从《容成氏》中的"圜木"演绎而来的。

(原载《上博馆藏战国楚竹书研究续编》,
上海书店出版社,2004年)

上博藏楚竹书《竞建内之》第 9 至 10 号简考辨

《上海博物馆藏战国楚竹书（五）·竞建内之》第 9 至 10 号简是隰朋和鲍叔牙批评齐桓公的话，当中有"进芊倗子以驰于倪廷"一句。整理者释"芊"为华，释"倪"为"郳"①，都是可取的见解。但把芊前一字释为"进"，倪后一字释为"廷"，认为"进华""指有进取心且有才华"，"倗子""即'明天子'，明德圣君"，"倪廷"即"郳廷"②，则非是。

芊前一字原作 ![字], 与楚文字进写法明显不类③。下面是《楚文字编》所收进的字样，通过比较，便可一目了然。

《楚文字编》未录上博藏战国楚竹书的资料。从已发表的《上海博物馆藏战国楚竹书》（一）至（五）看，进字情形与《楚文字编》相似。芊前一字右上为隹，右下为"吕"形，两部分比较紧凑，"吕"上"口"与"隹"共用笔画。"吕"的用笔，和郭店《缁衣》第 13 简"![字]"所从 相同。此字右边实际上与《上海博物馆藏战国楚竹书（五）·三

---

① 马承源主编：《上海博物馆藏战国楚竹书（五）》，上海古籍出版社，2005 年，第 175—176 页。
② 同上。
③ 张光裕主编，袁国华合编：《郭店楚简研究》第一卷《文字编》，艺文印书馆，1999 年，第 393 页；李守奎：《楚文字编》，华东师范大学出版社，2003 年，第 96 页。

（缩小50%）

德》第 10 号简"毋雍川""雍"一致。《三德》篇雍作⿱，左边从水，继承了甲骨文繁式写法和西周金文写法①。考虑到甲骨文繁式雍水旁作⿱②，上举字左边可以看作是水形的裂变。如果着眼于西周以来雍中水形的复杂写法，也可以把它看作是水形的省变。由于雍字甲骨文和战国文字（包括上博简在内）里有一种简式从隹从吕③，而战国文字痈从简式雍作声符④，所以上举字也可以分析为从人、雍声。但相对而言，第一种可能性较大。要之，不管如何分

---

① 李圃主编：《古文字诂林》第四册，上海教育出版社，2004年，第110—112页。
② 同上书。
③ 同上书。
④ 何琳仪：《战国古文字典》，中华书局，1998年，第405页。

析,这个字与雍有关,是可以肯定的。繁体拥从雍得声,古书中雍拥通用①,简文雍可以读为拥。

倪后一字作󰀀,字头部分和廷差别很大,不可能是廷字②。它和浙江省博物馆藏印

(《古玺汇编》5602号)

右下角一字、以及安徽省临泉县博物馆所藏陶罐上的印文

(《古文字研究》第二十二辑第179页)

第一字相仿佛,可以看作是同一个字的不同写法。这两枚都是楚式风格印。前一印右下角一字吴振武先生释为市③,《战国文字编》收录④。后一印第一字韩自强、韩朝先生释为市⑤,《楚文字编》从之⑥。看《鄂君启车节》、包山简191号等处市的写法与印文一

---

① 高亨纂著,董治安整理:《古字通假会典》,齐鲁书社,1989年,第12页。
② 滕壬生:《楚系简帛文字编》,湖北教育出版社,1995年,第165—167页。
③ 吴振武:《〈古玺汇编〉释文订补及分类修订》,《古文字学论集(初编)》,香港中文大学中国文化研究所、吴多泰中国语文研究中心,1983年,第526页。
④ 李学勤顾问、汤余惠主编:《战国文字编》,福建人民出版社,2001年,第339—340页。
⑤ 韩自强、韩朝:《安徽阜阳出土的楚国官玺》,《古文字研究》第二十二辑,中华书局,2000年,第179—180页。
⑥ 李守奎:《楚文字编》,华东师范大学出版社,2003年,第327页。

路，我认为各家的处理是适当的。关于市字的形体解释，可参看裘锡圭先生《战国文字中的"市"》一文①。看来，把倪下一字释为市是不会有多大问题的。

"拥华俪子驰于倪市"可以结合《说苑·尊贤》中的一段话来理解：

> 或曰：将谓桓公仁义乎？杀兄而立，非仁义也。将谓桓公恭俭乎？与妇人同舆驰于邑中，非恭俭也。将谓桓公清洁乎？闺门之内无可嫁者，非清洁也。此三者，亡国失君之行也。然而桓公兼有之。以得管仲、隰朋，九合诸侯，一匡天下，毕朝周室，为五霸长，以其得贤佐也。失管仲、隰朋，任竖刁、易牙，身死不葬，虫流出户。一人之身荣辱俱施者，何者？其所任异也。由此观之，则任佐急矣。②

当中"与妇人同舆驰于邑中"，历代注家皆未注释，卢元骏先生今译为："他同妇人坐一辆车子在都邑中奔驰"③，是正确的译法。这一句与简文"拥华俪子驰于倪市"相当，是指齐桓公的同一事迹。关于《说苑》，曾巩说："向采传记百家所载行事之迹，以为此书。"④其中史事，皆有所凭据。近年出土的简帛资料，又不止一次地证明了这一点。过去有人说"闺门之内无可嫁者"不足信，向宗鲁先生已举出许多证据辩驳其非⑤。"倪市"为倪邑之市，古代邑中往往有市，是大家所熟知的。

---

① 裘锡圭：《战国文字中的"市"》，《古文字论集》，1992年，第454—468页。
② 刘向：《说苑》，上海古籍出版社，1990年，第64页。
③ 卢元骏注译：《说苑今注今译》，台湾商务印书馆，1977年，第242页。
④ 曾巩：《说苑序》，载刘文典撰《说苑斠补》，《刘文典全集》3，安徽大学出版社、云南大学出版社，1999年，第7页。
⑤ 刘向撰、向宗鲁校正：《说苑校正》，中华书局，1987年，第182—183页。

《左传·僖公十七年》：

> 齐侯之夫人三：王姬、徐嬴、蔡姬，皆无子。齐侯好内，多内宠。内嬖如夫人者六人：长卫姬，生武孟；少卫姬，生惠公；郑姬，生孝公；葛嬴，生昭公；密姬，生懿公；宋华子，生公子雍。公与管仲属孝公于宋襄公，以为太子。雍巫有宠于卫共姬，因寺人貂以荐羞于公，亦有宠。公许之立武孟。管仲卒，五公子皆求立。冬十月乙亥，齐桓公卒。易牙入，与寺人貂因内宠以杀群吏，而立公子无亏。孝公奔宋。①

杨伯峻注："据成十五年传，宋国华氏出自宋戴公，故为子姓。宋，其国；华，其氏；子，其姓。"②

《史记·齐太公世家》也有相似的一段话：

> 四十三年。初，齐桓公之夫人三：曰王姬、徐姬、蔡姬，皆无子。桓公好内，多内宠，如夫人者六人，长卫姬，生无诡；少卫姬，生惠公元；郑姬，生孝公昭；葛嬴，生昭公潘；密姬，生懿公商人；宋华子，生公子雍。桓公与管仲属孝公于宋襄公，以为太子。雍巫有宠于卫共姬，因宦者竖刀以厚献于桓公，亦有宠，桓公许之立无诡。管仲卒，五公子皆求立。冬十月乙亥，齐桓公卒。易牙入，与竖刀因内宠杀群吏，而立公子无诡为君。太子昭奔宋。③

内容承袭《左传》而更为详细。宋华子，《集解》引贾逵曰："宋华氏之女，子姓。"④

---

① 杨伯峻：《春秋左传注》（修订本），中华书局，1990年，第373—376页。
② 同上书，第374页。
③ 司马迁：《史记》卷三十二《齐太公世家第二》，中华书局，1959年，第1493页。
④ 同上书，第1494页。

简文"俼华子"很可能就是《僖公十七年》和《齐太公世家》中的"宋华子"。宋华子为"内嬖如夫人者六人"之一,排在六人之末,年龄当小。其子未能争立王位,大概也因为年龄太小的缘故。宋华子得宠之时,当齐桓公晚年,年老的君主宠爱年轻的嫔妃,其实是老套的故事,发生与之同车,招摇过市的事情,也在情理之中。"俼"应读为"孟",俼从明声,明孟两字声韵相同,可以通假①。极可能俼是表示排行的孟的专字。"华俼子"就是"华孟子",这类女子称谓,由女子氏名或国族名加排行加姓组成,和金文"毛仲姬"(善夫旅伯鼎)、"虢孟姬"(齐侯匜)相似②。

至此,简文大意基本明了,原来是说齐桓公拥美女乘车疾驱于郳市。《说苑》提到这件事时,说疾驱于"邑中",这种差别属于广义的异文,可以帮助我们理解学术史上的一宗悬案。《说文解字·邑部》:"郳,齐地。从邑,兒声。《春秋传》曰:'齐高厚定郳田。'"③《说文解字注》:"《左传·襄六年》:'齐侯灭莱,迁莱于郳。高原、崔杼定其田。'杜云:'迁莱子于郳国。'《正义》云:'郳即小邾。小邾附属于齐,故灭莱国而迁其君于小邾。'按《世本》云:'邾颜居邾,肥徙郳。'宋仲子注:'邾颜别封小子肥于郳,为小邾子。'《左传》曰:'鲁击柝闻于邾。'小邾者,邾所别封,则其地亦在邾鲁,不当为齐地。今邹县有故邾城,滕县东南有郳城,皆鲁地。且郳之称小邾久矣,不应又忽呼为郳也。许意郳是齐地,非小邾国。凡地名同实异者不可枚数。如许书,邾非邹国,是其例也。据《传》云'迁莱于郳。

---

① 高亨纂著、董治安整理:《古字通假会典》,第 321 页。
② 李仲操:《西周金文中的妇女称谓》,《古文字研究》第十八辑,中华书局,1992 年,第 402—403 页。
③ 许慎:《说文解字》,中华书局,1998 年,第 136 页。

高厚、崔杼定其田',盖定其与莱君之田,以郳田与之也。"①齐国郳的地望问题至今悬而未决,杨伯峻曾感叹"惜郳地今已无可考"②。《说苑》称"郳"为"邑",简文郳自当为齐邑,可以证明《说文》对郳的解释是有根据的。《古玺汇编》3255号"郳选鉢",是齐国郳邑选官之印③。《考古》1983年第2期发表的郳右戺戈,传出土于山东临沂县西乡,离小邾国所居的郳地较远,其中的郳很可能属于齐邑,和《说文》所释的郳相当。《说苑》和《说文解字》都是汉代人的作品,它们作出相同的判断,绝对不会是偶然的现象。想来它们会有更早的文献的依据,就是如《竞建内之》第9至10号简之类的东西。

附记:本文初稿曾发表于2006年3月31日武汉大学"简帛网",在此次修改过程中,读到2006年3月24日清华大学"简帛研究网"闫平凡先生写的《清华大学简帛讲读班研讨会综述》,知道李学勤师已指出:"'芋佣子'读'华孟子',子为子姓,宋人,即《左传》里的宋华子,为齐桓公的内嬖。'倪'为地名。"本文权且当作李师说的注脚。

2005年5月31日改毕

(原载《出土文献研究》第八辑,
上海古籍出版社,2007年)

---

① 段玉裁:《说文解字注》,上海古籍出版社,1981年,第298—299页。
② 杨伯峻编著:《春秋左传注》(修订本),中华书局,1990年,第948页。
③ 曹锦炎:《古玺通论》,上海书画出版社,1995年,第127页。

对上古汉语语气词"只"的新认识

在先秦两汉古籍中,语气词"只"多见。它大致包括三类:本原型、引用型和模仿型。本原型指早期出现的例子,如《诗经》中的"只"。后世作品对本原型用例的引用和模仿为引用型和模仿型。前者如《春秋经传》、《礼记》、《孔子家语》引用《诗经》,后者如"秦汉之际北方人模拟《招魂》的吊屈之作"[①]《楚辞·大招》等。由于后两类"只"的因袭性质,我们认为考察上古汉语语气词"只",应当围绕本原型的用例进行分析。

"只"的本原型用例是很有限的,主要见于《诗经》,《左传》偶尔一见。为方便讨论,先将我们见到的本原型用例抄录如下:

1. 乐只君子。

    (《周南·樛木》3见,《小雅·南山有台》10见,《小雅·采菽》5见)

2. 仲氏任只,其心塞渊。

    (《邶风·燕燕》)

3. 母也天只,不谅人只。

    (《鄘风·柏舟》2见)

4. 既亟只且。

---

① 汤炳正等:《楚辞今注》,上海古籍出版社,1996年,第243页。

(《邶风·北风》3见)

5. 其乐只且。

(《王风·君子阳阳》2见)

6. 叔向谓赵孟曰："诸侯归晋之德只,非归其尸盟也。子务德,无争先!且诸侯盟,小国固必有尸盟者,楚为晋细,不亦可乎?"

(《左传》襄公二十七年)

这里的"只",或位于句中,或位于句末,或单用,或与别的语气词连用。历来注家都以"语辞"、"语助辞"(朱熹《诗集传》)、"语已词也"(洪兴祖《楚辞补注》)、"词也"(陈奂《诗毛氏传疏》、"辞也"(《左传》襄公二十七年杜预注)来训释,即把它理解为语气词或虚词。这些理解,有的宽泛一点,有的具体一点,并没有什么本质的不同。

卢以纬《鳌头助语辞》把只、止、忌、居、诸、且、思、斯置于一组,解释说:

> 句末助声,如"母也天只"、"既曰归止"、"叔马慢忌"、"日居月诸"、"椒聊且"、"神之格思"、"无射于人斯"之类,皆语辞也。只、止、诸、且、思、斯,本同一辞,特异书之耳。

把"只"和止、诸、且、思、斯看作"同一辞",显然失之过宽。就语音而言,"只"(支章)与"止"(之章)、诸(鱼章)同纽不同部,与斯(支心)同部不同纽,与且(鱼清)、思(之心)声韵都不同,不大可能是"同一辞"。

《毛诗诂训传》在《鄘风·柏舟》"母也天只,不谅人只"下注释说:

> 谅,信也。母也天也,尚不信我。"天"谓"父"也。

以"也"与"只"相对。这一解释代表了汉代人的认识,对我们今天理解"只"字有很大的启发性。其实"既亟只且"(《邶风·北风》)、"其乐只且"(《王风·君子阳阳》)中的"只且"也与《郑风·褰裳》"狂童之狂也且"的"也且"相当。这类"只",裴学海《古书虚词集释》说"犹'也'也"。例1、2和例6中的"只"也可以用"也"替代,分别表示感叹或肯定的语气。因此从功能上看,"只"与"也"基本上可以对应。段玉裁《毛诗故训传定本小笺》、马瑞辰《毛诗传笺通释》说"也、只同训",应该是符合语言事实的。

上海博物馆藏战国楚竹简《孔子诗论》19号简有"既曰'天也',犹有'怨言'"一句,李锐博士认为:"从'既曰天也,犹有怨言'来看,疑指《邶风·柏舟》'母也天只,不谅人只'。"[①]杨泽生先生更撰专文加以论证,认为"无论从诗的主题来分析还是从诗句的文字来分析,《孔子诗论》19号简'既曰天也,犹有怨言'所评的诗应该就是《邶风·柏舟》。"[②]

两位先生的意见一致。我们认为是很正确的。今本《诗经·邶风·柏舟》的"天只",简本《诗论》作"天也","只"和"也"构成一对异文。这从出土材料和传世文献的对照中,提供了"只"与"也"的对应关系。

在古文字资料里,也字作语气词是比较早起的。大盂鼎:

我闻殷述(坠)令(命),隹(唯)殷边侯田(甸)雩(与)殷正

[①] 李锐:《〈孔子诗论〉简序调整刍议》,第21次清华简牍研究班,北京清华大学,2002年1月5日;上海大学古代文明研究中心、清华大学思想文化研究所编:《上博馆藏战国楚竹书研究》,上海书店出版社,2002年,第193页。

[②] 杨泽生:《"既曰'天也',犹有怨言"评的是〈柏舟〉》,简帛研究网(http://www.bamboosilk.org)2002年2月3日;廖名春编:《新出楚简与儒家思想国际学术研讨会论文集》,清华大学思想文化研究所,2002年;谢维扬、朱渊清主编:《新出土文献与古代文明研究》,上海大学出版社,2004年,第47—50页。

百辟,率肄(肆)于酉(酒),古(故)丧𠂤(师)也。

例中的"也"字,自清以来,学者多释为"巳"。黄德宽先生改释为也,他说:

> 此字与宣王时期的毛公鼎及吴王光鉴、蔡侯盘等时代较晚的器物中所用"巳"相比,字形稍有区别,其下部与栾书缶的"也"倒颇相似,我们怀疑它就是早期的"也"字。[①]

从字形和文例看,这一说法是可取的。大盂鼎铸于西周康王时期,可见西周中期已经出现了语气词"也"。以后语气词"也"便用开了。如莒公孙潮子钟、郭大夫甗、䜌书缶、卅二年坪安君鼎、诅楚文,特别是曾侯乙墓所出乐器铭文和战国秦简、楚简上,材料更为集中。

目前资料显示,"只"字的出现早到西周晚期。䣄嬰诸器(鼎7件、簋6件、簋盖8件、壶2件、盘1件)的🈳,林义光认为从"女"从"𢼸",即"娙"字[②]。所从只作🈳。春秋战国文字中"只"字较为常见[③]。

为便于比较,我们把"也""只"两字战国以前的写法抄在下面。

也字作:

𠃊(大盂鼎)

𠃊(䜌书缶[④])

---

① 黄德宽:《说"也"》,香港中文大学中国文化研究所、中国语言及文学系编:《第三届国际中国古文字学研讨会论文集》,问学社有限公司,1997年,第829页。

② 林义光:《文源》,写印本,1920年卷四,第5页。

③ 李家浩:《信阳楚简中的"柿枳"》,中国社会科学院简帛研究中心编辑:《简帛研究》第二辑,法律出版社,1996年,第1—11页。

④ 此器即过去所说栾书缶。关于此器的国别、年代和定名,请参看李学勤《䜌书缶释疑》,《中国社会科学院历史研究所学刊》第二集,商务印书馆2003年;又收入《中国古代文明研究》,华东师范大学出版社,2005年,第193—196页。

ᄂ(包山简130)、ᄂ(包山简204)、ᄂ(包山简231)

ᄂ、ᄂ、ᄂ、ᄂ①(曾侯乙墓编钟)

ᄂ(郭店《唐虞之道》1)、ᄂ(《成之闻之》35)、ᄂ(《穷达以时》12)、ᄂ(《语丛三》66)、ᄂ(《成之闻之》17)、ᄂ(《尊德义》31)、ᄂ(《成之闻之》30)

ᄂ(上博②《缁衣》12)、ᄂ(《内礼》10)、ᄂ(《孔子诗论》16)、ᄂ(《缁衣》11)、ᄂ(《昭王毁室、昭王与龚之脾》8)、ᄂ(《昭王毁室、昭王与龚之脾》9)、ᄂ(《民之父母》9)

早期写法在口下加一曲笔或竖笔。很可能是语气词"也"的本字或专字，表示口中出气之形③。《说文》："也，女阴也。象形。ᄂ，秦刻石也字。"是据讹变字形为说，不足据。《说文》字头篆文"也"是在秦刻石"也"之类的写法上讹变而来的，而秦刻石"也"字是早期象形"也"的演变。个中脉络，清晰可寻。

只字作：

ᄂ(䣄窭鼎鋬字所从)

ᄂ(郭店《尊德义》14)

ᄂ(昭之御钶鎑所从)

ᄂ(信阳楚简2.024鋬所从)

---

① 把这一组字释为也，是裘锡圭、李家浩先生的意见。参见所著《曾侯乙墓钟磬铭文释文与考释》，湖北省博物馆编《曾侯乙墓》，文物出版社，1989年，第555页。

② 本文所采上博简的字样，都出自王丹《上海博物馆藏战国楚竹书文字编》，硕士学位论文，华南师范大学，2006年。

③ 何琳仪、房振三：《"也""只"考辨》，北京师范大学民俗典籍文字研究中心编辑：《民俗典籍文字研究》第三辑，商务印书馆，2006年，第177页；徐宝贵：《以"它""也"为偏旁文字的分化》，《文史》第三辑，2007年，第230、255页。

⿱(包山简 258 萉所从)

⿱(包山简 219 邨所从)、⿱(包山简 83 邨所从)

⿱(郭店《唐虞之道》26 枳所从)、⿱(《语丛四》17 枳所从)

⿱(上博《彭祖》4)、⿱(《鬼神之明》2 背)、⿱(《相邦之道》3 枳字所从)

字上从口,下从人肢,与兄相似而不同字。综合音义来考虑,很可能是"肢(肢)"的本字。《说文》:"只,语已词也。从口,象气下引之形状。"也是据讹形为说,靠不住。"只"本像人的肢干之形。《说文》:"胑,体四胑也。从肉,只声。肢,胑或从支。"胑是在象形"只"字上加"肉"旁,后又用"支"替换"只",写作肢。

"也"和"只"本是两个完全不同的字。由于后来在"也"字竖笔或曲笔上附加羡划,而"只"为了与"兄"区别,在字下加羡划或有意屈曲下边的笔画,于是导致两字形体混同。从比较可以看出,郭店简中"也"字的某些写法,和"只"字的某些写法,几乎没有区别了。据张守中等先生的统计[①],郭店简中"也"写作"只"的例子达234个。上博简中也有一些"也"写作"只"的例子。可见"也""只"相混绝不是偶然的现象。

一方面是"只""也"形体大面积的混同,另一方面是古文字资料中"只"没有发现作语气词的用例。这种现象启示我们从另一个角度来认识语气词"只",它极可能是"也"的写讹。

"只""也"的混同有其深层的原因。"'也'与'只'不但形体有关,而且读音亦近。'也'喻母四等(古归定纽),歌部;'只'知纽(古归定纽),支部;二者声纽同属端系,歌、支旁转。('也'或归支部,

---

① 张守中等:《郭店楚简文字编》,文物出版社,2000年,第169—170页。

则'也'与'只'同部。)"①

写讹的发生应该是比较早的。从古文字的角度看,大约是在战国。传世文献也可为证明。

7. 文公学读书于臼季,三日,曰:"吾不能行也咫!闻则多矣。"

《国语·晋语四》

王引之《经传释词》:"今本'不能行'下有'也'字,后人妄加之也。行下有'也'字,则咫字当下属为句。韦解咫字,亦当在句末矣。今注在'咫'字下,故知'咫'字上属为句,而行下本无'也'字也。今删去'也'字。"又说:"'咫'与'只'同。"

8. 是知天咫!安知民则!

《国语·楚语》

王引之《经传释词》:"'咫',与'只'同。"

9. 许由曰:"而奚来为轵?夫尧既已黥汝以仁义,而劓汝以是非矣,汝将何以游夫遥荡恣睢转徙之涂乎?"

《庄子·大宗师》

成玄英疏:"轵,语助也。"陆德明《经典释文》引崔譔注:"轵,辞也。"《经传释词》只下"字亦作轵"。

10.《诗》曰:"乐旨君子,邦家之基。"

《左传》昭公十三年

"乐旨君子"今本《诗经》作"乐只君子"。《左传》襄公十一年、二十四年引此句"只"都作"旨"。《经传释词》只下:"字亦作'旨'。"

上述各例"咫""轵""旨"都是"只"的借字,《说文通训定声》咫、

---

① 何琳仪、房振三:《"也""只"考辨》,第177页。

轵下:"假借又为只。"旨下:"与用只同。""也"讹作"只"应在"只"的假借用法出现之前,即在《左传》《国语》《庄子》内篇(《大宗师》属于《庄子》内篇)成书之前,大抵是在战国时期。这和郭店简、上博简所反映的情形可相互印证。

从上面论证可知,"也""只"本不同字,后来形近混同。本原型语气词"只",是"也"的写讹。写讹以后,人们误以为语言当中有语气词"只"这个词,不仅引用、模仿,而且用借字"咫""轵""旨"等来表示它。这种现象使我们联想到语气助词"那"。

上世纪 90 年代,朱庆之先生根据包括汉魏六朝全部汉文佛典在内的一批中古文献材料,对疑问语气助词"那"的来源提出新的看法:

> 1."那"是近代汉语才有的疑问语气助词,中古文献里的"那"其实是"耶(邪)"的误字;2."那"在近代文献的出现或者说"那"的产生应该是唐代以后人们对前代文献里本来是"耶"的误字的"那"的盲目模仿造成的结果,是文字影响语言的产物。[①]

论证详密,颇可采信。语气词"只"和语气助词"那"的产生途径颇为相似。这又为文字影响语言提供了一个绝佳的实例。

附记:本文初稿曾在"海峡两岸汉语史研讨会"(中国社会科学院语言研究所,北京,2001 年 6 月)上宣读,杨泽生先生的《战国竹书研究》(博士学位论文,中山大学,2002 年 4 月)和王志平先生的

[①] 朱庆之:《关于疑问语气助词"那"来源的考察》,《古汉语研究》1991 年第 2 期,第 24 页。

《〈诗论〉发微》(廖名春编《新出楚简与儒家思想国际学术研讨会论文集》,北京清华大学思想文化研究所,2002年;又载《华学》第六辑,中山大学出版社,2003年)曾先后引述过文中的观点。杨泽生先生还发表了《"既曰'天也',犹有怨言"评的是〈柏舟〉》(简帛研究网(Http://www.bomboosilk.org)2002年2月3日;又载廖名春编《新出楚简与儒家思想国际学术研讨会论文集》;谢维扬、朱渊清主编《新出土文献与古代文明研究》,上海大学出版社,2004年)一文,有相当篇幅论及"只""也"问题,与本文多有不谋而合之处。遂将小文束之高阁,拟废弃。然而直到最近还有学者索要这篇文章。作为探索某一问题的阶段性成果,其中的内容又未被完全覆盖,也许应该给它一个"露脸"的机会。于是翻出旧稿,补充上博简的材料,引用新发表的成果,进行修改。基本观点则未作改变。

(原载《简帛》第三辑,上海古籍出版社,2008年)

周家台30号秦墓竹简"秦始皇三十四年历谱"的定名及其性质
——谈谈秦汉时期的一种随葬竹书"记"

1993年6月,为配合宜黄(宜昌至黄石)公路工程建设,湖北省荆州市周梁玉桥遗址博物馆(原湖北省沙市市博物馆)发掘清理了该市沙市区西北郊的周家台30号秦墓,起获大批竹简。其中一编秦始皇三十四年(前231)全年(含闰月)日干支,整理者称之为"秦始皇三十四年历谱"[①]。

这编历谱共64枚,以十月为岁首,合乎秦历的特点。在编排上,"全年十三个月依次分栏排列,双月排在前面,单月排在其后,闰月(后九月)排在最末。每一枚竹简自上而下分作六栏,(后九月分作五栏),每栏记一日干支,这样,双月或单月中的六个月同一日的干支就都依照栏次记在同一枚竹简上(后九月除外)。"[②]构思十分巧妙。

历谱是一种按一定历法排列年、月、日并提供一定数据的书,

[①] 湖北省荆州市周梁玉桥遗址博物馆:《关沮秦汉墓清理简报》,彭锦华:《周家台30号秦墓竹简"秦始皇三十四年历谱"释文与考释》,俱载《文物》1999年第6期,第26—47、63—69页;《周家台三十号秦墓发掘报告》,载湖北省荆州市周梁玉桥遗址博物馆编《关沮秦汉墓简牍》,中华书局,2001年,第145—160页。

[②] 彭锦华:《周家台30号秦墓竹简"秦始皇三十四年历谱"释文与考释》,第63页。

一般内容单纯而实用。出土秦汉简牍中可以见到许多这方面的实物。和常见历谱比起来，"秦始皇三十四年历谱"有明显不同之处——它的许多干支下都有与墓主有关的记事成分：

十二月

丙辰　守丞登、史竖，除，到。

丁巳　守丞登、囗史囗囗之囗囗。

辛酉　嘉平。

乙丑　史但毂（縠）。

正月丁卯　嘉平视事。

丁亥　史除，不坐橡曹从公，宿长道。

戊子　宿迣赢邑北上渧。

己丑　宿迣离涌西。

庚寅　宿迣囗囗囗北。

辛卯　宿迣罗涌西。

壬辰　宿迣离涌东。

癸巳　宿区邑。

甲午　宿竞（竟）陵。

乙未　宿寻平。

二月丙申　宿竞（竟）陵。

丁酉　宿井韩乡。

戊戌　宿江陵。

丁未　起江陵。

戊申　宿黄邮。

己酉　宿竞（竟）陵。

庚戌　宿都乡。

辛亥　宿钱官。

壬子　治铁官。

癸丑　治铁官。

甲寅　宿都乡。

乙卯　宿竞（竟）陵。

丙辰　治竞（竟）陵。

丁巳　治竞（竟）陵。

戊午　治竞（竟）陵。

己未　治竞（竟）陵。

庚申　治竞（竟）陵。

辛酉　治竞（竟）陵。

壬戌　治竞（竟）陵。

癸亥　治竞（竟）陵。

甲子　治竞（竟）陵。

三月乙丑　治竞（竟）陵。

丁卯　宿囗上。

戊辰　宿路阴。

己巳　宿江陵。

庚午　到江陵。

辛未　治后府。

壬申　治。

癸酉　治。

辛巳　赐。

癸未　奏上。

甲申　史劈（彻）行。

丙戌　后事已。

　　丁亥　治竟（竞）陵。

　　己丑　论修赐。

　　甲辰　并左曹。

　　六月丁未　去左曹，坐南庡。

　　辛亥　就建□陵。

这些记事文字同墓葬形制、出土器物一样，都是判明墓主身份的重要依据，而且它的作用往往更为直接。

　　看原简字迹，记事文字和干支文字有些墨迹有浓淡不同，有些字有大小之别。特别是一九号、二〇号简，丙辰和丁巳下的记事文字分两行书写，四九号简丁亥下的文字转到干支上倒书，均系预先留空不足所致，说明记事文字是后来写上去的。

　　像这样把历谱预先编好，干支下留空记事的竹简，从连云港尹湾六号汉墓也有发现，所出《元延二年日记》以正月为首，先排单月，后排双月，也是把一简分作六栏，与"秦始皇三十四年历谱"有相似之处。它的月名字、朔字、元延元年的字体都是工整的隶书，笔迹厚重；干支为小字，横列，两字占一字的位置；而记事文字为章草书。隐约可见历谱作在先，记事文字写在后。

　　《元延二年日记》也是墓主人一年中有关活动的笔录。记事体例和方式与"秦始皇三十四年历谱"颇为相似。为资比较，节录如下：

　　正月大

　　戊辰　宿家

　　己巳　宿家

　　庚午　宿家

辛未　旦发宿舍

壬申　旦谒宿舍

癸酉　宿舍

甲戌　宿舍

乙亥　☐

丙子　宿舍

丁丑　宿舍

戊寅　旦谒胃（？）从史休宿家

己卯　旦发夕谒宿舍

辛巳　旦发宿武原就（？）陵亭

壬午　宿武原中门亭

乙酉　宿彭城传舍☐

丁亥　宿彭城传舍

戊子　宿彭城传舍

己丑　宿彭城传舍

辛卯　宿彭城传舍

壬辰　莫至府辄谒宿舍

二月小　☐

癸巳　朔旦归囗宿家

乙未　宿羽

丙申　宿羽

戊戌　旦发夕谒宿邸

己亥　宿兰陵良亭

庚子　宿武原中乡

癸卯　春分宿吕传舍

甲辰　宿烦(?)亭

乙巳　夕至府宿舍

丙午　旦休宿家

丁未　旦发夕谒宿荣阳亭

戊申　宿鹿(?)至(?)亭

己酉　宿吕传舍

庚戌　宿彭城防门亭

辛亥　宿南春亭

壬子　宿南春亭

癸丑　宿南春亭

丙辰　宿南春亭

丁巳　宿南春亭

戊午　宿南春亭

己未　宿南春亭

庚申　宿南春亭

辛酉　宿南春亭

三月大

丁卯　日中至府宿舍予房钱千

戊辰　旦休宿家

己巳　宿家

庚午　宿家

辛未　宿家

壬申　宿厚丘平乡

癸酉　宿家

☐旦发宿柘阳☐

乙亥　夕发辄谒宿舍

丙子　和休宿家日禺大风尽日止

丁丑　宿家

戊寅　宿家

庚辰　宿家病

辛巳　宿家奏记

丙戌　夕遣(?)宿鄸=亭

丁亥　宿下邳中亭

戊子　宿彭城传舍下舖雨复

庚寅　宿彭城传舍

辛卯　宿彭城传舍

……

参照《元延二年日记》，可以知道"秦始皇三十四年历谱"中的"宿竟（竟）陵"、"宿江陵"应是指宿于两县的传舍，而根据这类简文记事连续、行文简略、前后照应的特点，可以知道秦始皇三十四年历谱中的壬申、癸酉后面的"治"应是"治后府"的省略，"奏上"应是指奏记，辛巳后面的"赐"应是指"论修赐"[①]，"后事已"应是指治理后府的事儿完结。这样我们对"秦始皇三十四年历谱"简文的理解就能推进一步了。

《元延二年日记》是整理者根据简文内容所定的名称，这个名称应该说是比较准确的。和《元延二年日记》同出的一件木牍上，有墓主人随葬器物的清单（自名《君兄缯方缇中物疏》），其中提到：

---

① 整理者认为"论"是"论罪"，"休"、"赐"皆为人名，恐非是。我们认为应理解为根据操行进行赏赐。

记一卷

六甲阴阳书一卷

板旁橐一具

列女传一卷

恩泽诏书

楚相内史对

乌傅

弟子职

列一

"记一卷"目前主要有两种意见。一种意见指出:"记一卷:在 M6 主人脚边竹简中,发现有日记简一卷,小简包括残简计 133 枚。有编联痕迹。为墓主人生前工作日记。"[1]另一种意见认为:"所谓《记》当指《礼记》,《汉书·艺文志》有《记》百三十一篇,此一卷应系其一部分。"[2]由于提出这两种意见基本上只是加以指认,因此要裁断取舍,尚需作一番讨论。

先看第二种意见。在《汉书·艺文志》中,记的确可以指《礼记》,"礼类"下:

礼古经五十六卷,经(七十)[十七]篇。后氏,戴氏。

记百三十一篇。七十子后学所记也。

但记同时也可以指《乐记》,"乐类"下:

武帝时,河间献王好儒,与毛生等共采《周官》及诸子言乐事者,以作《乐记》,献八佾之舞,与制氏不相远。其内史丞王

---

[1] 刘洪石:《遣册初探》,《尹湾汉墓简牍综论》,连云港市博物馆、中国文物研究所编,科学出版社,1999年,第123页。

[2] 李学勤:《尹湾汉墓简牍综论·序》。

>定传之，以授常山王禹。禹，成帝时为谒者，数言其义，献二十四卷记。刘向校书，得《乐记》二十三篇，与禹不同，其道寖以益微。

看上面两段文字，记指《礼记》也好，《乐记》也好，都是承前的简略说法，前面承"礼古经"，后面承《乐记》，都有特定的条件。这正是《汉书·艺文志》分门别类叙述古书的通例①。同样是在《汉书·艺文志》中，脱离了特定的条件，《礼记》不作省称，如：

>武帝末，鲁恭王坏孔子宅，欲以广其宫，而得《古文尚书》及《礼记》《论语》《孝经》凡数十篇，皆古字也。

既然《礼记》称《记》有一定的条件，而且尹湾六号汉墓又没有出土属于《礼记》的文献，那么"记一卷"指《礼记》的可能性虽然不能说完全没有，但即使有恐怕也是非常小的。我们倾向于"记一卷"指《元延二年日记》。《汉书·江充传》："少为博士弟子，受《春秋》，通览记书。"记指记述性的文字。这类文体《文心雕龙》属"书记"类②。《文章辨体序说》和《文体明辨序说》有专节进行介绍。后者说：

>按《金石例》云："记者，纪事之文也。"《禹贡·顾命》，乃记之祖；而记之名，则昉于《戴记·学记》诸篇。厥后扬雄作《蜀记》，而《文选》不列其类，刘勰不著其说，则知汉魏以前，作者尚少；其盛自唐始也。其文以叙事为主，后人不知其体，顾以议论杂之。故陈师道云："韩退之作记，记其事耳，今之记乃论也。"盖亦有感于此矣。然观《燕喜亭记》已涉议论，而欧苏以

---

① 可参看《汉书·艺文志》第十"易类"、"尚书类"、"诗类"、"论语类"下。
② 参看周振甫：《文心雕龙今译》，中华书局，1986年，第229—242页。

下,议论寖多,则记体之变,岂一朝一夕之故哉?故今采录诸记,而以三品别之,入碑阴之例,欲使学者得有所考而去取焉,庶乎不失其本意矣。

又有托物以寓意者(如王绩《醉乡记》是也),有首之以序而以韵语为记者(如韩愈《汴州东西水门记》是也),有篇末系以诗歌者(如范仲淹《桐庐严先生祠堂记》之类是也),皆为别题。今并列于三品之末,仍分三体,庶得以尽其变云。至其题或曰某记,或曰记某(《昌黎记》载有《记宜城驿》是也,今不录),则惟作者之所命焉。

此外又有墓砖记、坟记、塔记,则皆附于墓志之条,兹不复列。①

这段文字简要介绍了记的源流及其特点,尽管后世变化纷繁,但早期的记和《元延二年日记》的性质显然是合拍的。因此把"记一卷"和《元延二年日记》相对应是完全可行的。只是如果要更忠实于它本来的名称的话,把它叫作《元延二年记》也许更好一些。

仿照《元延二年记》的定名,我们认为"秦始皇三十四年历谱"应称《秦始皇三十四年记》。

需要指出的是,秦汉时代,在历谱上随手记点事,其实相当普遍。如周家台《秦始皇三十六年、三十七年历谱》"六月丁未小"后面的"泽"字,《秦二世元年历谱》背面的"以十二月戊戌嘉平,月不尽四日。十二[月]己卯囗到",张家山二四七号墓所出历谱中的"新降为汉"和"六月病免",以及尹湾六号汉墓《元延元年历谱》、《元延三年五月历谱》背面或中间等处都是。这说明历谱和记之间

---

① 徐师曾:《文体明辨序说》,人民文学出版社,1962年,第145—146页。

有着千丝万缕的联系。我们认为,本文讨论的记很可能是在历谱上随手记事演变而成的一种特定的文体。它和记的区别在于功能和侧重各不相同,历谱主要用以推查时间,记主要用以记事,而且记事往往具有较强的系统性。事实上,历和记的这种区别至今仍然存在。我们今天还在历谱(挂历、台历)上随手记事,我们还在使用每页上标有日期的日记本,但是前者叫历,后者叫日记,谁也不会怀疑。这应该有助于我们区分在历谱上随手记事和特定文体记。

作为一种随葬品,《秦始皇三十四年记》、《元延二年记》和云梦睡虎地秦墓出土的《编年记》性质上有许多相似之处。《编年记》共53支简,原简分上下两栏书写,上栏是昭王元年至五十三年,下栏是昭王五十四年至始皇三十年。从字迹看,从昭王元年至秦王政十一年的编年及大事,是一次写成的,关于喜及其家事的记载是后来补上去的[①]。《编年记》编年谱记墓主人及其家事,《秦始皇三十四年记》、《元延二年记》编日历谱记墓主人及相关事迹,都是为了突显墓主人的生平事迹。从这个意义上说,这些所谓的记,应该是秦汉时期一种葬俗的反映。

(原载《长沙三国吴简暨百年来简帛发现与研究国际学术研讨会论文集》,中华书局,2005年)

[①] 睡虎地秦墓竹简整理小组:《睡虎地秦墓竹简》,文物出版社,1990年,第3页。

新出《史律》与《史籀篇》的性质

《汉书·艺文志》把《史籀篇》列为"小学类"第一种,本注云:"周宣王太史作,大篆,十五篇。建武时亡六篇矣。"[1]又说:"《史籀篇》者,周时史官教学童书也,与孔氏壁中古文异体。《苍颉》七章者,秦丞相李斯所作也;《爰历》六章者,车府令赵高所作也;《博学》七章者,太史令胡母敬所作也;文字多取《史籀篇》,而篆体复颇异,所谓秦篆者也。"[2]这些记述表明:《史籀篇》字体为大篆,共十五篇,周宣王太史作以教学童,属于"小学类";《苍颉》《爰历》《博学》——所谓《三苍》中的文字多出自这本书。

《汉志》"小学类"所著录向来被认为是文字训诂之书,而《三苍》更被看作推广小篆的字书,因此,王国维认为《史籀篇》"为字书之祖"[3]。这种看法影响甚大。《辞源》说《史籀篇》"为周代教学童识字的课本"[4],《辞海》说它"大概编成四言韵语,以教学童识字"[5],《中国大百科全书》(语言文字)说它是当时用以"严格教学"

---

[1] 《汉书》卷三十《艺文志》第十,中华书局,1962年,第1719页。本注断句原作"周宣王太史作大篆十五篇,建武时亡六篇矣。"今改正。

[2] 同上书,第1721页。

[3] 王国维:《史籀篇疏证序》,载《观堂集林》(一),中华书局,1959年,第251页。

[4] 辞源修订组、商务印书馆编辑部:《辞源》(修订本)第一册,商务印书馆,1979年,第470—471页。

[5] 辞海编辑委员会:《辞海》(缩印本),上海辞书出版社,1980年,第726页。

的"一个文字课本"①,都与王氏的说法一脉相承。这类说法突出强调了《史籀篇》的识字功能或字书性质。

然而,最近公布的汉简《史律》却展示了《史籀篇》的另一面,引导我们重新审视《史籀篇》的性质问题。

《史律》出自湖北江陵张家山二四七号汉墓,共十三支简。最后一简有"史律"二字,是这组简的自名名称。篇名就是根据自名而来的。简文谈到对史、卜、祝的培养、选拔和任用,自名以"史"来涵盖,表明这个"史"是广义的概念,包括"卜"和"祝"。而在《史律》内部,史、卜、祝是分立的。史、卜、祝的分立起源很早,因为性质相近,古书中也常常类聚、连称。《礼记·王制》:"凡执技以事上者,祝、史、射、御、医、卜及百工。"②孙希旦曰:"执技之人凡七:祝一,史二,射三,御四,医五,卜六,百工七。……此皆谓执技之贱人。"③马王堆汉墓帛书《要》篇:"《易》,我后其祝卜矣,我观其德义耳也。"祝卜连用。祝或称祝史,《左传》桓公六年:"上思利民,忠也;祝史正辞,信也。"④杨伯峻注:"祝史,主持祭祀祈祷之官,哀二十五年传有祝史挥。"⑤又《史记·十二诸侯年表》载周人"史卜完"⑥,史、卜连用,作为一个官职的名称。都说明史、卜、祝之间存在密切的联系。司马迁《报任安书》:"文史星历,近乎卜祝之

---

① 中国大百科全书总编辑委员会〈语言文字〉编辑委员会:《中国大百科全书》(语言文字),中国大百科全书出版社,1988年,第538页。
② 孙希旦:《礼记集解》(上),中华书局,1981年,第368页。
③ 同上书,第369页。
④ 杨伯峻:《春秋左传注》,中华书局,1981年,第111页。
⑤ 同上。
⑥ 《史记》卷一四《十二诸侯年表》第二,中华书局,1959年,第599页。

间。"①可以看作是这种关系的概括说明。《史律》篇名正是这种关系的反映。

张家山所出的这篇《史律》,篇幅虽然不大,却多处和《史籀篇》有关,是探讨《史籀篇》的绝好资料。

把汉简《史律》和有关传世文献结合起来看,可以得出这样的结论:《史籀篇》是当时国家考课史学童、选拔史的专用书,基本内容为史所必须了解的一些专业知识。它作为识字书的功能虽然不能说没有,但至少在汉初对史的考课中,这种功能明显居于次要的地位。

《史律》云:

> 试史学童以十五篇,能风(讽)书五千字以上,乃得为史。有(又)以八体试之,郡移其八体课太史,太史诵课,取最一人以为其县令史,殿者勿以为史。三岁壹并课,取最一人以为尚书卒史。② 四七五—四七六号简

这条律文又见于《汉书·艺文志》、《说文解字·叙》和《北史·江式传》。为便于比较,一并抄录如下:

> 汉兴,萧何草律,亦著其法,曰:"太史试学童,能讽书九千以上,乃得为史。又以六体试之,课最者以为尚书御史史书令史。吏民上书,书或不正,辄举劾。"③ 《汉志》

> 尉律:"学僮十七已上始试,讽籀书九千字乃得为吏,又以八体试之。郡移太史并课,最者以为尚书史,书或不正,辄举

---

① 萧统:《文选》卷四一,中华书局,1977年,第578页。
② 张家山二四七号汉墓竹简整理小组:《张家山汉墓竹简[二四七号墓]》,文物出版社,2001年,第203页。
③ 《汉书》卷三十《艺文志》第十,第1720—1721页。

> 劾之。"① 《说文·叙》
>
> 汉兴,有尉律学,复教以籀书,又习八体,试之课最,以为尚书史。吏人上书,省字不正,辄举劾焉。② 《北史·江式传》

合观四处律文,知"十五篇"是指《史籀篇》。《汉志》说"《史籀》十五篇"③,所以《史籀篇》可以省称"十五篇"。整理小组的原注是正确的④。"八体"指秦书八体,"吏"为"史"字之误,"六体"为"八体"之误⑤。秦书八体包括大篆、小篆、刻符、虫书、摹印、署书、殳书和隶书,《史籀篇》则是大篆的一种。一般认为,《史籀篇》中的大篆和一般大篆的形体结构基本相同。律文前半说试史学童以《史籀篇》,后面又说以"秦书八体",对史学童连续进行两次选拔。如果考试《史籀篇》仅是考它的字体——大篆的话,那么初次考试和二次选拔之间,不仅内容重复(都有大篆),而且程序颠倒(先考难的大篆后考容易的小篆隶书等)。况且,在行用小篆和隶书的背景下,把大篆强调到如此程度,也不合常理。因此我们认为,《史籀篇》和秦书八体不应该同是测试认字、写字能力的东西,应该有所区分,各有侧重。《史律》中试"卜学童"和"祝学童"的两段文字也可以帮助证明这一点:

---

① 许慎:《说文解字》,中华书局,1998 年,第 315 页。
② 李延寿:《北史》卷三十四《江式传》,中华书局,1974 年,第 1278 页。
③ 《汉书》卷三十《艺文志》第十,第 1719 页。本注断句原作"周宣王太史作大篆十五篇,建武时亡六篇矣。"今改正。
④ 张家山二四七号汉墓竹简整理小组:《张家山汉墓竹简[二四七号墓]》,第 203 页。
⑤ 顾实:《汉书艺文志讲疏》,上海商务印书馆,1924 年,第 89—90 页;李学勤:《试说张家山汉简〈史律〉》,《文物》2002 年第 4 期,第 69—72 页。

卜学童能风（讽）书史书三千字，征卜书三千字，卜九发中七以上，乃得为卜，以为官处（？）。其能诵三万以上者，以为卜上计六更。缺，试修法，以六发中三以上者补之。　四七七—四七八号简

以祝十四章试祝学童，能诵七千言以上者，乃得为祝五更。太祝试祝，善祝、明祠事者，以为冗祝，冗之。不入史、卜、祝者，罚金四两，学佴二两。① 　四七九—四八〇号简

整理小组认为"史书"指隶书②。这个词文献多见，向来众说纷纭③。《汉书·元帝纪》："赞曰：臣外祖兄弟为元帝侍中，语臣曰元帝多材艺，善史书。"颜师古注史书引应劭曰："周宣王太史史籀所作大篆。"④《后汉书·孝安帝纪》：安帝"年十岁，好学史书，和帝称之，数见禁中。"李贤注："史书者，周宣王太史籀所作之书也。凡（五）十五篇，可以教童幼。"⑤《后汉书·和熹邓皇后纪》：和熹邓皇后"六岁能史书，十二通《诗》、《论语》。"李贤注："史书，周宣王太史籀所作大篆十五篇也。《前书》曰'教学童之书'也。"⑥简文史书应与之相当。下文"其能诵三万以上者，以为卜上计六更"，上承"卜

---

① 张家山二四七号汉墓竹简整理小组：《张家山汉墓竹简[二四七号墓]》，第204页。

② 张家山二四七号汉墓竹简整理小组：《张家山汉墓竹简[二四七号墓]》，第204页。云："史书，指隶书。《汉书·王尊传》：'尊窃学问，能史书，年十三，求为狱小吏。'《说文·叙》段玉裁注：'或云善史书，或云能史书，皆谓便习隶书，适于时用，犹今人之楷书耳。'"

③ 参看富谷至：《"史书"考》，《西北大学学报》1983年第1期，第45—50页；于振波："史书"本义考，《北大史学》第6集，北京大学出版社，1999年12月，第226—228页。

④ 《汉书》卷九《元帝纪》第九，第299页。

⑤ 《后汉书》卷五《孝安帝纪》第五，中华书局，1965年，第203页。

⑥ 《后汉书》卷十上《皇后纪》第十（上），第418页。

学童能风(讽)书史书三千字",所讽对象相同,也是指"史书"。两处史书都是上一简提到的"十五篇",即《史籀篇》。律文传达的信息是:卜学童考卜书,祝学童考祝书,史学童考的是史书。这在当时是明确的制度。因此,从《史律》四七五—四七六简和四七七—四七八简以及四七九—四八〇简的平行对应关系看,《史籀篇》也应看作是史所必须了解的专业知识,而不仅仅看作字书。《论衡·程材篇》:"是以世俗学问者,不肯竟经明学,深知古今,急成一家章句,义理略具,同趋学史书,读律讽令,治作情奏,习对向,滑习跪拜,家成室就,召署辄能。"[1]其中的史书有人理解为"令史的必读书籍"[2],是很有见地的。

《史律》还有一段提到:

> 史、卜子年十七岁学。史、卜、祝学童学三岁,学佴将诣太史、太卜、太祝,郡史学童诣其守,皆会八月朔日试之。[3]
>
> 四七四号简

在我们过去的认识中,知道史的职务每每世代相传。如史墙盘所反映的微氏家族,烈祖的身份是史,历乙祖、亚祖祖辛、丰至于史墙,几代均为史职[4]。又《睡虎地秦墓竹简》:"非史子殹(也),毋敢学学室,犯令者有罪。"[5]规定只有史官的子嗣才能在专门学校学

---

[1] 袁华忠、方家常:《论衡全译》,贵州人民出版社,1993年,第747页。
[2] 同上书,第748页。
[3] 张家山二四七号汉墓竹简整理小组:《张家山汉墓竹简[二四七号墓]》,第203页。
[4] 李学勤:《论史墙盘及其意义》,《新出青铜器研究》,文物出版社,1990年,第73—82页。
[5] 睡虎地秦墓竹简整理小组:《睡虎地秦墓竹简》,文物出版社,1990年,图版第30页,释文第63页。

习相关知识，目的也是为了子承父业。在此基础上，上述简文又告诉我们史的入学年龄、学习期限以及责任者的名称（学佴）（编按：许雄志《秦印雄风》第159页收有一枚田字格印，隶作"斫募学㑊"，置于私印之中。后在所编《秦印文字汇编》第155页改释为"斫募学佴"。这实际上是一枚官印。和汉简《史律》一样，"学佴"是官名，可补传世文献所缺。《秦印雄风》1999年由重庆出版社出版，《秦印文字汇编》2001年由河南美术出版社出版）。这大大丰富了以往的积累。

据简文，史学童十七岁开始学习专业，三年后参加会试，刚好二十岁，正是汉初男子傅籍的年龄[1]。傅籍是男子成年承担社会义务的标志，史学童会试后，优胜者将出仕，达到傅籍的年龄是必要的，看来对史学童学制的规定应不是偶然的现象。又简文表明史、卜子十七岁至二十岁可称史学童，和以往从《释名·释长幼》了解的"十五曰童"[2]不同，大概因为《释名》是民间约定俗成的说法，而简文是法律上的规定。既然法律上二十才算成年，此前当然可以称作童。

还需要特别加以指出的是，史、卜、祝学童在十七岁学习专业知识之前，已经经历了一个很长的学习过程。这个过程，对我们认识《史籀篇》的性质也有所裨益。《周礼·地官·保氏》曰：

保氏掌谏王恶，而养国子以道。乃教之六艺：一曰五礼，

---

[1] 《汉书》卷五《景帝纪》第五记载：景帝二年"令天下男子年二十始傅。"第141页。汉简的材料也可以证明这一点，参看黄尚明《汉代供役年龄的变化》，《中国史研究》1985年第2期，第96页。但是东汉的情况不同，《论衡·谢短》："年二十三傅，十五赋。"《汉书·高帝纪》注："如淳曰：'律，年二十三傅之畴官。'"第37页。是说男子二十三岁傅籍。

[2] 王先谦撰集：《释名疏证补》，上海古籍出版社，1984年，第147页。

二曰六乐,三曰五射,四曰五御,五曰六书,六曰九数。①

又《汉书·艺文志》:

> 古者,八岁入小学,故周官保氏掌养国子,教之六书,谓象形、象事、象意、象声、转注、假借,造字之本也。②

由此可以看出,小学阶段要学习六艺,六艺中的所谓六书就是认字、分析字的学问。《礼记·内则》:"八年,出入门户及即席饮食,必后长者,始教之让。九年,教之数日。十年出就外傅,居宿于外,学书计。"《礼记集解》引高愈曰:"书计,即六艺中六书、九数之学也。"③也提到学童十岁左右学习六书,与《周礼》记述大同小异。这里介绍的虽然是周代贵族子弟的情况,但由于不同时期不同人群之间学习过程存在相似性,一般学习过程也可以比照。唐鸿学校辑崔寔《四民月令》:"正月,农事未起,命成童以上(谓年十五以上至二十[旧作三十,据《齐民要术》三改]),入大学,学《五经》,师法求备,勿读书传。研冻释,命幼童(谓九岁以上,十四岁以下也[旧作十岁以上至十四,据《要术》三补改]),入小学,学书篇章(谓《六甲》、《九九》、《急就》、《三仓》之属[二字旧脱,据《要术》三补])。"④《急就》、《三仓》是识字书,《六甲》是习书书,《九九》是数学书⑤。《四民月令》所述为汉代情事,也是说幼童在小学阶段学习认字和写字。因此从汉代以前的学习过程看,识字主要是早期(小学或蒙学时期)必修课。《史籀篇》既然是后期才修的专业课,

---

① 孙诒让:《周礼正义》卷二十六,中华书局,1987年,第1010页。
② 《汉书》卷三十《艺文志》第十,第1720页。
③ 孙希旦:《礼记集解》(中),中华书局,1989年,第769页。
④ 转引自张政烺:《六书古义》,《张政烺文史论集》,中华书局,2004年,第218页。
⑤ 张政烺:《六书古义》,《张政烺文史论集》,第215—237页。

当然也不能仅仅看作识字书。

也许有人会说,律文之所以规定史学童十七以后学习《史籀篇》,是因为《史籀篇》系用大篆所写,大篆对当时人来说学习难度较大的缘故。这种说法似乎有一定的道理。但是,从《史籀篇》问世以及《苍颉篇》的流传情况看,恐怕站不住脚。我们知道在《史籀篇》成书的时代,大篆是全国通用的文字,对当时学习者来说,应不会有来自字体方面的障碍。即使像后来人们理解的那样《史籀篇》是一本识字书,那么当时人们通过《史籀篇》识字的目的也肯定是为了适于时用的。因此《史籀篇》传到汉代,果真把它当作识字课本的话,它的字体应该已被换成了当时的通用字体。这一点可以从《苍颉篇》得到证明。秦代的《苍颉篇》本来是用小篆书写的,汉兴,闾里书师合《苍颉》、《爰历》、《博学》而成的新《苍颉篇》也可能是用小篆写成的。但是安徽阜阳双古堆一号墓所出、大约属于汉文帝时期的《苍颉篇》残简却是用当时的古隶写成的[①],而出自居延和敦煌两地、大约属于西汉中期至东汉建武初年的《苍颉篇》残简则是用今隶写成的[②],这说明《苍颉篇》在传流过程中被改换成后来的通用文字。《史籀篇》的情况应与之相当。

当然,我们说《苍颉篇》和《史籀篇》原有字体被改换成通用文字,并不是说它们没有古体流传。在汉初,还应有完整的《苍颉篇》和至少部分《史籀篇》古本留存,《说文》中的小篆和籀文就是取材

[①] 文物局古文献研究室、安徽省阜阳地区博物馆:《阜阳汉简〈苍颉篇〉》,《文物》1983年第2期,第24—34页;胡平生、韩自强:《〈苍颉篇〉的初步研究》,《文物》1983年第2期,第35—40页。

[②] 胡平生:《汉简〈苍颉篇〉新资料的研究》,《简帛研究》第二辑,法律出版社,1996年,第332—349页。

于这些古本的。《汉志》说《史籀篇》"建武时亡六篇矣"[①],大概即指古本而言。

其实回过头来看,《史籀篇》的作者是周宣王时的太史,教授它的人身份是史官,它的学习对象是史学童,都已折射出它作为史所必须掌握的专业知识的性质。

关于史所必须了解的业务知识,透过《史籀篇》成书时史官的职掌,可以了解到一个大概。据研究,西周的史官分太史和内史两个系统,负责参与祭祀神明,箴王缺失,记录、宣达王命,备咨询,供出使,以及掌握各地的宗族谱系资料,处理田邑交换,划定疆界等事务,所司非常之宽[②]。足见当时史官需要具备渊博的知识。《史籀篇》的内涵虽未必与之一一对应,但应可由此进行参照。

如果按照上面的理解,过去的一些疑难便可以涣然冰释。如《史籀篇》的字数,一说五千,一说九千,究竟是多少? 王国维因为《三苍》加以《训纂》亦仅五千三百四十字,质疑"不应《史籀篇》反有九千字"[③]。实际上,《史籀篇》的总字数应在九千以上,甚至可以高达数万,因为书中有大量的重复字。至于考课时而要求背五千字,时而要求背九千,当是不同时期不同要求的反映。这说明汉律也是与时俱进,不断修订的。

最后想补充说明两点,一是《史籀篇》为什么被置于小学类? 二是《史籀篇》与《三苍》究竟是一种什么样的关系? 我们的看法是:《汉志》中的"小学类"不宜简单地看作文字训诂书,而应看作广

---

① 《汉书》卷三十《艺文志》第十,第1719页。本注断句原作"周宣王太史作大篆十五篇,建武时亡六篇矣。"今改正。
② 赖长扬、刘翔:《两周史官考》,《中国史研究》1985年第2期,第97—108页。
③ 王国维:《史籀篇疏证序》,载《观堂集林》(一),中华书局,1959年,第256页。

义的教学用书("小学"本为古代教学机构,可以引申为教学用书)。《史籀篇》是史官教史学童的教材,又和《三苍》有密切的联系,可能是它被置于小学类的原因。至于《汉志》说《三苍》"文字多取《史籀篇》,而篆体复颇异",是说《三苍》里的字样大多来自《史籀篇》,而看上去篆体有些不同。仅此而已。过去根据《三苍》来逆推《史籀篇》的字数、体例的做法其实是没有根据的。这方面的探讨有待于新的更多的出土材料[①]。

附记:本文初稿曾在吉林大学主办的"中国语言文字学2002高级论坛"上宣读,会后又请多位同行审阅,在此对会议主办者和各位同行表示衷心的感谢。

(原载《中国语言文字学论坛》第一辑,
中国社会科学出版社,2002年;
又载《华学》第八辑,紫禁城出版社,2006年)

[①] 有关《史籀篇》的传世材料实在太少,而且都是单个字样的汇集。可参看清人马国翰:《玉函山房辑佚书》卷五十九,上海古籍出版社,1990年,第2215—2222页。

"君子不重伤"正解

本文拟就"君子不重伤"进行探讨,在找出它的确诂的同时,兼及相关的训诂方法问题。

一、问题的提出

《左传·僖公二十二年》中的宋楚泓之战,堪称《左传》中的名篇,文章说:

冬十一月己巳朔,宋公及楚人战于泓。宋人既成列,楚人未既济。司马曰:"彼众我寡,及其未既济也,请击之。"公曰:"不可。"既济而未成列,又以告。公曰:"未可。"既陈而后击之,宋师败绩。公伤股。门官歼焉。

国人皆咎公,公曰:"君子不重伤,不禽二毛。古之为军也,不以阻隘也。寡人虽亡国之余,不鼓不成列。"子鱼曰:"君未知战,勍敌之人,隘而不列,天赞我也;阻而鼓之,不亦可乎?犹有惧焉。且今之勍者,皆吾敌也。虽及胡耇,获则取之,何有于二毛?明耻、教战,求杀敌也。伤未及死,如何勿重?若爱重伤,则如勿伤;爱其二毛,则如服焉。三军以利用也,金鼓以声气也。利而用之,阻隘可也;声盛致志,鼓儳可也。"

关于泓之战,《春秋经》只说:"冬十有一月己巳朔,宋公及楚人战于泓,宋师败绩。"那些有关对话的细节,是后人根据传闻记述或参以己意演绎出来的。由于这个原因,加之叙述角度的不同,《公羊传》《谷梁传》《韩非子·外储说左上》和《史记·宋微子世家》中同一事件的描述与《左传》有着明显的出入。

《公羊传》:

> 宋公与楚人期,战于泓之阳,楚人济泓而来。有司复曰:"请迨其未毕济而击之。"宋公曰:"不可。吾闻之也,君子不厄人。吾虽亡国之余,寡人不忍行也。"既济,未毕陈,有司复曰:"请迨其未毕陈而击之。"宋公曰:"不可。吾闻之也,君子不鼓不成列。"已陈,然后鼓之,宋师大败。

《谷梁传》:

> 宋人与楚人战于泓水之上。司马子反曰:"楚众我少,鼓险而击之,胜无幸焉。"襄公曰:"君子不推人危,不攻人厄,须其出。"既出,旌乱于上,陈乱于下。子反曰:"楚众我少,击之,胜无幸焉。"襄公曰:"不鼓不成列。"须其成列而后击之,则众败而身伤焉。

《韩非子·外储说左上》:

> 宋襄公与楚战于涿谷上,宋人既成列矣,楚人未及济,右司马购强趋而谏曰:"楚人众而宋人寡,请使楚人半涉,未成列而击之,必败。"襄公曰:"寡人闻君子曰:'不重伤,不擒二毛,不推人于险,不迫人于阸,不鼓不成列。'今楚未济而击之,害义;请使楚人毕涉成阵而后鼓士进之。"右司马曰:"君不爱宋民,腹心不完,特为义耳。"公曰:"不反列,且行法。"右司马反列,楚人已成列撰成矣,公乃鼓之。宋人大败,公伤股,三日而死。

《史记·宋微子世家》：

冬十一月，襄公与楚成王战于泓。楚人未济，目夷曰："彼众我寡，及其未济击之。"公不听。已济未成，又曰："可击。"公曰："待其已阵。"阵成，宋人击之。宋师大败，襄公伤股。国人皆咎公。公曰："君子不困人于厄，不鼓不成列。"子鱼曰："兵以胜为功，何常言与！必如公言，即奴事之耳，又何战为？"

以上各书都提到宋襄公称引的古常语，但在多寡上和形态上有或大或小的差异。《左传》为"君子不重伤，不禽二毛"、"古之为军也，不以阻隘也"、"不鼓不成列"，《公羊传》为"君子不厄人"、"君子不鼓不成之列"，《谷梁传》为"君子不推人危，不攻人厄"、"不鼓不成列"，《韩非子》为"不重伤，不擒二毛"、"不推人于险，不迫人于厄"、"不鼓不成列"，《宋微子世家》为"君子不困人于厄"、"不鼓不成列"。其中"君子不重伤，不禽二毛"仅见于《左传》和《韩非子》(《韩非子》无"君子"二字，且"禽"作"擒")。本来，"君子不重伤，不禽二毛"的含义与泓之战的具体情形并不相符（而其他几则常语则与之吻合），《左传》《韩非子》称引它属于连类而及，被连带的部分与连带的部分关系非常密切，并且为人们所广泛熟悉。因此，"君子不重伤，不禽二毛"应是当时君子用兵最基本的礼法之一。

由于子鱼把"君子不重伤"的"重"理解为"再"，注家们就用"再"来解释"重"，音直用反，即 chóng。

对于子鱼的解释历来并无疑义，似乎它就是该常语的确诂。殊不知，把作品中的人物对字、词、句的理解作为它的确诂往往是靠不住的。《左传·宣公十一年》楚子说"夫文止戈为武"，《礼记·哀公问》孔子对哀公说"政者正也"，《韩非子·外储说左下》哀公问孔子"吾闻夔一足,信乎",当中楚子对"武"的理解,孔子对政的理解,哀公对"夔一足"的理解,都不是本真的含义,可见子鱼对"君子不重伤"的理解,并不见得就是正确的。事实上,把"重"理解为"再",有一些问题我们无法解释。譬如在先秦文献里,我们找不到"已伤之后不再伤之"的礼法。"君子不重伤"既是先秦最基本的礼法,又在同时期的文献里找不到蛛丝马迹,这令人难以置信。从情理上说,君子"不禽二毛""不以阻隘"(或"君子不厄人""不攻人厄")"不推人危""不鼓不成之列"(即不乘人之危、不乘人不备、不抓捕老人)和君子的思想是密合的,能够理解也能够做到。而"已伤之后不再伤之"就颇令人费解。若按照这种逻辑,君子如不能一招置敌人于死地,或者一招使敌人丧失战斗能力,那他就只有逃跑,或者与敌人的伤兵相持,或者被敌人的伤兵杀死,否则别无选择。换句话说,在战场上,对那些挂了彩的轻伤兵,谁也奈何他们不得,他们犹如披上了护身符,将无往而不胜,这未免太荒唐了!

因此,对于"君子不重伤",有必要谋求新的解释。

二、"不重伤"就是"不伤童"

马王堆汉墓帛书《春秋事语》也记述了宋楚泓之战,原文说:

> 宋荆战弘(泓)水之上,宋人囗囗陈(阵)矣,荆人未济,宋司马请曰:"宋人寡而荆人众,及未济,击之,可破也。"宋君曰:"吾闻之,君子不击不成之列,不童伤,不禽二毛。"

这里的"不童伤",为我们寻求"不重伤"的正解提供了一个新的契机。

《春秋事语》属于西汉早期以前的写本,是非常可靠的发掘品,而《左传》《谷梁传》《公羊传》《韩非子》《史记》是经过"扰动"的传世品。就真确度而言,发掘品比传世品要高。面对"传世品"和"发掘品"的差别,我们应该排除子鱼干扰,理顺二者之间的关系。

"童"和"重"在上古每每通用。如《易·旅》:"得童仆贞。"汉帛本童作重。《礼记·檀弓下》:"与其邻重汪踦往。"郑注"重当为童。"《孔子家语·曲礼》重作童。《吕氏春秋·上农》:"民农则重,重则少私议。"《亢仓子》重作童。可知童和重可以互相通假。"不童伤"和"不重伤"的"童"和"重"也是通假字与本字的关系是可以肯定的。但究竟谁是本字,谁是借字呢?

这个问题的最终解决,必须跳出具体的语言环境,把它们置于历史文化的背景之上。我们认为,结合历史文化的背景来看,应该把"童"理解为本字,把"重"字理解为借字,"不童伤"就是"不伤童"的意思。

"不童伤"是把名词宾语置于动词谓语之前。这种语法现象在上古汉语中不乏其例[①]。

"君子不童伤"就是这种古语法的残留。

"童"指未成年的孩童。《释名·释长幼》:"十五曰童。"《正字通》:"童,男十五以下谓之童子。"《礼记·檀弓下》"与其邻重汪踦往",郑注:"童,未冠者之称。"《诗·卫风·芄兰》序注"以幼童即位",疏:"童者未成年之称,年十九以下,皆是也。"

---

① 参看杨树达:《甲骨文之先置宾词》,《积微居甲文说》,上海古籍出版社,1986年,第89—90页;陈梦家《殷虚卜辞综述》,中华书局,1988年,第101—103页;黄绮《汉语词语次序顺逆的消长》,《解语》,河北教育出版社,1988年,第322—340页。

三、"不伤童"是一种用兵礼法

古代用兵打仗,有许许多多的礼法。如《六韬·虎韬》:"无燔人积聚,无坏人宫室,冢树社丛勿伐,降者勿杀,得而勿戮,示之以仁义。"《尉缭子·武议》:"凡兵不攻无过之城,不杀无罪之人。"《亢仓子·兵道》:"故克其国,不屠其人,独诛所诛而已矣。"《吕氏春秋·孟秋记·怀宠》:"故克其国不及其民,独诛所诛而已矣。"《淮南子·兵略训》:"毋捕民虏。"《左传·哀公元年》:"楚虽无德,亦不艾杀其民。"由此可知,在交战中,无辜的老百姓是受到保护的。尤其是老弱更是重点保护的对象,譬如《左传·文公十五年》:"君子之不虐幼贱,畏于天也。"《禹鼎》:"王乃命西六师殷八师曰:'……勿遗寿幼。'"[①]《荀子·议兵》载孙卿子论兵:"不杀老弱。"《司马法·仁本》:"冢宰与百官布令于军曰:'……见其老幼,奉归勿伤。……'"不捕杀老弱这一礼法或用两个并列分句来表达。如《淮南子·氾论训》:"古之伐国,不杀黄口,不获二毛。"《礼记·檀弓下》:"古之侵伐者,……不杀厉(儿),不获二毛。……"[②]

《左传》"君子不重伤,不禽二毛"、《春秋事语》"不童伤,不禽二

---

① 管燮初:《西周金文语法研究》把"勿遗寿幼"翻译为"不得伤害老人和儿童",见该书19页,商务印书馆,1981年。按遗是殄的通假字。《庄子·德充符》"虽天地覆坠,亦将不与之遗"。

② 关于"杀厉",历来不得真意,我们认为"杀厉"即"杀儿",厉通儿。古文献中厉可通丽,《周礼·秋官·司刑》"以丽万民之罪",《孝经》邢疏引丽作厉。鲡通鲵。《韩诗外传》七"为之烹鲡鱼",《说苑·杂志》鲡作鲵。因厉可通丽,丽声字可通儿声字,故厉儿可以通用。儿与童同义。《汉书·东方朔传》:"童儿牧竖,莫不眩耀。"《后汉书·鲁恭传》:"傍有童儿。"均为童儿同义连用。

毛"、《韩非子》"不重伤,不擒二毛",和"不杀黄口,不获二毛"、"不杀厉,不获二毛"所说都是古代用兵的礼法,其结构比较固定,主体基本相同,应当是同一常语。就像"狐死必首丘"(《九章·哀郢》)又作"狐死正丘首"(《礼记·檀弓上》),"白沙在泥,与之皆黑"(《大戴礼记·曾子制言》)又作"白沙入泥,与之皆黑"(《说苑·谈丛》)、"白沙在泥中,与之俱黑"(《史记·三王世家》)一样,字面上略有出入,基本框架、基本意思不变。

四、子鱼误解"不重伤"的原因分析

如何解释子鱼对"君子不重伤"的错误理解呢?我们认为不外乎四种可能:

(1)可能是子鱼其人平时不习用兵礼法,不理解这一常语的真谛;

(2)可能是子鱼明知常语的意思,为了驳倒襄公而肆意曲解;

(3)可能是左丘明为了讽刺子鱼违背礼法、奸诈势利而有意让他出一个洋相[①];

(4)可能是左丘明对这一常语不甚了了,以致演绎出错。

从这一常语的普遍性和左丘明的渊博知识看,(1)(4)两种可能性很小,(2)(3)两种可能性最大。

---

① 《公羊传》说:"故君子大其(指襄公)不鼓不成列,临大事而不忘大礼,有君而无臣。以为虽文王之战,亦不过此也。"显然是褒襄公贬子鱼的。和公羊传一样,左丘明也是站在正统礼法制度的立场上来写《左传》的,也是褒襄公贬子鱼的。

五、对《谷梁传·文公十一年》"古者不重创,不禽二毛"的理解

在《谷梁传·文公十一年》里,也有"古者不重创,不禽二毛"一语,与《左传》如出一辙。原文说:

> 冬十月甲午,叔孙得臣败狄于咸。不言帅师而言败,何也?直败一人之辞也。一人而曰败,何也?以众焉言之也。传曰,长狄也,弟兄三人,佚害中国。瓦石不能害。叔孙得臣,最善射也,射其目,身横九亩。断其首而载之,眉见于轼。然则何为不言获也?曰:"古者不重创,不禽二毛"。故不言获,为内讳也。

晋范宁注:"不重创,恤病也……既射其目又断其首为重创。"范宁的注也受到了子鱼的影响。实际上,所谓"既射其目又断其首为重创"是说不通的。叔孙得臣擅长射箭,一箭射中侨如(狄长)的眼睛,从叔孙得臣的箭法,从所射的部位,从"身横九亩"的"横"字看,都足以说明这一箭已经使侨如丧命,所谓断其首,是从尸体上把首级取下,与再伤无涉。如果这也叫再伤的话,那载籍中仁义之师"献馘于王"就都是再伤了。

那么《谷梁传·文公十一年》究竟为什么引"古者不重创,不禽二毛"?它是针对什么而言的呢?

显然,侨如身为狄长,且带兵入侵中原,决不可能是未成年的孩童。文中说到他身材高大,还说到他眉毛很长(断其首而载之,眉见于轼)。眉长是老者的特征,可以认为侨如是一位不折不扣的"二毛"。按照礼法,不能抓捕或毁伤"二毛",叔孙得臣将其射杀,

违背了礼法,故谷梁引"古者不重创,不禽二毛"来解释《春秋经》所以"不言获"的微言大义。

六、结语

通过以上的分析论证,我们认定"君子不重伤,不禽二毛"、"不童伤,不禽二毛"、"不重伤,不擒二毛"、"古者不重创,不禽二毛"和"不杀黄口,不获二毛"、"不杀厉,不获二毛"是同一则用兵礼法的变体。其中"不重伤"的"重"是"童"的借字,应注音为 tóng,指未成年的孩童。"不重伤"就是"不伤童"的意思。

最后,我们还可以从中得到两点启示:

1. 在古籍的正文中有许许多多的训诂材料,但这些材料受到时代的局限,受到作品中人物的局限,也受到作品的局限,虽然对研究当时的历史文化有一定的参考价值,却不能把它们等同于字源或语源上的确诂。

2. 对于古书的训释,不能脱离具体的语言环境,这无疑是正确的。但也不能拘泥于小环境,有时必须从中跳出来,把对象放到整个历史背景下来进行认识。总之,必须处理好训诂对象与具体语境和历史文化背景的相互关系。

"大布黄千"的读法及其蕴义
—— 学术史中的一件个案研究

从居摄二年(公元7年)到天凤元年(公元14年)短短数年间,王莽对币制先后进行了四次改革。其中第三次是在始建国二年(公元10年),推行了"五物、六名、二十八品"的所谓"宝货"制。"五物"是指金、银、铜、龟、贝五种币材,"六名"指金货、银货、龟货、贝货、泉货、布货,"二十八品"指金货一品、银货二品、龟货四品、贝货五品、泉货六品、布货十品。本文讨论的"大布黄千"(见附图)属于"布货十品"中的一种。

《汉书·食货志》对"布货十品"有扼要介绍:

> 大布、次布、弟布、壮布、中布、差布、厚布、幼布、幺布、小布。小布长寸五分,重十五铢,文曰"小布一百"。自小布以上,各相长一分,相重一铢,文各为其布名,直各加一百。上至大布,长二寸四分,重一两,而直千钱矣。是为布货十品。①

"宝货"制颁行以后,"百姓愦乱,其货不行",王莽很快又推行了第四次货币改革,罢大、小钱,改行"货泉"(圆形方孔,重五铢,值一)、"货布"(形似古代的两足布,重二十五铢,值二十五),把原来重十二铢的大钱规定与重五铢的货泉等值,允许继续流通六年。因此,"布货十品"的流通时间实际上很短。但尽管如此,历代流传及近

---

① 《汉书》卷二十四下《食货志》第四下,中华书局,1962年,第1178页。

来考古发掘实物仍然不少,门类也很齐全。这从一个侧面反映了这类货币的铸造量以及后人对它的宝重程度。

为了讨论方便,先将"布货十品"实物文字移写如下[①]:

1. 小布一百
2. 幺布二百
3. 幼布三百
4. 序布四百
5. 差布五百
6. 中布六百
7. 壮布七百
8. 第布八百
9. 次布九百
10. 大布黄千

前人指出《食货志》"厚布"为"序布"之误,"弟布"即"第布",都十分正确。"厚"和"序",形体相近,班书作厚,系后来传抄致讹;"弟"和"第"是一对古今字,《汉书》好用古字,把"第"写作"弟"。这样实物上的小布、幺布、幼布、序布、差布、中布、壮布、第布和《食货志》可以一一对应,则"大布黄千"非"大布"莫属。这些都没有疑义。

问题是,"大布黄千"究竟应该怎么读？事实上,自古以来它就有两种读法。一种读作"大黄布千"(下文或称第一种读法)。早期因为把"千"误为"刀",读作"大黄布刀"。

洪遵《泉志》:

---

① 丁福保编:《古钱大字典》上编,中华书局,1982年,第182—183页。

> 大黄布刀,旧谱曰:"重七铢,长二寸三分,文曰大黄布刀。"张台曰:"此亦王莽所铸,文曰大黄布刀,莽自言黄虞之后,又改平帝定安太后为黄室主,即大黄,莽之自称也"。①

洪遵是宋代人,在他之前,"大黄布千"的读法就已经存在了。明郎瑛《七修类稿》②、清吴文炳和吴鸾《泉币图说》③、谢堃《钱式图》④等都从其读。

另一种读作"大布黄千"(下文或称第二种读法)。如清人丁传曰:

> 《泉志》所载大黄布刀,沿误日久,今以《汉书·食货志》及新莽所铸诸布核之,当作大布横千,旁行读之,文意自显,盖莽所铸币,自小布一百起,次第至大布是为布中之第十也,故名"大布",其值当千,故称横千,"黄"字即"横"字。古横、衡二字通。⑤

丁传是乾隆诸生,和他读法相同的有初尚龄《吉金所见录》⑥、盛大士《泉史》⑦、许光恺《选青小笺》⑧、戴熙《古泉丛话》⑨、拾古斋主人《拾古斋泉帖》⑩等。

---

① 《泉志》卷之九,第5页,明万历间刻本。
② 《七修类稿》卷四十一《事物类》,上海书店出版社,2001年,第430页。
③ 《泉币图说》卷之二,嘉庆香雪山藏版。
④ 《钱式图》,清道光间刻本,收入《春草堂集》二十一、二十二卷。
⑤ 转引自唐石父主编:《中国古钱币》,上海古籍出版社,2001年,第104—105页。
⑥ 《吉金所见录》卷之六,嘉庆二十四年刊本。
⑦ 《泉史》卷三,清道光间刻本。
⑧ 《选青小笺》卷二,清道光间刻本。
⑨ 《古泉丛话》卷一,清同治刊本。
⑩ 《拾古斋泉帖》,清光绪间刊本。

在清代，第二种读法实际上已经居于主流地位，而且这种状况一直延续至今。上个世纪1980年代以后，有人根据居延新简的资料，又重申过第一种读法[①]，也未能改变这种状况。现今各类博物馆的展览说明、各种与钱币相关的出版物以及网络文章，大多从第二种读法。刚刚出版的由唐石父先生主编的两种主流著作《中国古钱币学辞典》[②]和《中国古钱币》[③]情况也是如此。这些说明"大布黄千"的读法虽然有了一定的倾向性，但仍然是一个没有很好解决的问题，有必要继续深入探讨。

基于以上认识，最近我们系统回顾了王莽大布的研究历程，重新爬梳了有关材料。我们认为只有第一种读法是正确的，大布币文应读作"大黄布千"。这可以从四个方面来进行论证。

第一，"黄"字的意义。

由于当千大布多了一个"黄"字，导致了它与其他九品在币文形式上存在差异，正是这种差异，导致了长期以来的歧说。因此对"黄"字的解释至关重要。

过去第二种读法把"黄"看作"衡"的通假字，意思为相当，把当千大布理解为大布相当千钱，表面看似乎可通，实际上并不符合当时的语言习惯。汉代人在这类"黄"的位置上一般用"直"，《汉书》、汉简中类例甚多，莽币"小泉直一"也是很好的例子。

当千大布在"布货十品"中面值最大，币名的"黄"应有其特定

[①] 《王莽代汉及其"变法"中的币制改革》，《甘肃钱币通讯》1987年第2期，第2—3页；饶宗颐、李均明：《新莽简辑证》，新文丰出版公司，1995年，第118页。

[②] 《中国钱币学辞典》，北京出版社，2000年，第257页。此书是一部严谨的古钱币工具书。

[③] 《中国古钱币》，上海古籍出版社，2001年，第104—105页。此书是国家文物局主持编撰的文物博物馆系列教材。

的含义。我们认为张台的说法是有道理的。王莽即天子位时的诏书说：

> 予以不德，托于皇初祖考黄帝之后，皇始祖考虞帝之苗裔，而太皇太后之末属。皇天上帝隆显大佑，成命统序，符契图文，金匮策书，神明诏告，属予以天下兆民。赤帝汉氏高皇帝之灵，承天命，传国金策之书，予甚祗畏，敢不钦受！以戊辰直定，御王冠，即真天子位，定有天下之号曰新。其改正朔，易服色，变牺牲，殊徽帜，异器制。以十二月朔癸酉为建国元年正月之朔，以鸡鸣为时。服色配德上黄，牺牲应正用白，使节之旄旛皆纯黄，其署曰"新使五威节"，以承皇天上帝威命也。①

王莽自称黄帝之后。而黄帝可以省作黄，《史记·韩非传》："韩非者，韩之诸公子也。喜刑名法术之学，而其归本于黄老。"②《汉书·魏豹田儋韩[王]信传》："周室既坏，至春秋末，诸侯耗尽，而炎、黄、唐、虞之苗裔尚犹颇有存者。"③两处黄字都指黄帝。大布币文冠以"黄"字，和王莽改平帝定安太后为黄室主，服色尚黄，使节旄旛皆纯黄一样，都和王氏自称黄帝之后有关。这种做法和后世钱币上印有或铸有标志性的领袖头像多少有些相似之处。

其次，从结构特征看。

王莽"布货十品"币文最为本质的特征是它的"币名＋面值"即"名词＋数词"结构，第二种读法把"大布黄千"理解为"名词＋动词＋数词"，与其他九种迥乎不同。而读作"大黄布千"理解为"大

---

① 《汉书》卷九十九上《王莽传》第六十九上，第 4095—4096 页。
② 《史记》卷六十三《老子韩非列传》第三，中华书局，1959 年，第 2146 页。
③ 《汉书》卷三十三《魏豹田儋韩[王]信传》第三，第 1858 页。

黄布＋千",也是"币名＋面值"即"名词＋数词"的结构,和其他九品完全一致。因此从结构特征看,把币文理解为"大黄布千"最为合理。

第三,从省略特征看。

在《汉书·食货志》里,布货十品中的其他九品省去面值径称小布、幺布、幼布、序布、差布、中布、壮布、第布、次布,准此,"大黄布千"可以称作"大黄布",破城子探方59号出土的一组新莽简已经证明了这个名称的存在[①]。

破城子这组简为科学发掘所得,两千年来未经改动,是可靠的第一手资料。其中从191号到228号是候长、候史、尉史、士吏、燧(简文作隧)长等小吏的"俸钱名籍"。如:

尉史李崇　十月禄大黄布十三枚　十二月辛未自取　卩　194

尉史吕普　十月禄大黄布十三枚　十二月辛未自取　卩　195

士吏张桐　十月禄大黄布十三枚　十二月辛未自取　卩　196

不侵候史赵竟　十月禄大黄布十三枚　四年正月己丑候长茂取　卩　197

……

俱起隧长邹相　十月禄大黄布十三枚　四年正月己丑候长阳取　卩　202

---

① 甘肃省文物考古研究所、甘肃省博物馆、文化部古文献研究室、中国社会科学院历史研究所编:《居延新简》,文物出版社,1990年,第372—374页。

平虏隧长郑钦　十月禄大黄布十三枚　四年正月己丑候长诩取　卩 203

　　木中隧长王当　十月禄大黄布十三枚　四年正月己丑候长武取　卩 204

　　万年隧长范护　十月禄大黄布十三枚　四年正月己丑候长诩取　卩 205

……

　　第十隧候长芀良　十月禄大黄布十三枚　口 222

"十月禄大黄布十三枚",是边燧小吏十个月的俸钱记录。"大黄布"是钱币的名称,就是"大黄布千"。有学者认为"大布黄千"才是新莽当千大布的法定名称,"大黄布"是其俗称、惯称[1]。这种意见目前得到了一些权威学者的赞同[2],但其实只是折中调和的产物,并没有什么坚强的证据。在我们看来,"大黄布"简文是当时人的实录,书写年代早,可信度高,因此"大黄布"应是当千大布的全名。"大布"见于《汉书》,渊源有自,是它的简称。"大黄布"和"大布"都应视为当千大布的法定名称。

第四,从行款特征看。

布货十品币文均为四字,左右两足各二,形式上对称排列,一般顺序是左一右一左二右二,先左右后上下读。但是莽币行款也有先上下后左右的,如"小泉直一"、"中泉三十"、"壮泉四十"之类,"大黄布千"属于后一种情况。新莽时期同一种币文可以有几种不

---

[1] 《"大黄布"与"大布黄千"币名新说——当千莽布法定称谓考辨》,上海市钱币学会第二届会员大会特刊,1987年。
[2] 王廷洽:《居延汉简货币资料研究》,载马飞海主编《中华钱币论丛》,上海书店出版社,1996年,第27—53页。

同的读法,以"大泉五十"为例,币文顺序主流是上下左右,有时也作上下右左、上右左下、上左右下、上左下右等①。因此布货十品币文有两种行款也是正常的现象,不必感到奇怪。

附图

附记:本文曾提交香港大学举办的"明清学术国际研讨会"并在会上宣读。

(原载《华夏考古》2006年第4期)

---

① 上海博物馆青铜器研究部编:《上海博物馆藏钱币——秦汉钱币》,上海书画出版社,1994年,第228—306页。

新出简帛释读研究

河南淅川和尚岭所出镇墓兽铭文和秦汉简中的宛奇

1990年,河南省文物考古研究所和南阳市文物所等单位在淅川和尚岭、徐家岭抢救发掘楚墓12座,其中6座出土有铭铜器27件(套)。1992年以来,部分资料已透过有关杂志陆续刊布[1],2004年,发掘者推出《淅川和尚岭与徐家岭楚墓》[2]一书,将所有器形、铭文照片悉数发表。学者们对铭文作了深入细致的释读研究,取得了不少共识。但仍有些疑难困扰着我们,镇墓兽座就是其中之一。

这件东西出土于和尚岭2号墓,发掘者描述如下:

标本HXHM2:66,座为正方形,方座的四角由底及上弧线内收,盝顶。顶中央有一管状柄,柄上部为八棱形,内有朽木柄,中部有两个对称的方形穿孔,下部为正方形。柄的穿孔下饰三角纹,再下四周浮雕兽面。方座四面的花纹相同,上为两只变形的凤,颈相对,嘴向背,翘尾;下为两只虎,头向外,张

---

[1] 曹桂岑:《河南淅川和尚岭徐家岭楚墓发掘记》,《文物天地》1992年第6期,第10—12页;河南省文物考古研究所:《淅川和尚岭春秋楚墓的发掘》,《华夏考古》1992年第3期,第114—130页。

[2] 河南省文物考古研究所、南阳市文物考古研究所、淅川县博物馆:《淅川和尚岭与徐家岭楚墓》,大象出版社,2004年。

口,伏身,躬(疑为弓之误)腰,翘尾;正中为圆形涡纹,边框及凤、虎间饰对顶三角形纹。方座的顶部有阴文铭文一周8字:

曾中(仲)伱(遹)㞷䏗之且(祖)埶

通高22厘米,柄高12.4厘米,底座边长19厘米,底座高9.6厘米。[①]

图一 器形照片(据《淅川和尚岭与徐家岭楚墓》)　　**图二 铭文拓本(据《淅川和尚岭与徐家岭楚墓》)**

类似器物春秋战国楚墓中多有出土,楚国以外也偶有所见[②]。有些是铜制,有些是漆木制的。有些仅存器座,有些立柱之上插怪兽之头。怪兽之头有时候作抽象表现,只有一个瘤状的突出物或眉目不清的脸,有时候作生动刻画,眉目清晰,口吐长舌,并且有直颈曲颈、单头双头之分。它们的头顶一般都开孔,插鹿角(如图三、图四)。

---

① 《淅川和尚岭与徐家岭楚墓》,第109页。
② 王瑞明:《"镇墓兽"考》,《文物》1979年第6期,第85—87页;吴荣曾:《战国汉代的"操蛇神怪"及有关神话迷信的变异》,《文物》1989年第10期,第46—52页;李零:《说中国古代的镇墓兽,兼及何家村银盘上的怪鸟纹和宋陵石屏》,《入山与出塞》,文物出版社,2004年,第148—161页。

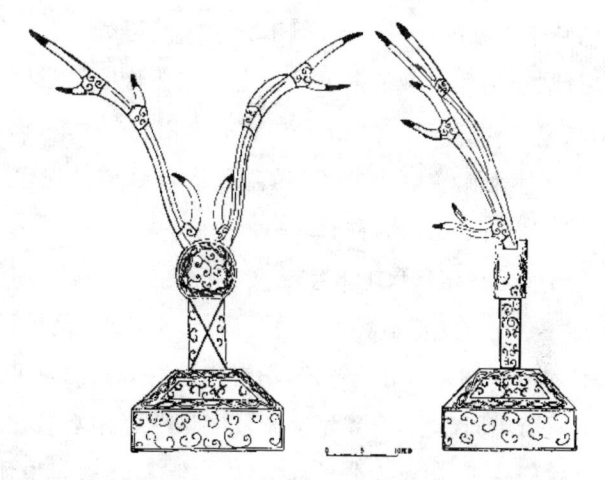

图三 江陵雨台山楚墓 M142 出土的漆木镇墓兽（据《江陵雨台山楚墓》）

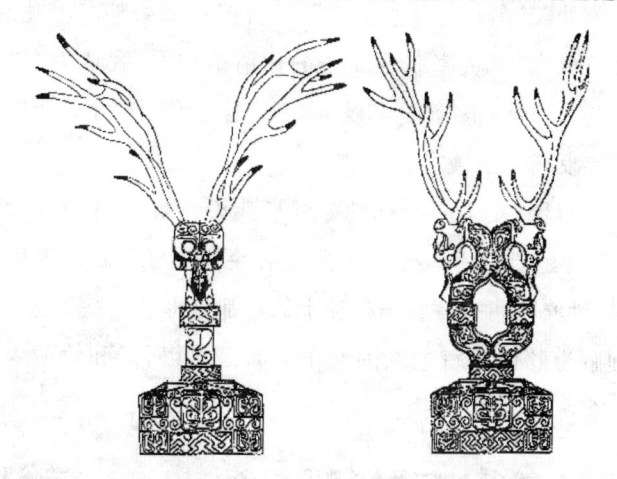

图四 江陵雨台山楚墓 M174 出土的漆木镇墓兽（据《江陵雨台山楚墓》）

考古界一般把完整的定名为镇墓兽或镇墓神，把下面部分叫作镇墓兽座或镇墓神座。这样做主要是为了照顾出土文物的现状，为了称说的方便，实际上它们是一个整体，拥有一个共同的名称。吴荣曾先生说："这种怪兽在墓中非同一般的殉葬品，而应是受到人们特别尊崇的神灵偶像,但不见于文献记载。有人猜测它是'山神'或'土伯',似嫌证据不足。由于它在墓中是一种神灵的代表,对坟墓或死者应该起到某种佑护的作用,现在大家称之为镇墓兽或镇墓神是比较恰当的。"① 镇墓兽或镇墓神是现代人的称呼,在古代它应有自己的名称。

和尚岭 2 号墓镇墓兽上 8 字铭文,由器主名称加之加器物自名构成。"曾中伱茾䏶"是器主。曾是国名,中读仲,是排行,伱读为䓕②,是春秋时期楚国显族䓕氏,学者们已有一致的意见。只是具体理解有所不同。茾,李零先生释为君,谓"器主'曾仲化君',疑是曾氏女嫁于化氏,犹鲁隐公母称'君氏'。"③贾连敏先生怀疑"茾䏶"为"曾仲"私名,"曾仲伱茾䏶",即曾国行第为仲名茾䏶的女子嫁于䓕氏者④。从先秦贵族女子的称谓结构看,我认为把"茾䏶"看作私名是对的,但"曾仲伱茾䏶"不是曾国女子嫁于䓕氏者,而是楚国伱族女子嫁于曾者。

周秦时期,女子必须称姓。顾炎武说:"姓焉者,所以为女坊也。"⑤不管是待嫁还是出嫁,不管是传世文献还是出土文献,称呼女子时,姓必不可少。女子称呼中的姓都是母姓。基于这一点,仲伱应理解为伱氏排行老二的女子。前面冠以曾,和嫁的人有关。

---

① 《战国汉代的操蛇神怪及有关神话迷信的变异》,《文物》1989 年第 10 期,第 46—47 页。

② 李零:《"楚叔之孙倗"究竟是谁——河南淅川下寺二号墓之墓主和年代问题讨论》,《中原文物》1981 年第 4 期,第 36—37 页。

③ 《化子瑚与淅川楚墓》,《文物天地》1993 年第 6 期,第 29—31 页。

④ 《淅川和尚岭、徐家岭楚墓铜器铭文简释》,载《淅川和尚岭与徐家岭楚墓》,第 358—364 页。

⑤ 顾炎武著、黄汝成集释:《日知录集释》,花山文艺出版社,1990 年,第 1000 页。

根据考古学判断,和尚岭1、2号墓属于士大夫一级[1],仲伽嫁的人是士大夫,冠以曾,表明墓主和曾有着某种特殊的联系。

和尚岭1、2号墓,方向基本一致,南北并列,相距仅9米。1号墓出土有兵器,2号墓未见兵器,有女性骨架。发掘者认为两墓主人为一对夫妇,完全正确。1号墓中出土3件铜器,两件克黄升鼎,铭文相同,为:"克黄之盬(升)。"一件曾太师奠鼎,铭文为:"曾太师奠之朏(厨)鼎。"另外,盗于该墓且已收缴的铜器还有"克黄之壶"、"克黄之豆",都是墓主自用器。克黄过去认为见于《左传·宣公四年》,是楚令尹子文之孙,楚庄王时箴尹。实际两者不可比附。2号墓出土的有铭铜器,除镇墓兽外,还有4件套,分别是:

鼎:闇尹臧之臧(厨)鼎。(1件)

敦:中(仲)姬□之盏。(1件)

钮钟:隹(惟)十丑(又)四年,参(三)月=(月,月)隹(惟)戊申,亡攸(作)眛睐(丧),伽(蓮)子受乍(作)龢镂(彝)诃(歌)钟,其永配厥休。(1套9件)

镈钟:同钮钟。(1套8件)

综观两墓铜器铭文可知,鼎铭克黄曾任曾国太师、闇尹,为姬姓[2]曾国王族,地位颇高。但由于离曾入楚,家道衰落,墓葬规格仅为士大夫一级。铭文奠训定,与克黄意义相因,奠是名,克黄是字。1号墓可以叫作克黄墓,也可以叫作曾太师奠墓。2号墓则可以叫作曾中伽巠胫墓。2号墓所出"闇尹臧之臧(厨)鼎"为曾中伽

---

[1] 《淅川和尚岭与徐家岭楚墓》,第120页。
[2] 曾为姬姓,参看李学勤《曾国之谜》,《光明日报》1978年10月4日;《论江淮间的春秋青铜器》,《文物》1980年第1期,第54—58页。

茎腾夫君的东西,"中(仲)姬□之盏"为曾中㚲茎腾夫家姊妹的东西,㚲子受钮钟和镈钟为曾中㚲茎腾娘家的东西。和尚岭墓地应为曾国姬姓贵族墓地。清光绪年间,湖北襄阳太平店宋家栅曾出土一件曾孟妳諫作飤盆,是嫁于曾的妳姓女子所作器。襄阳离淅川很近。种种迹象表明,春秋中晚期,有曾国人来到今豫鄂交界西段,入了楚籍,在这里居住下来。他们和蒍氏家族杂居通婚,所以与和尚岭临近的徐家岭蒍氏家族墓地出土有曾国女子的铜器。

"且埶"是镇墓兽的自名,为同类器物中仅见,为解决镇墓兽的本名提供了钥匙。有学者把它和唐宋以来的明器四神"祖明"联系起来①,颇耐人寻味。但两者相隔悬远,缺乏语言学的支撑。从语音关系和器物功能上看,我们认为应读为宛奇。上古且属鱼部清母,宛属元部影母,鱼元两部主要元音相同,古音较近。如於在鱼部,从於得声的阏在元部;古籍抚、怃和瞒通用②,普和祥通用③;于和爰,於和安,如和然,徒和徂可以发生音转④;此外,《楚辞·大招》里还有鱼元合韵的情况⑤。清影两组也可通转,如茸在清母,从茸得声的揞在影母;鲭一音读清母,一音读影母⑥。埶在月部疑母,奇在歌部群母,歌月阴入对转,群疑同为牙音,声韵关系密切。所以且可以读为宛,埶可以读为奇,且埶可读为宛奇。中国人民大学的古音韵专家赵彤先生看了本文之后,又从战国楚秦方音的角

---

① 李零:《说中国古代的镇墓兽,兼及何家村银盘上的怪鸟纹和宋陵石屏》,载《入山与出塞》,第154—155页。
② 高亨纂著、董治安整理:《古字通假会典》,齐鲁书社,1989年,第226页。
③ 《古字通假会典》,第221页。
④ 吴泽顺:《汉语音转研究》,岳麓书社,2006年,第223—224页。
⑤ 王力:《诗经韵读·楚辞韵读》,中国人民大学出版社,2004年,第477页。
⑥ 黄焯:《古今声类通转表》,上海古籍出版社,1983年,第113、137页。

度，进一步论证了"且埶"读为"宛奇"的可能性，请参看①。

宛奇见于秦汉简。《睡虎地秦墓竹简·日书乙种》："凡人有恶梦，觉而择（释）之，西北乡（向）择（释）发而驷（呬），祝曰：'皋（皋）！敢告尔（尔）宛奇，某有恶梦，老来□之，宛奇强饮食，赐某大富（富），不钱则布，不玺（茧）则絮。'"（一九四——一九五）从这则祷词看，宛奇是吃噩梦鬼（睡虎地秦简谓"鬼恒为人噩梦"。古人认为噩梦与鬼有关，食梦犹言食鬼）的神。相似内容又见同批秦简《日书甲种》："人有恶䢅（梦），觉，乃绎（释）发西北面坐，铸（祷）之曰：

---

① 赵彤先生 2006 年 11 月 10 日的来信如下：

大作中关键之处在于"且埶"是否可以读为"宛奇"。以通常对上古音的认识来看，似乎有些困难。虽然大作中也举出一些类似的谐声、通假现象，但毕竟不是常例，所以初读大作时我也觉得可疑。但是经过仔细分析，我觉得这是可能的。

"且埶"是楚人对镇墓兽的称呼，而"宛奇"当系秦人据所听到的楚人叫法转写的。比如楚系文献中"享月"在秦简中写作"纺月"，依敝见，楚方言中"享"读 *phoŋ，秦人记录时写成"纺"字（参看拙作《中古舌根声母字和双唇声母字在战国楚系文献中的交替现象及其解释》，《中国语文》2006，3）。

"且"是精母或清母鱼部字。从语音演变的普遍性来看，塞擦音往往是后起的。精母 ts- 可能来自复辅音声母 * skl-（参看吴安其《精母的谐声和拟音》，《民族语文》2005.1）。因此，"且"可拟作 * sklja 或 * skhjla。依敝见，楚方言中此类复声母简化为单声母：* skl->k-、* skhl->kh-（拙著《战国楚方言音系》73—74 页）；鱼部元音高化为 ɔ（拙著 101 页）。因此，楚方言中"且"字可能是 * kɔ 或 * khɔ。（拙著 116 页仍将"且"的声母拟作 * tsh-，是因为没有"且"与牙喉音相通的例子。）

"埶"是疑母祭部（月部长入）字。依敝见，楚方言的鼻音声母带有塞音成分，疑母读如 ŋg（拙著 74—75 页）；祭部由长入变为舒声，独立成部，读 * ai（拙著 93、94、101 页）。因此，楚方言中"埶"字可能是 * ŋgjai。

那么，"且埶"在楚方言中是 * k(h)jɔ-ŋgjai，连读时后字鼻音成分变成前字的韵尾 * k(h)jɔŋ-gjai，由于声母的异化作用变为 * k(h)jɔn-gjai。秦人在记录这个神兽名时根据听到的楚语写成了"宛奇"。秦方言中祭部仍然在月部（参看刘志基《祭部和上古汉语方言》，《汉语音韵学研究导论·附录》，巴蜀书社 2004），而歌部当为 * ai，与楚方言祭部相当（楚方言歌部已变为 * a，拙著 101 页）所以用歌部的"奇"记 * gjai。"宛"是影母字，与见系关系密切，依敝见可能来自 * sk-，楚方言中亦变为 * k-，秦方言中的情况尚待研究。但无论如何影母与见母相通还是比较常见的。

'皋!敢告玺(尔)豹觭。某,有恶薈(梦),走归豹觭之所。豹觭强饮强食,赐某大幅(富),非钱乃布,非茧乃絮。'则止矣。"(一三背——一四背壹)宛奇作豹觭。豹应为貘①。上博简《缁衣》宛作[字]②,曾侯乙墓遣册郯作[字]③。宛简体如令,跟今相近,易致混同。《汉书·淮南衡山济北传》:"吾特苦之耳,令复之。"王念孙按:"令,当依《史记》作今。今复之,即复之也。"④矜本从命声⑤,或从令声⑥,变作今⑦。古书今也讹作令⑧。貘可讹作豹。江苏高邮邵家沟出土木简上有一段劾鬼文,内容为:"乙巳日死者名为天光,天帝神师已知汝名,疾去三千里,汝不即去,南山[字]□令来食汝,急如律令。"刘钊先生指"[字]□"很可能是秦简中的豹觭⑨,慧眼独具。但他仍从睡虎地秦简整理小组释[字]为豹⑩,则非。字可释为郯(也可能是絠的残字)。"郯□"大约是"宛奇"的另一种写法。湖北云梦、江苏高邮战国时曾为楚域⑪,这块土地上传承的术数大约属于同一系统,即楚系统,神名才会如此惊人地一致。也正因为这个原

---

① 以此说与刘乐贤兄相商,承告知他也有这种想法,因缺乏证据,未敢肯定。
② 李零:《上博楚简三篇校读记》,万卷楼图书有限公司,2002年,第51页。
③ 赵平安:《战国文字中的"宛"及其相关问题研究——以与县有关的资料为中心》,《第四届国际中国古文字学研讨会论文集》,香港中文大学中国语言及文学系,2003年,第529—540页。
④ 《读书杂志》,江苏古籍出版社,2000年,第295页。
⑤ 李守奎:《楚文字编》,华东师范大学出版社,2003年,第813页。
⑥ 何琳仪:《战国古文字典》,中华书局,1998年,第1148页。
⑦ 段玉裁:《说文解字注》,上海古籍出版社,1981年,第719—720页。
⑧ 宗福邦、陈世铙、萧海波主编:《故训汇纂》,商务印书馆,2003年,第81页。
⑨ 《江苏高邮邵家沟汉代遗址出土木简神名考释》,《东南文化》2003年第1期,第69—70页。
⑩ 睡虎地秦墓竹简整理小组:《睡虎地秦墓竹简》,文物出版社,1990年,第210页。
⑪ 丁永芳:《楚疆述略》,《江汉考古》1980年第1期,第85—91页。

因，睡虎地秦简《日书甲种》和邵家沟劾鬼文才会出现楚文字的写法。睡虎地秦简中有楚文字的写法，李学勤先生曾专文讨论[①]。楚地出土的马王堆汉墓帛书，也保留了一些楚文字的形体[②]。

结合以上三处简文，可以肯定宛奇是食鬼之神。用食鬼之神作镇墓兽，保护坟墓和死者，即便今天看来，仍是入情入理的。而反过来，我们对于宛奇的形象，也有了一些更具体的理解。

饶宗颐先生在考释睡虎地秦简日书时，疑宛奇就是古书中的穷奇，宛与穷形近而误[③]。此说尚需进一步论证。不过从《山海经·海内北经》、《山海经·西次四经》、《淮南子·地形训》高诱注、《神异经·西北荒经》、郭璞《图赞》看，穷奇有翼，似虎、似牛、似狗等，形象怪异无常；食人食禽兽；驱逐妖邪；和镇墓兽确实很相似。姑存之以为参考。

（原载《中国历史文物》2007年第2期）

[①] 李学勤：《秦简的古文字学考察》，载《云梦秦简研究》，中华书局，1981年，第336—345页。

[②] 陈松长编著：《马王堆简帛文字编》，文物出版社，2001年，第7—8页的屋、第63页的邋等。

[③] 《云梦睡虎地秦简日书研究》，载《楚地出土文献三种研究》，中华书局，1993年，第423页。

释曾侯乙墓竹简中的"緄"和"䋆"
——兼及昆、黾的形体来源

1978年发现的湖北随县曾侯大墓中,出土了二百多支竹简,是关于随葬仪而陈列的车马兵甲的记录,蕴涵着东周时期车马制度、职官制度、丧葬制度和其他相关资讯,十分珍贵重要。

这批简是丧葬类竹简中数量最多的一批,总字数六千余文,文字风格与楚国关系密切[1],学者将其划入楚系文字范畴[2],是正确的。但是,在字形结构上,它和楚国文字也存在一些差异,对此,萧圣中博士有简要的概括:

> 曾侯乙墓竹简文字也有自己的一些特色,如与其他楚简文字的简化远多于繁化的趋势相比,曾简文字简省笔画的字偏少,而增繁字更多,增饰部件主要有"口"、"羽"、"又"、"止"、"土",等等。另外,在偏旁选择上,也更多地使用繁复的偏旁,如以鼠旁代豸旁,尽管楚简文字中也常常看到,但曾简中鼠旁

---

[1] 裘锡圭:《谈谈随县曾侯乙墓的文字资料》,《文物》1979年第7期,第25—32页;又收入裘锡圭:《古文字论集》,中华书局1992年,第414—416页。
[2] 何琳仪:《战国文字通论》,中华书局1989年,第135、148页;黄锡全:《楚系文字略论》,《华夏考古》1990年第3期,第99—106页;又收入黄锡全:《古文字论丛》,艺文印书馆1999年,第345—356页。

的使用数量与比例明显多于其他楚简。①
明白这一点,对考释曾国文字有实际的指导意义。

曾侯乙墓竹简有下列两组字:

✱(以下称 A 组)

✱(以下称 B 组)

原简整理者依样隶定为缚、桿②,最近始有学者据楚文字"学"作✱(郭店简《尊德义》19),把它们释为"从糸、学声"和"从木、学声"的字。前者未见承传,后者见于《字汇补》:"音学,义缺。"③这一考释,不能将 A 组字和后世字对应,文意也不能理解顺畅。学字西周金文作✱(静簋)、✱(沈子它簋)等形,✱是它们的省体。郭店《老子乙》3 的✱(《老子乙》4,《尊德义》4、5 近似),郭店《性自命出》8 的✱(《尊德义》19 近似)字,则是两者之间的过渡形态。前面提到,曾侯乙墓竹简文字风格尚繁,A、B 所从和✱同形,未必就是同一个字。我们认为 A、B 应分别释为绳和棍。

裘锡圭先生在为郭店简《六德》加按语时,首先指出简文中的古文昆当读为"昆弟"之"昆"④,而后李家浩先生专文考释楚墓竹简中的"昆"和从昆之字⑤,从而使得我们对昆系字有了比较全面

---

① 萧圣中:《曾侯乙墓竹简释文补正暨车马制度研究》,博士学位论文,武汉大学 2005 年,第 2 页。

② 湖北省博物馆编《曾侯乙墓》(上),文物出版社,1989 年,第 492、494、496、497、500 页。

③ 徐在国:《上博竹书(二)文字杂考》,《学术界》2003 年第 1 期,第 101—102 页。

④ 荆门市博物馆编《郭店楚墓竹简》,文物出版社,1998 年,第 189 页。

⑤ 参见李家浩:《楚墓竹简中的"昆"字及从"昆"之字》,《中国文字》新 25 期,艺文印书馆,1999 年,第 139—148 页;又收入李家浩:《著名中年语言学家自选集·李家浩卷》,安徽教育出版社,2002 年,第 306—317 页。

的了解。楚文字黾有下面几种写法：

1. ▨（郭店《六德》29）

2. ▨（郭店《六德》28）

3. ▨（天星观楚简绳字偏旁，转引自《楚系简帛文字编》938页）

4. ▨（望山楚简 2.49 绳字偏旁）

5. ▨（望山楚简 2.6 绳字偏旁）

它是某种昆虫的象形。马王堆汉墓帛书绳作▨（《九主》354）、▨（《九主》375）、▨（《周易》087），右边所从与古文黾相似，是古文黾的演变①，《说文》糸部："绳，索也。从糸，蝇省声。"黾部："蝇，营营青蝇。虫之大腹者。从黾、从虫。"《说文通训定声》把譝、渑也分析为"蝇省声"②。颇疑古文黾就是蝇的象形初文。蝇是昆虫的一种，引申表示昆虫的通名。蝇是在象形字的基础上累增虫旁③。绳、譝、渑都是蒸部船母字，蝇是蒸部喻母字，绳以"蝇"为声符，和譝、渑以"蝇"为声符，音理是一样的。

过去把西周金文中的▨（师同鼎）、战国文字的▨（鄂君启节）和▨（郭店《穷达以时》7）所从释为黾，已有学者提出异议。李学勤先生将前者释为它，他说：

"它"字的写法接近《说文》篆文，如《说文》所说，字"从它，龟头与它头同……象足甲尾之形"。这个字在商代就有两种

---

① 此字的右边也有可能应分析为从日从古文黾。
② 朱骏声：《说文通训定声》，武汉市古籍书店，1983年，第71—72页。
③ 参看麦耘：《"黾"字上古音归部说》，饶宗颐主编《华学》第五辑，中山大学出版社，2001年，第171页。

写法，都象龟形，一种是侧视的，一种是俯视的。这两种写法一直传流到《说文》，篆文是源于侧视的写法，古文则源于俯视的写法。鼎铭的"龟"当为地名。①

后二字冯胜君先生释为黾和从黾的字。他结合传世文献，指出金、革、龟、箭是诸侯朝见天子时必备的贡品，鄂君启节"毋载金、革、黾、箭"，是禁止这些东西自由买卖。郭店简《穷达以时》7说的是百里奚的故事，百里奚以武功著称，冯先生认为从黾的字通军，"▨卿"读为军卿，可从②。冯先生指出："在战国楚文字材料中，'黾'字无论独体还是偏旁，都是用作'龟'的，似乎还没有发现确定无疑的用作本字的例子。"③冯先生所述的事实，换一句话来说，就是楚文字中的所谓黾，实际上是龟的省变。楚文字而外，秦文字中也有黾和从黾的字，与《说文》小篆酷似，作人名。考《说文》黾部诸字，所从黾或是龟的讹变（如鼅、鼃），或是鼄身的讹变（如鼄）④，或是蜘蛛的讹变（如鼇）⑤。而作为蛙类象形的黾则见于早期金文，作▨（父丁鼎）、▨（父辛卣）之形。可见，黾字来源是很复杂的。从马王堆汉帛书"绳"字看，古文昆应是黾的另一个来源。黾是蒸部明母字，昆是文部见母字，文、蒸两部主要元音相同，韵尾有相混的现

---

① 李学勤：《师同簋试探》，《文物》1983年第6期，第58—61页；又收入李学勤：《新出青铜器研究》，文物出版社，1990年，第117页。

② 冯胜君：《战国楚文字"黾"字用作"龟"字补议》，中国文字学会、河北大学汉字研究中心编《汉字研究》第一辑，学苑出版社，2005年，第477—479页。

③ 冯胜君：《战国楚文字"黾"字用作"龟"字补议》。

④ 唐兰：《中国文字学》，上海古籍出版社，1979年，第103页。

⑤ 胡光炜：《甲骨文例》，中山大学语言历史研究所考古丛刊之一，1928年，下卷第26页；刘钊：《释甲骨文䊳、䜴、蟺、烖字》，《吉林大学学报》1990年第2期，第8—13页；又刘钊：《古文字考释丛稿》，岳麓书社2005年，第1—17页。

象。《楚辞·远遊》蒸文合韵①，文献里乘与隐、胜与遯、兴与饔等字相通②。见母和明母字也多通转之例，如囧读与明同，崑崙的崑或作岷，曹刿的刿或作沫，大扃的扃或作鼏等③。黾和昆音理上是相通的。

这样，绳和绲可以看作是一个字的分化。绳是形变的结果，绲是音变的结果。它们的基本义其实都是织成的绳索、绳带，后来各有分职。古书中两字可互训，如《诗经·秦风·小戎》"竹闭绲縢"，《毛传》："绲，绳也。"

弄清了古文昆的来源，古文昆和黾的关系，可以重新回到A、B上来。我们认为它们右边偏旁是在昆字4、5两种写法基础上移动部件的结果。移位情形和▨(楚嬴匜)作▨(仲殷父簋)、▨(驫书缶)、▨(王子午鼎)作▨(驫书缶)，▨(《殷虚文字甲编》2774被字偏旁)写作▨(郭店《老子甲》15)相似。A组字用法包括两类，一类与"绥"通用(第45、85简)，指车上的物件；一类与"维"(或作"唯")连用(第123—125、128、129、133简)，作"胄"的修饰语。绳字修饰"绥"，和天星观楚简相同；修饰"维"，和信阳楚简相同。李家浩先生指出，绲是一种织成的带子。天星观楚简中的"绲绥"犹《仪礼·既夕礼》的"约绥"，指登车握持的绳带。郑玄注："约，绳。绥，所以引升车。"④曾简的用法与之相同。信阳楚简中的"绲维"，李先生认为是悬挂磬的带子⑤。但曾简"绲维"用法不同。曾侯乙墓出土

---

① 王力：《楚辞韵读》，《王力文集》第六卷，山东教育出版社1986年，第539页。
② 高亨：《古文通假会典》，齐鲁书社，1989年，第39、41、145页。
③ 黄焯：《古今声类通转表》，上海古籍出版社，1983年，第166、167、178页。
④ 李家浩：《楚墓竹简中的"昆"字及从"昆"之字》。
⑤ 同上。

大量皮甲胄,根据对保存较好的皮胄的复原研究,知道每件皮胄是由十八片编联而成的①。曾简"绲维"应是指编联皮胄的绳带。B组字见于207号简:"凡宫殿之马与骡十乘②,入于此棍官之中。"③是所谓小结类简。后一句形式颇似《诅楚文》"寘者(诸)冥室椟棺之中。""棍官"与"椟棺"相当,疑"棍官"读为"棍棺",《广韵》混韵:"棍,木名。"棍棺是指棍木作的棺。这样,A、B两组字无论形体还是用法都得到了比较好的解释。

这两个字之所以长期未释出,主要原因就是对曾、楚两国文字的具体差异认识不够。看来,在加强战国文字各大系研究的同时,有必要深化同系内部各国文字的差异研究,从而建立起战国文字不同层级的比较研究模式。

(原载《简帛》第一辑,上海古籍出版社,2006年)

---

① 湖北省博物馆编:《曾侯乙墓》(上),第332—336页。
② 骡字从何琳仪释。何琳仪:《随县竹简选释》,饶宗颐主编《华学》第七辑,第124—125页,中山大学出版社,2004年。
③ 入下一字旧不释,其实清晰可辨,应为于字。

夬的形义和它在楚简中的用法
——兼释其他古文字资料中的夬字

战国楚简里,夬一般作👁（仰天湖二五·一〇）、👁（包山二·二六〇）之形,用为偏旁时,也写成👁（快所从,包山二·八二）或👁（叏所从,包山二·一三八）。这一点,已为学术界所公认。如果以此为基点纵向逆推和横向系联,那么甲骨文中的👁（合集九三六七）、👁（合集九三六八）等字①、金文👁字②（段簋,三代八·五四·

---

① 丁山说:"👁似子而非子,疑即叉之初文。《说文》虫部'蚤,啮人跳虫也。从蚰叉声。叉古爪字。'又曰'👁手足甲也,从叉象叉形。'爪、叉古本一字。"见丁山:《甲骨文所见氏族及其制度》,科学出版社,1956年,第132页。案此说不确,字应释为夬。卜辞用为人名,如:

夬入一。（合集九二九三反）
夬入。（合集九三六七）
夬入。（合集九三六八）
夬入。（合集二一二二一）
……酉邑析…裁舀夬…（合集二一八六四）
丁酉卜,兄贞,隹夬老…以小𦉥井,八月。（合集二三七〇八）
夬入。（英一八二一）

② 段簋铭文说:"唯王十又四祀十又一月丁卯,王贞毕萱,戊辰曾（赠）,王穧段历,念毕中孙子,令龚妘遣大则于段。敢对扬王休,用乍簋。孙孙子子万年亯祀。孙子夬已。"夬后一字与仰天湖楚简二五·九、二五·一二、二五·一三、二五·二八、二五·三〇、二五·三三、二五·三四、二五·三五、二五·三六已写法相同,应释为已。"孙子夬已"当读为"孙子快已"。快《说文》解释为"喜也",是"高兴、愉快"的意思,与《左传》昭公二十八年"愁使吾君闻胜与臧之死也以为快"用法相同。"已"为句末语气词,与《晏子春秋·内篇谏下》"傲细民之忧,而崇左右之笑,则国亦无望已"、《史记·货殖列传》"夫神农以前,吾不知已"的"已"用法近似。

一)、古陶文 字①（嬪～，古陶文汇编三·七三九）也应释为夬,甲骨文 (合集四八二二)应隶为盉②,古印文 ③(古玺汇编二四四一)应隶作䇞。

从殷商到战国,夬的写法都很接近。及至秦汉时代,才发生了较大的变化。马王堆帛书作夬(战国纵横家书一二五),就是很好的证明,夬的这种写法和《说文解字》小篆 相似。许慎据小篆解释夬的形义:"分决也。从又,ㄓ象决形。"④徐锴补充说:" ,物也；丨,所以决之。"⑤都据讹形说,是靠不住的。

夬的形义究竟是什么？这是一个饶有兴趣的问题。本文拟就此进行探讨,并在此基础上,对夬在楚简中的用法作一番梳理。

我们认为,夬是由〇和乂两部分组成的,象人手指上套着一枚圆圈,是一个合体象形字。结合夬和从夬诸字在古书中的用法看,夬的形义应是射箭时戴在大拇指上、用以钩弦的扳指。

扳指这个意义古书一般用决表示。如《楚辞·天问》:"冯珧利决,封狶是射。"金开诚《楚辞选注》:"决:即'扳指',是用玉石骨角等物做成的指圈,套在右手大指上,拉弓时起护指作用。"有时决拾连言。《诗经·小雅·车攻》:"决拾既佽,弓矢既调。"《毛传》:"决,钩弦也;拾,遂也。"《国语·吴语》:"夫一人善射,百夫决拾,胜未可成。"韦昭注:"决,钩弦;拾,拾捍。"钩弦就是扳指。有时决与遂连

---

① 此陶出临淄。"夬"可能用为私名。
② 盉可能就是䇞字。《集韵》入声屑韵:"䇞,破也。或从皿。"卜辞残缺,用法不明。
③ 䇞字不见于字书。此处用为私名。
④ 许慎:《说文解字》,中华书局,1963年,第64页。
⑤ 同上。

用。《仪礼·乡射礼》："司射适堂西，袒决遂。"郑玄注："决，犹闿也，以象骨为之，着右手大擘指，以钩弦闿体也。遂，射韛也，以韦为之，所以遂弦者也。"《仪礼·大射仪》："司射适次，袒决遂，执弓，挟乘矢于弓外，见镞于弣，右巨指钩弦。""决遂"与上文同义，故郑玄做了基本相同的注释。

除了写作决以外，扳指还可以用玦、抉①、觖、夬表示。如《礼记·内则》："右佩玦、捍管、遰、大觿、木遂。"孙希旦《集解》："玦当作决。"《逸周书·器服解》："象玦朱极。"朱右曾《校释》："玦，决也，……以象骨为之，着右手大指，所以钩弦闿体。"《战国策·楚策一》："章闻之，其君好发者，其臣抉拾。"鲍彪本抉作"决"。"抉拾"即"决拾"。《诗经·小雅·车攻》"决拾既佽"，《经典释文》作"夬"，说："本又作决，又作抉。"《周礼·夏官·缮人》郑玄注引《诗经》作"抉"，《集韵》入声屑韵引作"夬"，说："或从弓。"《国语·吴语》："百夫决拾。"《补音》："决文或作夬。"

在决、玦、抉、觖、夬诸字当中，夬是表示扳指的初文，觖为累增字，决玦抉为借字②。过去由于没有见到未经讹变的古形，不能确定这一点。现在有了古文字的资料，问题便迎刃而解了。

夬的形义在楚简中也有所反映：

---

① 《史记·苏秦列传》："韩卒之剑戟皆出于冥山……皆陆断牛马，水截鹄雁，当敌则斩甲铁幕，革抉咙芮，无不毕具。"司马贞《索隐》："谓以革为射决。决，射韛也。"抉的这种用法，比较晚出，显然是词义范围扩大的缘故。

② 决玦抉诸字，《说文》作如下解释：
  决，行流也。从水从夬。庐江有决水，出于大别山。
  玦，玉佩也。从玉夬声。
  抉，挑也。从手夬声。
依《说文》的解释，参照它们在古书中的用法，知它们本义与扳指无关，故表示扳指时，都是借字。

（1）一綎布之绘，文繢之韦，缯纯，又红组之绥，又骨夬。（仰天湖二五·一〇）

（2）一奠（郑）弓，一纷敛，夬愠。（包山二·二六〇）

例（1）中的"骨夬"，就是骨制的扳指。例（2）中，"夬"指扳指，"愠"指臂衣，是射箭时戴在左臂上用以蔽肤、敛衣的东西。刘钊说：

> 字书从"昷"的字皆有"蕴藏""包含"之义，如"韫"字《集韵》上声隐韵训为"藏"，《集韵》平声魂韵又训为"鞬"，而"鞬"字《玉篇》谓"弓衣也，韬也"，"韬"即"套"也。①

"套"可以解释为臂衣，这种东西古书中有拾、遂、韝、捍等多种异名。孙诒让《周礼正义》：

> 凡拾、遂、韝、捍，四者同物。韝为凡袒时蔽肤敛衣之通名，《史记·滑稽传》云"帣韝鞠䠒"，又《张敖传》云"朝夕袒韝蔽上食"是也。其射时着之，取其捍弦，故又谓之捍；亦取其遂弦，故又谓之遂。非射时，则无取捍遂之义，故谓之拾。

愠是这种臂衣的另一种异名。

例（2）前面列"一奠（郑）弓"，后面列"夬愠"，都是与射箭有关的东西。其中"弓"和"夬"都为同墓所出实物所证明②。"一纷绘"

---

① 刘钊：《释愠》，中国古文字研究会第十届年会论文，广东东莞，1994年。
② 包山二号楚墓出土木弓一件，分半月形和马鞍形两种。发掘报告描写如下：
针，第二针向前，仍由上向下穿出，两者间距0.3厘米，第三针回头紧邻第一针，自下而上在其前面穿出。以后各针，逢单回头，逢双向前，单双距始终为0.3厘米，针法不变，形成缝线叠压，中脊呈人字形的锁边。指套直径3.7、宽3.3厘米。
也见于《包山楚简》上册，第213页。这里所说的指套，实际就是夬，也就是扳指。扳指这种东西在望山二号墓也有出土，共20件，"扁圆形，可套手指，带柄，按柄之不同分为二型。"〔湖北省文物考古研究所：《江陵望山沙塚楚墓》，文物出版社，1996年，第138页。〕原报告称作"骨鞢"，误。应称决或扳指。鞢以皮韦为之，裹于右大拇指，是决之衬垫。与决不同。黄以周《礼书通故·丧礼三》辨之甚晰。

在"一奠(郑)弓"和"夬晶"之间,表明"敆"与射箭有关。这种东西还见于信阳长台关一号墓遣策:

一艸齐緅之敆,帛里,组緣。(简四)

一两鞠绥,紫韦之纳,纷纯,纷绘。(简十一)

它究竟为何物,有待于进一步研究。但是它的质地多样、纹饰丰富,和射箭有一定的联系,是可以肯定的。

例(1)中的"一絟布之绘,文繢之韦"和包山楚简"一会、二骨楣、一䋎(䋎)缟之纬"(简二·二六二)中绘与会、韦与纬相对应,应同物。包山楚简的整理者在"纬"下解释说:"读如帏,《说文》:'囊也。'"①那么,例(1)中的韦也应解释为囊(袋子)。"繢纯"的"纯"是边缘的意思,这里指"韦(帏)"的边缘。"繢"是"纯"的修饰语,指"纯"的质地而言。仰天湖楚简有一简说:"一紫絵之笞(簏),纃緅文繢之纯。"(简八)其中"繢之纯"即"繢纯"。"红组之绥"的绥即緌,是似缨饰的下垂物,它应是"繢纯"上的装饰。

例(1)所出的仰天湖二十五号楚墓,曾先后两次被盗掘,随葬品大部分被破坏或盗去,仅存物很少,因而"骨夬"无法与实物对照②。例(1)中"绘"与"韦"的意义或意义范围的确定,有助于证明释"骨夬"为骨制扳指的正确性。

夬字还见于下面一简:

九亡童:亓(其)三(四)亡童皆䟽衣,亓(其)三亡童皆丹緅之衣,亓(其)二亡童皆素衣,皆赤颈索(素)豖之毛夬。(望山二·四九)

---

① 湖北省荆沙铁路考古队:《包山楚简》,文物出版社,1991年,第62页。
② 湖南省文物管理委员会:《长沙仰天湖第25号木槨墓》,《考古学报》1957年第2期,第85—94页。

这个夬字字迹模糊,《望山楚简》①一书摹作𢆶,我们认为应是夬字,通帗。《篇海类编·衣服类·巾类》:"帗,帨也。"依照《说文》,帨是帥的异体,是佩巾的意思。"毛夬(帗)"当指毛物做的佩巾。《说文·毛部》:"毛,眉发之属及兽毛也。"徐灏《注笺》:"人兽曰毛,鸟曰羽,浑言通曰毛。""赤颈素豢"为"毛夬(帗)"的修饰语,"赤颈"是说"毛夬(帗)"相当于颈的部位是红的。颈本指人颈,引申指器物象颈或相当于颈的部分,如《周礼·考工记·辀人》:"参分其兔围,去一以为颈围。"郑玄注:"颈,前持衡者。"《礼记·投壶》:"壶颈修七寸。""索(素)豢"又见于望山楚简:"☐霝光之𩊚,缟里,索(素)豢之纯,组绥。"(简二·六一)意义不详。"皆赤颈索(素)豢之毛夬"是说"九亡童"都有赤颈索(素)豢的毛料佩巾。根据发掘报告,同墓所出亡童(即木俑,共十六件,另有七件未记入竹简)"身着绢衣,为右衽式,头上有丝质假发(并涂黑),脸部施红彩。"②没有关于佩巾的记载,可能是腐烂了。

最后,附带提一下江陵九店简中的袂。楚简中从夬的字多为人名(如快、𦩎、𩵋等),没有多大讨论的必要。因此这里只谈谈袂字。先看简文:

☐☐常袂一☐☐舍☐夬二☐☐(简一二三)

简文残缺严重,好在袂的上下还有存字,为袂的训读提供了条件。这个袂字在常(裳)的后面,一的前面,依文义可读为帗,帗为人身所佩,故可置于常(裳)后。

---

① 湖北省文物考古研究所、北京大学中文系:《望山楚简》,中华书局,1995年,第62页。

② 湖北省文物考古研究所:《江陵望山沙塚楚墓》,文物出版社,1996年,第150页。

附记：本文蒙李学勤师指导并审看，谨此致谢。据李先生说，新出金文中也有夬字，写法与甲骨文相似，而且从文例看和射箭有关。这无疑能从另一个侧面证成本文的结论。但有关资料尚未发表，不便称引，令人遗憾。

(原载《第三届国际中国古文字研讨会论文集》，
香港中文大学中国文化研究所、
中国语言及文学系，1997年)

释包山楚简中的"䌛"和"递"

包山二号楚墓所出简牍文书有下面一段:

东周之客䊷脰逞(归)袴(胙)于戚郢之䇂(岁)夒月乙巳之日,秦夫=(大夫)㤅之州里公周瘃言于右尹与鄴公赐、儒尹旗、正娄㤅[①]、正敏(令)墨、王丁司败邉、少里乔塱尹翠、鄴逪尹虖、发尹利。瘃言曰:甲唇(辰)之日,尖=(小人)(简141)之州人君夫人之敀怆之苟一夫遯逪至州䌛,尖=(小人)酒(将)敷(捕)之,夫自剔[②](伤),尖=(小人)安[③](焉)獣(狩)之以告。

郊齐戠(识)之,凶鄰为李。(简142)夒月乙巳之日,鄶戓䕺敬郊君之䦔邑人黄钦言于左尹与鄴公赐、儒尹旗、正娄㤅:正敏(令)墨、王丁司败邉、少里乔与尹翠、鄴逪尹虖、发尹利。钦言曰:鄖逪尹㤅䍃(执)尖=(小人)于君夫人之敀怆,甲唇(辰)之(简143)日,尖=(小人)取怆之刀以解尖=之桎,尖=(小人)逃至州递,州人酒(将)敷(捕)=尖=(小人,小人)信以刀戕(伤),州人安(焉)以尖=(小人)告(简144)。

---

* 本文蒙李学勤先生审看,谨致谢忱。
① 黄锡全:《〈包山楚简〉部分释文校释》,见《湖北出土商周文字辑证》附录四,武汉大学出版社,1992年。
② 汤余惠:《包山楚简读后记》,《考古与文物》1993年第2期。
③ 周凤五:《包山楚简考释》,中国古文字第九届学术讨论会论文,南京,1992年。

从文义看，䋵和𨙻用法相同；从字形看，行辵可以通用，可见二者应为一字。《包山楚简》一书对二字未予隶定，也未作解释。滕壬生先生在《楚系简帛文字编》中把它们隶定在辿下，并在𨙻下解释说："简文从吊从辵，《字汇》：吊俗弔字。"滕先生是根据弔之俗字作吊把𨙻中与吊近似的部分逆推为弔，进而把𨙻释为辿的。问题在于，弔是战国古文，而吊只是汉唐之间出现的俗字。因此吊的古文字是弔，而不可能是吊。把𨙻释为辿是错误的。关于这一点，考察一下弔的演进过程（图一，1～8），就会获得更明晰的认识。

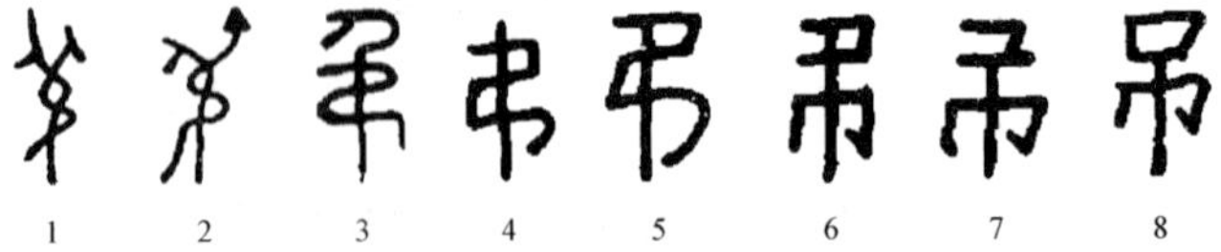

图一　弔字演进过程

1. 京津 1292　2. 陈贻簋　3. 说文小篆　4. 吴谷朗碑　5. 晋爨宝碑
6. 魏元钦墓志　7. 吊比千文　8. 刁遵墓志

黄锡全先生曾把䋵、𨙻释为卫[1]。这一释法为陈伟先生《包山楚简初探》所采用。但认真比较就会发现，此字与卫的写法明显不同，不可能是一个字。因此释卫也是不能成立的。

䋵和𨙻的形体确实很奇特，若没有类比的材料，很难释读。可喜的是，新近公布的一批秦封泥[2]为这一问题的解决提供了新的契机。其中有这样两种（图二）。

---

[1] 黄锡全：《〈包山楚简〉部分释文校释》，见《湖北出土商周文字辑证》附录四，武汉大学出版社，1992年。

[2] 周晓陆、路东之、庞睿：《秦代封泥的重大发现》，《考古与文物》1997年第1期，第35—49页。

图二　秦封泥拓本
1. 永巷　2. 永巷丞印

这两种秦封泥分别由两枚官印钤出。我们知道,秦代职官中能与印文对照的只有"永巷"和"永巷令丞"。《汉书·百官公卿表》:"少府,秦官,掌山海池泽之税,以给供养,有六丞。"属官有"永巷令丞"。又:"詹事,秦官,掌皇后、太子家,有丞。"属官有"永巷令长丞"。除此之外,印文的写法与巷的或体衖也比较近似,所以有的研究者把它们释为"永巷"和"永巷丞印"[1],无疑是正确的。

楚简中的䊷比印文䊷少"𢖩"形,其余部分基本相同,我们认为应视为一字,前者是后者的古形,后者是前者的增累字。把楚简中两个字释为巷,可以说文从字顺。简文"州巷"是名词,处在介词"至"的后面,表示处所。另外,"州巷"是个古语词,见于古籍。如《礼记·祭义》:"居乡以齿,而老穷不遗,强不犯弱,众不暴寡,而弟达乎州巷矣。"郑玄注:"一乡者五州,巷,犹间也。"州巷就是州间的意思。

对于楚简中䊷巷的解释,反过来可以证明释读封泥的正确性。

---

[1] 周晓陆、路东之、庞睿:《秦代封泥的重大发现》,《考古与文物》1997年第1期,第35—49页。

编按:本文 1997 年春投于《考古》杂志社。同时有多位学者撰文,得出相同的结论。参看白于兰《包山楚简中的"巷"字》,《殷都学刊》1997 年第 3 期;何琳仪、徐在国《释"芇"及相关字》,《中国文字》新廿七期,台湾艺文印书馆,2001 年;徐在国《隶定古文疏证》第四卷,安徽大学出版社,2002 年。

(原载《考古》1998 年第 5 期)

试释包山简中的"筜"

湖北荆门包山二号墓出土的竹简中,有一个写得比较特别的字,作

𥫗 80号简

𥫗 125号简

𥫗 148号简

𥫗 85号简

等形,包山楚简的整理者把它隶作"筊"①,显然是认为由"竹"和"引"两部分组成的。

大家都知道,"引"从甲骨文到汉初简帛文字,都写作弓形上加一撇②,"象引弓之形"。

如果𠃌真是引字,那么𠃌就应当是弓字。可是楚文字中的弓一般作𢎥,从不写作𠃌,因此𠃌不可能是引,𥫗也不应当隶作筊。

看来,这种释法的错误是明显的。可能有鉴于此,1993年汤余惠在《考古与文物》上撰文,给了它一种新的解释。他说:

此字下从子省,即孑(孑、孓古本一字,后世分化。详见拙

---

① 参见《包山一号楚墓简牍释文与考释》,载《包山楚简》,湖北省铁路考古队编著,文物出版社,1991年,第22—29页。

② 参看于豪亮:《说引字》,《考古》1977年第5期,第339—341页,又载《于豪亮学术文存》,中华书局,1985年,第74—76页。

作《〈说文〉中的省形分化字》,许慎与说文学国际学术研讨会论文,1991年,油印本)。苧从孑声,疑即简札之本字。孑、札古音同属月部,孑与截古音近,古书截、札互通,《释名·释天》:"札,截也。气伤人有如断截也。"是苧可释札之旁证。[①]

本来汤先生是说"疑即简札之本字",未敢太过自信。但他的说法一出,影响之大,从者之多,恐怕是他自己都始料未及的。

平心而论,汤先生之说能让人信从,自有它的原因。我们不妨来分析一下。汤先生的推断,大致分为三步:

第一步:苧从孑、孑即孑;

第二步:孑是苧的声符,孑截古音相近;

第三步:札训截,孑截音相近,苧可训札。

不难看出,这样一个论证过程,比起释笷来,自然要胜出许多。但如果深入考察就会发现,它也并不是没有问题的。

譬如说孑截古音虽然很近,但迄今未见通假的例证。而且,即使孑截可以通假,也不能因为札训截,就把苧训札,因为这中间已经数度"辗转腾挪"了。

最重要的是,"札"的本义是"牒"(《说文·木部》),亦即书写用的小而薄的木片,当文书讲是由这一意义引申出来的。我们的调查表明,在先秦时代,札的主要用法除本义外,还有"铠甲的叶片",或"疫病"、"灾荒"等,绝少表示"文书"的意思。从目前掌握的资料看,当"官文书"讲则是汉代以后才有的用法。包山简是战国时的材料,以汉之"今"律战国之"古",显然是不够妥当的。

我们认为,这个字应隶作笓。

---

① 汤余惠:《包山楚简读后记》,《考古与文物》1993年第2期,第70页。

巳字战国文字或作

㔿 侯马盟书宗盟类九八：六改字偏旁

㔿 同上一五六：一改字偏旁

㔿 楚帛书甲一二祀所从

㔿 古币文编一八

㔿 郭店《缁衣》二〇

㔿 同上《性自命出》六六

"笆"中的"巳"，右边加上一短划，是为了字势的匀称美观。这种情况在西周至战国的文字中都出现过，典型的例子如：

巳作 㔿（玺汇 3340） 㔿（玺汇 3767）

祀作 祀（师遽簋） 祀（中山王𩰫壶）

熙作 熙（玺汇 3181） 熙（玺汇 3184）

也作 㔿（郭店《成之闻之》一七） 㔿（同上三〇）

情形与之相类。

由上面的论证，知道 㔿 可以释为巳，㔿 可以隶作笆。

在上古汉语中，巳和己语音相近（同属之部，声纽一为齿音，一为牙音），作声符往往通作。

《说文·攴部》："改，更也。从攴己。"郭店简改一律写作攺，如《缁衣》一六、一七，《尊德义》一、四、五，《六德》一九等，都从巳作。

《说文·走部》："起，能立也。从走，巳声。𧺣，古文起从辵。"郭店简中起写作起（《老子》甲种三一），又写作追①（《语丛三》

---

① 张守中、张小沧、郝建文撰集的《郭店楚简文字编》把起追分别为两字，但郭简中"㠯"用为"己"，长沙子弹库楚帛书"纪"从"㠯"（乙4·82），故追可释为起，即起的古文。《语丛三》一〇"起习曼章"即"起习文章"。

一〇),《汗简》上之一亦作𢀒。

《说文·女部》:"婴,说乐也。从女,㠯声。"《臣部》:"㠯,广臣也。从臣,巳声。"婴通"㠯"声之妃(《说文·女部》)。《太玄·内》:"谨于婴孰,始于女贞也。"司马光集注"婴孰,古妃仇字"。

不仅如此,由于形近,自战国至汉,己和巳都有写混的现象。如包山简的己一般作己(31 号、150 号等),偶而也作巳(79 号简);居延汉简中己一般作己,有时也作巳(居延图 280);汉碑中的祀一般作祀(孔龢碑),偶而也写作祀(淮源庙碑)。

总之,巳己形音俱近,关系非常密切。

包山简中的"𢀒"应当读为记。

记指官方文书。

《战国策·齐策四·齐人有冯谖者》:"后孟尝君出记,问门下诸客:'谁习计会,能为文收责于薛者乎?'冯谖署曰:'能。'孟尝君笑曰:'此谁也?'左右曰:'乃歌夫长铗归来者也。'孟尝君笑曰:'客果能也,吾负之,未尝见也。'请而见之……"鲍彪曰:"记,疏也。"张清常、王延栋《战国策笺注》:"记,旧时的公文,谓文告。"①

《越绝书外传记·吴王占梦第十二》:"王心不已,召王孙骆而告之。对曰:'臣智浅能薄,无方术之事,不能占大王梦。臣知有东掖门亭长越公弟子公孙圣,为人幼而好学,长而憙游,博闻强识,通于方来之事,可占大王所梦。臣请召之。'吴王曰:'诺。'王孙骆移记,曰:'今日壬午,左校司马王孙骆,受教告东掖门亭长公孙圣:吴王昼卧,觉寤而心中惆怅也,如有悔。记到,车驰诣姑胥之台。'""圣得记,发而读之,伏地而泣,有顷不起。其妻大君从旁接而起

---

① 《战国策笺注》,南开大学出版社,1993 年,第 265 页。

之,曰:'何若子性之大也! 希见人主,卒得急记,流涕不止。'公孙圣仰天叹曰:'呜呼,悲哉! 此固非子之所能知也。今日壬午,时加南方,命属苍天,不可逃亡。伏地而泣者,不能自惜。但吴王谀心而言,师道不明;正言直谏,身死无功。'大君曰:'汝强食自爱,慎勿相忘。'伏地而书,[继]而成篇,即[与妻]把臂而诀,涕泣如雨。上车不顾,遂至姑胥之台,谒见吴王。"俞樾《读越绝书》释"记"字说:"此古公牍文字,虽未必春秋时格式如此,要亦汉人之遗。"我们认为从上引《战国策》来看,春秋用"记"表示公文,是完全可能的。

《汉书·张敞传》:"以臣有章劾当免,受记考事。"《资治通鉴·汉宣帝甘露元年》:"以臣有章劾当免,受记考事,便归卧家。"胡三省注:"师古曰:'记,书也。'若今之州县为符教也。"

类似的例子在汉代的简牍中也比比皆是,不胜枚举。

要之,从周以降,官文书称"记"是一种非常普遍的现象。

看出土古文字资料,"记"的出现是比较晚起的事情。《上郡府箙》是迄今所能见到的最早的例子,文中"其眉寿无记","记"用为"期",并不表示官文书的意思。表示官文书的应该另有其字。我们推测这个字可能就是笆。笆很可能就是表示官文书的"记"的本字。"巳"表音,"竹"表意("记"书于竹简,故从竹)。《玉篇·竹部》收"笆"字,释为"篝",从字形看,它和笆似乎有一定的联系,但用法不同,不敢遽定,姑存以待考。

把"笆"释为"记",包山简中的相关文例都能讲通。

1. 冬柰之月,甲辰之日,少臧之州人冶士石佢讼其州人冶士石臙,言冒伤其弟石耴鮔。既发笆,执勿逸①。泟期戬之,秀夏为

---

① 这个字原来隶作遳,误,应隶作遳。它实际上就是甲骨文中的夲的增累字,是逃逸之"逸"的本字。可参看拙文《战国文字"遳"与甲骨文"夲"为一字说》,载《古文字研究》第二十二辑,中华书局,2000年,第275—277页。

撃^①。 80号简

2. 習屄之月,辛巳之日,骻宫公德讼宋瓠、宋庚、差敏愠、郜纙、黄躲、黄軱、陈敂、番珏、黄行、登鞌、登迦、登胬、登諫、登阱、登㫋、歇上、周敓、奠冋、黄为宗、畲相䵣、苟胖、雷宋、阳唇、郜敢、以其受骻宫人而逃。疋吉散之,秀淠为撃。85号简 既发笆,遛以廷。
85号简反面

3. 竞得讼繁丘之南里人龚帙、龚酉,胄杀其兄。九月甲辰之日,繁丘少司败远𢶀腹笆,言胄繁丘之南里信有龚酉,酉以甘歴之岁为僃于鄢,居口里。繁阳旦无有龚帙。正秀齐散之,郘尚为撃。 90号简

4. 宋客盛公䵣尊楚之岁,屈栾之月,戊寅之日,郱易公命聊寏之客葦、畋尹癸譔(瀸)^②之。东敌公豯痹、敌司马阳牛皆言曰:郱易

---

① 此字原作𢒪,郑刚、何琳仪、刘信芳等先生都释为"李",已得到大多数学者的认同。此字的结构,一般分析为从子来省声(可参看曾宪通先生《楚帛书文字新订》,《中国文字研究》第一辑,吉林大学出版社,1999年,第92—93页)。我们认为它是撃的省体。金文《史墙盘》有撃字,戴家祥先生分析为"从子孷声"(《金文大字典》,学林出版社,1995年,5467页)。撃省作𢒪,和釐省作𨖪(郭店简《穷达以时》一五)、𦨞(同上《尊德义》三三)相仿佛。2002年8月7日,王宁先生在简帛研究网(http://www.bamboosilk.org)上发表《释撃》一文,也提出了类似的见解,与拙见不谋而合。

② 此字原作䛝等形,关于它的释法,众说纷纭,莫衷一是。如包山楚简的整理者隶作"譔",读为"对",解释为"应对";刘信芳先生从之,解释为"审理对证";葛英会先生隶作"譔",读"蔽",认为是"判断、判决"的意思;胡平生先生隶作"譔",认为是"验"的假借字,具有"证"、"征"、"效"等意义;董莲池先生释作"辩",认为是"明察"的意思;陈伟先生认为是"窃"的假借字,作谦辞用;黄锡释作"譖",认为是"审查"、"审问"的意思;广濑薰雄先生认为是"察"的假借字,表示"调查"的意思;李运富先生也认为应读为"察",但其基本含义是"检验"、"核实"、"确认"(参见李运富《〈包山楚简〉'譔'义解诂》,2002年9月7日发表于简帛研究网(http://www.bamboosilk.org))。这里姑且从刘钊先生隶作"譔"(《利用郭店楚简字形考释金文一例》,《古文字研究》第二十四辑,中华书局,2002年,第277—281页)。譔字郭店简用为"察",从它得声的"淺"用为"浅",西周金文中从它得声的"戩"、"劂"、"剷"可以通践、划、蓺、戬等字(参上引刘钊文)。从这些语音线索出发,再考虑到包山简中法律文书的特点,我们认为譔应当读为"瀸"或"瀸"。(接下页)

之酷倌黄齐、黄鼍皆以甘匜之臭月死于小人之敨，邵戊之笑邑。

125号简　既发笆，廷疋易之酷官之客。往倚为摹。　125号反面

5.陈悬、宋献为王煮盐于海①，爱屯二儋之食，金铚二铚。酒以成收。　147号简　客发笆。　148号简

6.郉昜之酷里人邵毄、邦轎、盘己、郉昜之牢中歇竹邑人宋爵、芴陵之畈里人石绅，貣迮蒀之王金不赛。迮蒀之客苟昒内之。白遙公鷇、登行。　150号简　客发笆　150号简反面

例1、2、4、5、6中的"发笆"即"发记"，指发出文书；例3中的"馥笆"即"复记"，指回复文书而言。

2001年3月初稿
2003年4月改毕

（原载《简帛研究二〇〇二、二〇〇三》，
广西师范大学出版社，2005年）

(接上页)《说文·水部》："谳，议皋也。"《礼记·文王世子》："狱成，有司谳于公。"注："成，平也，谳之言白也。"《汉书·景帝纪》中五年诏："诸狱疑，若虽文致于法而于人心不厌者，辄谳之。"注："谳，平议也。"《汉书·刑法志》："县道官狱疑者，各谳所属二千石官，二千石官以其罪名当报之。所不能决者，皆移廷尉，廷尉亦当报之。廷尉所不能决，谨具为奏，傅所当比律令以闻。"谳有对疑案进行覆案以审议定罪的意思，包山简中的䉷大多可以这么理解。如果参照张家山汉简《奏谳书》，就会对䉷的有关问题有更深刻的认识。

①参看林沄先生《读包山楚简札记七则》，《江汉考古》1992年第4期，第86页。

释郭店简《成之闻之》中的"逡"字

荆门郭店简中有一个写作⿺形的字(为便于印刷,文中用 a 表示),分别见于下列简文:

①智而比即,则民谷(欲)其智之述也。福而贫贱,则民谷(欲)其福之大也。贵而罷(能)纕,则民谷(欲)其贵之上也。反此之道也,民必因此厚也以复之,可不斳(慎)唐(乎)!古(故)君子所复之不多,所求之不 a,敢反者(诸)吕(己)而可以智(知)人。

《成之闻之》一七～二〇

②是古(故)君子簸①笰(席)之上叕(让)而爱②(援)埅;朝廷之立(位),叕(让)而处戋(贱);所庀(宅)不 a 悚(矣)。

《成之闻之》三三～三四

---

① 此字本作⿱,字下所从与包山 120 簸所从相近,应隶作簸,关于包山简簸字的释读,请参看湖北荆沙铁路考古队《包山楚简》,文物出版社,1991 年,第 25 页;李守奎:《楚文字编与楚文字编归字说明》,吉林大学博士学位论文,1997 年,第 14 页。

② 这个字一般释受,字形相去既远,文例也讲不通。鄂君启节爰作⿱,郭店《语丛二》一五楥所作⿱。此字中部在通常写法上略有省简。《说文·叉部》:"爰,引也。"后增累为援。《礼记·儒行》:"适弗逢世,上弗援,下弗推。"《礼记·中庸》:"在上位,不凌下。在下位,不援上。"郑玄注:"援谓牵持之也。"孔颖达疏:"在上位不陵下,此素富贵行富贵也。若身处富贵,依我常正之性,不使富贵以陵人,若以富贵以陵人,是不行富贵之道。在下位不援上者,此素贫贱行贫贱也,援,牵持也,若身处贫贱则安之,宜令自乐,不得援牵富贵,若以援牵富贵,是不行贫贱之道。"

新出简帛释读研究　　351

就笔者所见，目前对这个字至少有两种不同的处理意见。

裘锡圭先生认为可能是"远"的误写①。他的意见已经得到了一些学者的认同②。

张光裕、袁国华先生把这个字隶作遼，怀疑应读为登③。这个意见显然受到了楚简中"阩"字释法的影响④。

《成之闻之》篇有两个远字，二一简作您，三七简作您，前者与例①中的a紧接，系一人手笔，区别却十分明显。这似乎说明a是远字写误的可能性很小。事实上，在我们见到的楚简文字中，从无把远字写作a形的。

把a隶作遼，首先是不成字，读为"登"，文例也捍格不通。

因此有必要重新对a进行考释。

按照一般的构形原则，a可以分析为两个部分：偏旁辵和（下文用b表示）。而b是释读此字的关键。

我们认为b就是夌字⑤。袁仲一《秦代陶文》收有一件陶质板瓦⑥（491号），上有刻文：

---

① 《成之闻之》注〔二一〕，荆门市博物馆：《郭店楚墓竹简》，文物出版社，1998年，第169页。
② 如郭沂《郭店楚简〈成之闻之〉篇疏证》，《郭店楚简研究》，《中国哲学》第二十辑，辽宁教育出版社，1999年，第280—281页。
③ 张光裕主编，袁国华合编：《郭店楚简研究》第一卷《文字编》，艺文印书馆，1999年，第394页。
④ 参看滕壬生：《楚系简帛文字编》，湖北教育出版社，1995年，第1038—1040页。
⑤ 郭店《五行》三五简有一个作形的字，原释"夌"。裘锡圭先生按语说："此字上部与'夌'字上部有别，疑是'萬'（害）的讹形（参看拙文《古文字论集·释'萬'》），本书《尊德义》26号简'萬'字作，可作参照。故此字似当从帛书本读为'害'。"《五行》篇注〔四五〕，《郭店楚墓竹简》，第153页。
⑥ 又见高明编著：《古陶文汇编》，5.365号，中华书局，1990年。

兰陵居赀便里不更牙

其中"陵"作✦,右旁所从与 b 酷似,所不同者 b 在"✦"的尾笔上附加一划,这正是古文字常见的作风,如

复作 ✦(郭店《老子》甲一)

復作 ✦(郭店《尊德义》二三)

後作 ✦(郭店《成之闻之》三五)

退作 ✦(郭店《鲁穆公问子思》二)

都属此类。

b 是从✦(夌伯觯)、✦(庚壶绫所从)之类写法的基础上省变而来的。其中变化最大的在字的中部,这正合乎汉字形体演变的一般规律[1]。

b 既是"夌",那么 a 就可以隶作遴。遴是夌的累增字。

《说文·夂部》:"夌,越也。从夂,从土,土,高也。一曰,夌㣙也。"后在字上加"走"旁,写作"越"。"越,越也。"(《玉篇·走部》)越之与遴,和趣之作遳(叔多父簋)、起之作𧺆(《说文·走部》)同类,古文字辵旁与走旁往往可以通用[2]。

体味文意,例①和例②中的遴都当"越"讲,但具体用法略有不同。例①中的"遴"与《周易·系辞下》"其称名也,杂而不越"、《汉书·宣帝记》"越职踰法,以取名誉"的"越"属于一路,指"踰越界限"、"超出常度"而言。这个意义的遴古书或作陵。《礼记·檀弓上》:"故丧事虽遽不陵节。"又《学记》:"不陵节而施之谓孙。"疏:"陵,犹越也。""所求之不遴",就是说所求不超出常度,不过分。例

---

① 可参看拙作《隶变研究》,河北大学出版社,1993年,第 63 页。
② 请参看高明:《中国古文字学通论》,北京大学出版社,1996年,第 141 页。

②的遬与《尚书·太甲上》"毋越厥命以自覆"、《左传·成公二年》"射其左,越于车下"的"越"相似,指"失坠"、"坠落"。"宅"当"居"讲,"所宅不遬矣"是说所居之位不会坠失。

这样解释,可以文从字顺。

在郭店简出土之前,楚系古文字资料中与夌有关的只有陵和薐。陵作■(包山12),省作■(《古玺汇编》0164),薐作■(包山153)、■①(包山154)之形。它们的子声符分别是来②和夂,这和当时他国文字陵作■(《古玺汇编》1128)、■(《古陶文汇编》3.43),显然不同系列,很容易给人一种错觉,好像楚文字"夌"是作■(有些字编直接把它隶作夌的)。这种情况在某种程度上制约了我们对真正的夌和从夌字的释读。因此,郭店《成之闻之》中"遬"的释出,对今后楚文字夌和从夌字的释读有着积极的意义。

(原载《简帛研究二〇〇一》,
广西师范大学出版社,2001年)

---

① 参看刘钊:《金文考释零拾》,《第三届国际中国古文字学研讨会论文集》,香港中文大学,1997年,第449—451页。
② 参看何琳仪:《战国古文字典》上册,中华书局,1998年,第152页。

上博藏《缁衣》简字诂四篇

应该说,上博所藏《缁衣》简的整理已经达到了比较高的水准,为进一步的研究提供了坚实的基础。这是我们披览之后获得的基本印象。当然,由于整理工作复杂艰难,存在问题也势所难免。新年以来,互联网上发表了一系列文章[①],已就其释读问题提出了很好的修订意见。本文就是在此基础上,对四个疑难字谈谈自己的看法。

一、㡭

《缁衣》二:"子曰:为上可㡭而智也,为下可槿而齿也。"㡭,整理者隶作"弃",认为"从介,亡声。《说文》所无。"我们认为这个字主体为亍,)(为饰笔。望本作㡭(《佚》875),像人张望之形,后加月作㡭(《师望鼎》),省简为㡭(《休盘》)。㡭的主体部分与《休盘》"望"所从相同,应是"望"的母字或古形,两边加羡划)(,与古文字类相似。

郭店简《缁衣》"弃"作"䁯",从见、从古文望,是古文"望"的增累字。今本《缁衣》作"望"。足见把㡭释为古文"望"很合适。

---

① 请登陆简帛研究网(http://www.bamboosilk.org)参看有关文章。

二、𤰞

《缁衣》十六:"则民言不𤰞行,行不𤰞言。"整理者把𤰞隶定作"㐹",以为"从石、从今"。这个字今本作"危",郭店简作"𨟻"。"𨟻"从禾声,禾、危同为歌部字,声母发音部位也相近,显然是借用为危。

《中国历代货币大系》五四三、五四四有字作㞒,过去或隶作"垝",认为就是《史记·魏世家》的垝津①。币文和𤰞是同一个字,就是"𠂆"字。《说文》分析为"从人在厂上",表示危高义。二和口都是羡划,战国文字常见。同时加上这两种羡划,与郭店简《语丛一》二的"命"、《老子甲种》八的"达"相类②。

包山简二六二"跪"作㞒,从止、从𠂆,也可以证明"危"作"𠂆"。

三、廛

《缁衣》十八:"《少(小)虽(雅)》员(云):'紾也君子,廛也大城(成)。'"廛今本作"展",郭简《缁衣》作廛,注九一裘按:"简文'也'上一字似当释'廛','廛'、'展'音近可通。"③ 从《十钟山房印举》(三·十一、三·二一)"缠"所从廛的写法来看,裘先生的意见无疑是正确的。廛和郭简"廛"字比较,只是少一广而已。《侯马盟书》

---

① 何琳仪:《空首布选释》,《古币丛考》,文史哲出版社,1996年,第58—59页。
② 可参看赵平安:《"达"字两系说——兼释甲骨文中所谓"途"和齐金文中所谓"造"字》,《中国文字》新廿七期,艺文印书馆,2001年,第51—63页。
③ 荆门市博物馆编:《荆门郭店楚简》,文物出版社,1998年,第135页。

"而敢或攽改助及免"的"助",异文作"勴",从力、从盧声,或作"墨",说明"墨"可以读为盧。■即墨,读为盧,通展。

四、■

《缁衣》二十二:"古(故)君子之眘(友)也又(有)■,丌(其)恶也又(有)方。"郭店简■作"向",今本作"乡",看不出■和向、乡之间形体上有什么直接联系。我们推测,■很有可能是"香"的异体。《说文·香部》:"香,芳也。从黍、从甘。"■上部为林。"香"字汉印每从禾(《汉印证》7.12),华山庙碑从两禾,古文字中木与禾往往通用(如西周金文稣、和或从木作),因此林可以理解为两禾,■可以理解为"香"的异写。《玉篇·艸部》:"芗,谷气,亦作香。"《礼记·士虞礼》"香禾嘉荐",《释文》:"香本又作芗。"是"香"可以读作乡。

2002 年 1 月 14 日

(原载《上博馆藏战国楚竹书研究》,
上海书店出版社,2002 年)

上博简《三德》"毋夐贫"解读

上海博物馆藏战国楚竹书《三德》第 11 号简有"毋夐贫,毋笑刑"一句。其中夐字,字形奇特,目前已有好几种释法。

整理者隶作夐,注云:"疑读为羞(羞是心母幽部字,夐与忧所从相同,疑是影母幽部字,读音相近)。"①

周波不同意这种释法,改释为疑。他说:

> 我们以为其字当与郭店《语丛一》简 110 、《语丛一》简 50 同。郭店此二字隶定分别作"頢"、"䭫",此即《说文》"色"字古文,在简文中皆读为本字。《三德》简 11 "贫"前一字当分析为从"百"从"矢","矢",当是"矣"之省简;"百"为《说文》"首"之古文。而"页"、"首"本一字,古文字"首"亦常写作"页",所以"夐"当即"頢"之省体。"疑"、"頢"皆从"矣"得声,古音接近。……《三德》简 11 所见之"夐"亦当读为"疑",……"夐(疑)",疑忌。"毋疑贫"指不要疑忌穷人。②

何有祖接着对疑字的分析,把它释为忧:

> 通过对"疑"字略作分析,我们发现"矣"的上部变化较少

---

① 马承源主编:《上海博物馆藏战国楚竹书(五)》,上海古籍出版社,2005 年,第 295 页。
② 周波:《上博五札记(三则)》,简帛网(http://www.bamboosilk.org)2006 年 2 月 26 日。

（表意部分），而不起主要作用的下部则存在 ✶→✶→✶、人、? 之变化。这种变化说到底是对某一形体作正剖面与侧剖面之转换，由于只是对声符中的非表意部分作局部调整，所以并不都会改变声符的性质。此种现象在战国文字中颇有其例，《战国文字通论》第四章中所举"敬"字即是如此。若此种对应关系可靠，楚简中可与❀对应的当为❀（憂，郭店《唐虞之道》16号简）。……

《说文》："憂，愁也，从心从頁。"徐锴曰："憂形于颜面，故从頁。"通过观察楚简"憂"字，《说文》分析字形当不误。但徐锴所说"憂形于颜面"似更接近于造字本义。即通过颜面上的变化来突出内心之"憂"，即为❀字。其下部之✶，变为"人"形，连带着上部所从"首"一起变作"頁"，并附加"心"为义符，与"頁"构成一个整体，以表达内心之"憂"。

……"毋憂贫"，指毋以财货不足为憂。放在《三德》强调"德"的大背景下看，"毋憂贫"言外之意当指应以德之不足为憂。①

周波后来放弃了先前的说法，维护整理者的意见，并对字形作了进一步阐释：

今按释"憂"恐亦不足凭信。《三德》简14、16均有"憂"字，皆写作"惪"，是文字"憂"之常见写法。而❀与之形体差别较大，同为一字的可能性较小。从简文看，"毋笑刑"之"笑"显然应当理解为讥笑、嘲笑。"毋❀贫"既与之相对为文，句式亦

---

① 何有祖：《释"憂"》，简帛网（http://www.bamboosilk.org）2006年4月1日。

当相近。将"毋㥑贫"读为"毋憂贫",解为"毋以财货不足为憂"则与"毋笑刑(不要嘲笑受刑残废之人)"句式有别。

我们认为整理者将该字读为"羞"是正确的。"㥑"字所从之"頁",除作为"憂(憂)"之声符外,亦用为楚文字"愳"之声符。上博《仲弓》简26:"贻吾子羞。"读为"羞"之字形作❋。整理者以为同"㥑(憂)"。陈剑先生读为"羞"。孟蓬生先生认为:此字并不是憂字。此字构形当分析从心,頯声。包山楚简第180简有頯字,字不识。实际上頯即䩄字之异构。《说文·肉部》:"䩄,面柔也。从百,从肉,读若柔。"《广韵·尤韵》:"頯,面和。"《集韵·尤韵》:"䩄頯,《说文》:面和也。或从页。"又《集韵·有韵》:"脜頯,面色和柔皃。或从页。"古音柔声、丑声相通,故愳羞可以相通。《集韵·有韵》:"糅粗,杂饭也。或作粗。"《仪礼·大射礼》:"公新揉之。"郑注:"古文揉为纽。"《仪礼·乡射礼》:"则以白羽与朱羽糅。"郑注:"今文糅为缩。"《仪礼·乡射礼》:"乃宿尸。"郑注:"古文宿皆作羞。"《说文·羊部》:"羞,进献也。从羊丑。羊,所进也。丑亦声。"可知羞字本与"羞耻"之"羞"无关。然则愳字从心,頯声,当是"羞耻"之"羞"的本字。

今按上博《周易》《恒》九三(简28):"或承其羞","羞"字亦写作"愳"。值得注意的是《周易》另有"憂"字,书作"㥑",与"愳"之用字显然是有差别的。这使我们倾向于孟先生观点,认为"愳"在楚文字中可能是用来表示"羞耻"之'羞'这个词的。❋与"愳"所从声符既相同,则❋与"羞"古音亦当接近,通假没有问题。核之简文,"毋羞贫,毋笑刑"相对为文,文义也很通顺,这也说明读❋为"羞"当可信。

……我们推测𩰫字字形可能与金文"嫛"字或楚文字之"脜"有关。①

从文意看,上述几种说法中,释羞似乎可通,所以现在多数人直接把它隶作羞。但由于对𩰫的字形结构未能作出合理的解释,实际上释羞和其他说法一样,都是建立在推测的基础上的。

我们认为,对字形进行正确解释是解决问题的关键。

这个字和下列诸字写法相近:

𩰫(《汗简》中之二,四十七,引自《尚书》)

𩰫(《古文四声韵》去声,三十,引自《古尚书》)

𩰫(《魏三字石经集录》古文,九,引自《春秋·文公元年》)

是一个字的不同写法,应释为㚡。字也见于《说文》小篆,作㚡之形。《说文·夰部》:"㚡,嫚也。从百,从夰,夰亦声。《虞书》曰:'若丹朱㚡。'读若傲。《论语》:'㚡汤舟。'"②许慎说㚡读若傲,是很正确的。字在《今文尚书》作傲③。《汗简》引《古尚书》㚡用为傲④。《玉篇》:"㚡……亦作傲。"⑤《说文解字注》:"㚡与傲音义皆同。"⑥《说文句读》:"与傲、嫯音义并同。"⑦

㚡字上部从百(《魏三字石经》略有变化),至为明显。但把下

---

① 周波:《上博五补释二则》,简帛网(http://www.bamboosilk.org)2006年4月5日。
② 许慎:《说文解字》,中华书局,1963年,第215页。
③ 徐锴:《说文解字系传》,中华书局,1987年,第206页。
④ 郭忠恕:《汗简》,中华书局,1983年,第24页。
⑤ 顾野王:《宋本玉篇》,中国书店,1983年,第186页。
⑥ 段玉裁:《说文解字注》,上海古籍出版社,1981年,第498页。
⑦ 王筠:《说文句读》,中国书店,1983年,第1428页。

部释为夰,则是出于误会。甲骨文(《甲骨文合集》20164)字,很可能是它的古形,像昂首的正面人形。段玉裁解释奡字说:"傲者昂头,故从首。"① 张舜徽:"奡之言昂也,谓昂首阔步也。昂首,故从頁;阔步,故从夰。昂,古作卬。本书匕部'卬,望也。'今俗形容倨傲之人,曰两眼望天,即此意也。奡之于傲,亦夰、敖之比矣。"② 奡字下部本从大。东周时期,大与矢形近混用③,所以大可以讹为矢。《三德》第 11 简的奡就是这样讹变的结果。魏三字石经奡从夫,也是大变来的。大上加一横就是夫字,吴王夫差的夫有时候写成大④。至于《汗简》、《古文四声韵》和《说文》小篆的奡,其下部又是夫的进一步演变。夫字有些写法作:

(君夫人鼎)　(《包山楚简》142)　(《古玺汇编》0110)

裂成上下两部分。这种写法正是所谓夰的形体来源。

诚如周波所说,简文"毋笑刑",是不要嘲笑刑余之人。"毋奡贫"是与之相对的,即"毋傲贫",应指不要轻视贫穷之人。《晏子春秋·内篇问上三》:"景公外傲诸侯,内轻百姓。"傲、轻对文,张纯一校注:"傲,亦轻也。"《吕氏春秋·士容》:"傲小物而志属于大。"高诱注:"傲,轻也。"《文选·孔稚圭〈北山移文〉》:"傲百氏。"刘良注:"傲,轻也。"《左传·文公九年》"傲其先君",《韩非子·六反》"民慕其利而傲其罪",《商君书·修权》"则民傲死",《旧唐书》一九〇上《张昌龄传》:"昔祢衡、潘岳,皆恃才傲物",傲都是轻视的意思,和

---

① 段玉裁:《说文解字注》,上海古籍出版社,1981年,第498页。
② 张舜徽:《说文解字约注》,河南人民出版社,1983年,卷二十,第18页。
③ 汤余惠主编:《战国文字编》,福建人民出版社,2001年,第336页侯下,第337页矣下;高明:《古文字类编》,中华书局,1980年,第81页敷下。
④ 施谢捷:《吴越文字汇编》,江苏教育出版社,1998年,第113—114页夫下。

简文属于同类的用法。特别是《晏子春秋·内篇问下四》"强不暴弱,贵不凌贱,富不傲贫","傲贫"连读,与简文如出一辙。

这样解读"毋纍贫",可谓文从字顺。似较旧说为长。

(原载《简帛语言文字研究》第三辑,巴蜀书社,2007年)

睡虎地秦简"伊阑"、"旅=札"新诠

睡虎地秦简《编年记》有这样两句话：

十三年，攻伊阑。

十四年，伊阑。

据《编年记》的体例，我们知道"十三年"和"十四年"是秦昭王的纪年。《史记·秦本纪》和《白起列传》载昭王十三年秦攻韩新城，十四年败韩、魏军于伊阙，和简文所记正相呼应。简文"伊阑"与《史记》"伊阙"相当，整理小组认为"阑"应是"阙"的误字。

这种处理方法十分简便，看上去也似乎顺理成章。但仔细考虑，并不是没有问题。譬如，阑和阙的字形不算十分相近，在古文字资料中一向区别井然（参看文末附表一）；且《编年记》关涉重要史实，行文简略，通篇再无误字；如此等等，都说明阑为阙之写误的可能性不会很大。

阑字书未收，而出土古文字资料多见，如：

① 《古玺汇编》姓氏私玺四二"孟阑"印。

② 睡虎地秦简《为吏之道·魏奔命律》："告将军：叚门逆阑，赘壻后父，或衛（率）民不作，不治室屋，寡人弗欲。"

③ 马王堆汉帛书《战国纵横家书·朱己谓魏王章》："氏（是）复阑舆之事也。"

④ 《汉印文字征》十二·五"韩阑"印。

例②中的"逆阘"读为"逆旅",即客店。例③中的"阘舆",《战国策·魏策三》作"阘与"。阘分别通旅和闾。由此可知阘当从门、旅声,是一个形声字。裘锡圭先生曾指出"'阘',当从'旅'声,或即'闾'之异体"①,应是正确的结论。上古汉语中旅吕同为鱼部来母字,时有通用之例。如《左传·宣公八年经》:"楚子吕卒。"《谷梁传》作旅。睡虎地秦简《为吏之道·魏户律》:"自今以来,叚门逆吕,赘壻后父,勿令为户,勿鼠田宇。"吕通旅。故闾可作阘。

东周时代闾除作阘外,还写作闾②(见于闾丘戈、徐王炉,《古陶文字征》3.418、3.420、3.422等)、闾③(见于《古玺汇编》4012、4013、4014,《古陶文汇编》3.406、3.408、3.409、3.411、3.413、3.414、3.416等)、闾④(见于《古陶文汇编》3.417)之形。闾字出现较早,闾、闾、阘次之。闾字出现最晚,后收入《苍颉篇》,成为这一组异体的正体。由此可知,闾有多种异体,阘只是其中之一。

我们认为,伊阘就是伊闾,是伊阙的别称。

《水经注》卷十五"伊水":"伊水又北入伊阙,昔大禹疏以通水,两山相对,望之若阙,伊水历其间北流,故谓之伊阙矣,《春秋》之阙塞也。昭公二十六年,赵鞅使女宽守阙塞是也。"《汉书·沟洫志》:"昔大禹治水,山陵当路者毁之,故凿龙门,辟伊阙。"知伊阙因取名

---

① 《战国货币考(十二篇)》,《古文字论集》,中华书局,1992年,第448页。

② 闾丘戈由王国维释出,徐王炉由吴振武释出。参见《王子婴次炉跋》和《谈徐王炉铭文中的'闾'字》,分载《观堂集林》卷十八第9—10页和《文物》1984年11期,第84页。

③ 丁佛言说:"古玺阘丘鉨从门从足,屡见古玺文,而字书皆不载。审其下一字皆为丘字,古复姓有闾丘、将闾、闾葵,此阘丘疑即闾丘。"又说:"古匋此字屡见古玺,皆与丘字连文,余疑是闾丘之闾字。"分见《说文古籀补补》附录十六和二十三。又《宾虹草堂玺印释文》"阘丘瞽"印下释作"闾丘"。

④ 此字高明先生隶在闶下,见《古陶文字征》,中华书局,1991年,第253页。

角度和用词不同有阙塞、龙门等多种名称。

在地理名称中,凡两山、两峰、两壁、两崖、两岩、两石相对或山势中断的地形,可称阙,也可称门。如:

大寒风阙(在浙江天台县天台山,山脊至此中断,架桥以过。其地旁无遮蔽,常有大风,人咸走避之,故以为名。)[①]

天彭阙(今四川灌县灌口山西岭有天彭阙,亦曰天彭门。两石相对如阙,故名。又四川彭县西北有彭门山。两峰对立如阙,亦名天彭门)

石门(在山西寿阳县东北三十五里,石壁如门,中通流水,夏禹遗迹。在四川巴中县北三十里,左右皆峭壁,环三里许。在广东番禺县西北三十里,与南海县交界,两山对峙,夹石如门。)

风门岭(在广东乐会县西南七十里,跨万宁县界,山势峻峭,两旁石壁如门,为诸黎出入咽喉之地。)

高阙塞(《水经注》:河水自屠申泽又屈而东流,为北河。东迳高阙南。赵武灵王并阴山下至高阙为塞,山下有长城,连山刷天,此山中断,望若阙然,故名阙口。)

荆门山(在湖北宜都县西北五十里大江南岸,与北岸虎牙山相对。上合下开,为大江绝险处。)

双阙(在浙江天台县天台山,自桐柏西行,山势骤变,皆危崖绝壑。忽有两峰万仞,屹立相向,是为双阙。)

显胜门(在浙江乐清雁荡山会仙峰五里谷中。两岸相对,门高一百二十丈。上敛下阔,下为深潭。)

参照这些地名得名的情形,则伊阙当可称伊门。古汉语中间

[①] 括符中说明文字依据《中国古今地名大辞典》,下同。

可训门。如《说文·门部》:"闾,里门也。"《左传·襄公十八年》:"州绰门于东闾,左骖迫还于门中,以枚数阖。"杜预注:"齐东门。"《荀子·大略》:"庆者在堂,吊者在闾。"杨倞注:"闾,门也。"《战国纵横家书·苏秦谓齐王章》载苏秦致书齐王曰:"赍以为善,臣以车百五十乘入齐,赍逆于高闾,身御臣以入。"注谓:"高闾应是齐都临淄的城门。"因此,伊闾就是伊门的意思。

睡虎地秦简《效律》有一段关于核验"甲旅札"的规定,抄录如下:

甲旅札赢其籍及不备者,入其赢旅=

札,而责其不备旅=札。

其中三个旅字均作㫃。整理小组把"甲旅札"的旅隶作旅,把"旅=札"的旅隶作旅,"旅="释为"旅衣"合文。

从上下文看,把"旅=札"释为"旅衣札"不能和前文"甲旅札"相呼应。从字形结构看,三个旅字写法完全相同,不应有不同的隶定。查早期秦汉简帛文字,旅都作㫃,其中㫁是㫃[1],㐅是由两个人形讹变来的。这种讹变发生较早,又为后世文字所继承(参见附表二)。但无一例外,都只是旅字。从《效律》使用"="的情况看,除"旅=札"外,还有十一处,都是重文符号。从睡虎地秦简使用合文看,有人统计有十二种,其中"旅="和"吏="[2]应排除,实际是十种。含两类:一类所合二字为包容关系,如大夫、之志、裹衣、货贝、婺女、牵牛、伪为、营宫、駑马;一类把两个结构上没有关系的字紧

---

[1] 参看张守中:《睡虎地秦简文字编》,文物出版社,1994年,卷七,第2页。
[2] "吏=中"="为重文符号,应理解为"吏吏"。秦简中事吏写法相同,"吏吏"即"事吏"。(《睡虎地秦墓竹简》,文物出版社,1990年,第40、107页。)

藏在一个字的空间里，如此冏[①]。"旅="和第二类合文扯不上什么联系。和第一类合文也有本质的不同，因为旅根本不包容衣字。

基于上述理由，我们认为"旅=札"中的两点不是合文符号，"旅="不是旅衣的合文，"旅=札"不能理解为"旅衣札"。"="应是重文符号，"旅=札"应释为"旅、旅札"，它与上文"甲、旅札"相对应。

简文甲指"铠甲"。古代甲有上下之分，上部称甲衣，下部称甲裳。此外，上部又称上旅，下部又称下旅。《周礼·函人》："凡为甲，必先为容，权其上旅与其下旅，而重若一。"郑玄注："上旅谓要以上，下旅谓要以下。"贾公彦疏："先郑云上旅谓腰以上，谓衣也，下旅谓腰以下，谓裳也。"甲的上部称上旅，下部称下旅，则甲可以称旅。这和甲的上部称甲衣，下部称甲裳，整副称甲是同样的道理。简文中的旅正是铠甲的意思。

札是铠甲上用皮革或金属制成的叶片。《左传·成公十六年》："潘尫之党，与养由基，蹲甲而射之，彻七札焉。"即此物。札又称旅札。如《周礼·函人》："函人为甲，犀甲七属，兕甲六属，合甲五属。"郑玄注："属读如灌注之注，谓上旅下旅札续之数也。"

"甲、旅札"或"旅、旅札"是指铠甲和铠甲上的叶片两种东西而言。整理小组把"甲旅札"理解为一种东西，看来是错误的。

现在按照我们的理解，将简文标点、翻译如下：
标点
甲、旅札赢其籍及不备者，入其赢旅、旅札，而责其不备旅、

[①] 整理小组认为这是此雋二字合文。(《睡虎地秦墓竹简》第193页)我们认为是此冏合文，冏通雋。《说文·隹部》说"雋"从冏声，故冏可通雋。

旅札。

翻译

甲、旅札数多出或不足薄籍登记数的,上缴多出的甲、旅札,责令赔偿不足的甲、旅札。

阘	![] 古玺	![] 秦简	![] 汉印
阙	![] 汉简	![] 汉陶	![] 汉印

附表1

旅	![] 甲骨文	![] 金文	![] 秦简
	![] 汉简	![] 汉简	![] 汉石经

附表2

(原载《中文自学指导》1997年第1期)

云梦龙岗秦简释文注释订补
——附论"书同文"的历史作用

1989年出土于云梦龙岗六号墓的简牍,是一批重要的法律文书。根据同墓所出器物的形制,以及简文的时代标记判断,这批简牍晚于睡虎地秦简,早于西汉[1]。

自1990年第3期《江汉考古》发表这批简牍的简报,至1994年《考古学集刊》第8集发表其全部资料,研究工作已渐渐展开,先后有多篇研究文章问世,如胡平生先生的《云梦龙岗〈禁苑律〉中的"奊"字及相关制度》[2]、《云梦龙岗六号秦墓墓主考》[3]、《云梦龙岗秦简考释校正》[4]、黄盛璋先生的《云梦龙岗六号秦墓木牍与告地策》[5]、刘信芳先生的《龙岗秦简"事"、"吏"二字及所谓"告地策"》[6]、李学勤先生的《云梦龙岗木牍试释》[7]、刘国胜先生的《云梦龙岗简牍考释补正及其相关问题的探讨》[8]等。在这些研究的基

---

[1] 刘信芳、梁柱:《云梦龙岗秦简》,科学出版社,1997年,第48页。
[2] 《江汉考古》,1991年第2期,第61—63页。
[3] 《文物》,1996年第8期,第73—77页。
[4] 《简牍学研究》,第一辑,第44—45页。
[5] 《中国文物报》1996年7月14日。
[6] 《中国文物报》1996年8月25日。
[7] 《简牍学研究》,第一辑,第42—44页。
[8] 《江汉考古》,1997年第1期,第63—69页。

础上，整理者又对原报道进行订正，增加简文摹本和索引，于1997年推出了《云梦龙岗秦简》一书。这本书，代表了龙岗简牍研究的新成就。

本文就是以该书释文注释为基础，参考其他各家的意见，对龙岗简（不含木牍）做一些订补的工作。

(1) ☐罪者狱未史☐（简21）

(2) ☐未史而言者赀二［甲］☐（简26）

(3) 宦者其有言罾及有［罪］［必］☐☐史［乃］☐☐☐☐☐（简166）

三个史字分别作、、。

秦汉简帛文字史和夬有明显的区别，史的上半部分作，夬的上半部分作，我在《隶变研究·隶变阶段未识字考》[①]和《夬的形义和它在楚简中的用法——兼释其他古文字资料中的夬字》[②]中已有说明，这里不能详述。

决和狱常连用，《史记·燕世家》："召公巡行乡邑，有棠树，决狱政事其下，自侯伯至庶人各得其所，无失职者。"睡虎地秦简《为吏之道》有"夬狱不正"，即"决狱不正"。

上引三条简文是关于案件没有审理之前不可妄言的律文。

(4) 租者监者☐受匦租所☐☐☐☐☐☐☐☐然☐（简218）

"监者"后一字作，原文未释。其左半尚存残痕，右半为

---

① 《隶变研究》，河北大学出版社，1993年，第103页。
② 《第三届国际中国古文字学研讨会论文集》，香港中文大学中国文化研究所、中国语言及文学系，1997年，第711—725页。

"作"字,与同墓所出简文✱(170)、✱(231)对照,可定为"詐",用为诈,与"詐伪假人符传及让人符传者皆与阑入门同罪"(255)、"詐一程若二程"(231)、"詐伪宅圂籍"(182)中的詐用法相同。

(5) 而舆輗,疾敺人,入之,其未能桃(?),亟散□□□毋令兽□□□□(简252)

"舆"后一字,《云梦龙岗秦简》隶作輗,以为是"兌"的本字,当"舍车"讲,"舆輗"便与下文意义不相连属。

《云梦龙岗秦简考释校正》释为较。秦汉简帛文字交作✱(马王堆汉墓帛书《老子》甲本卷后古佚书195)、✱(同上,《战国纵横家书》18),兑作✱(同上,《相马经》5上)、✱(银雀山汉简《孙子兵法》63),此字所从✱与兑同,当以释輗为是。《龙龛手鉴·车部》:"輗,车也。"简文輗借为駾。《说文·马部》:"駾,马行疾来貌。从马,兑声。《诗》曰:'昆夷駾矣。'"严可均《说文校议》:"《诗·绵》正义引作'马疾行貌'无来字。昆夷作混夷。"

简文前面说车马跑得快,后面说"疾敺人",意义相因。

"未能"后一字"桃",《云梦龙岗秦简考释校正》隶作逃,可从。

(6) 从皇帝而行及舍禁苑中□□癹□□□□(简263)

《云梦龙岗秦简》:"癹:未详。疑为'癹'之误,或本有是体。'癹'字从癶从✱,✱亦声,古读与'皮'(跛、披)音通。《说文》:'癹,以足踏夷艸。'《左传》隐公元年:'癹夷蕴崇之。'今本作'芟'。……简文或为有关皇帝舍禁苑而芟扫道路的律文。"

所谓"癹",原简作✱,字上为✱,左下为✱,右下为支,应为發(发)字。发字《战国纵横家书》85从支作,与此同。

(7) 耐者假肓(?),诊之,令终身毋□□□□□□□□

(简267)

"假"后一字,刘国胜《云梦龙岗简牍考释补正及其相关问题的探讨》认为"应隶作'肙',借作'肖'。"其实,此字本作⚡,不从"幺"作,不能隶作肙。它和《汉印文字征》14.17 育字写法相同:

🔲(李育私印)

🔲(王育私印)

🔲(陈育私印)

应释育。

(8) 关,关合符及以传书阅,入之,及诸佩入司马门□□☑(简186)

诸下一字,字迹清晰,应摹作🔲。《云梦龙岗秦简考释校正》隶作佩。佩右下从虫,佩右下从巾,与此字右下从卩不同。此字和《说文》篆文🔲、《汉印文字征》8.7🔲(建伶道宰印)是同一个字,应释为伶,读作令,《诗经·秦风·车邻》:"未见君子,寺人之令。"唐陆德明《经典释文》:"令,《韩诗》作'伶'。""诸伶入司马门……"是指奉命进入司马门的情况,和"关合符及以传书阅"一样,都在准入者之列。

(9) 盗棨椟罪如盗□□□□□□□□□☑(简277)

《云梦龙岗秦简》:"'棨'或为'棨'之误写。《说文》:'棨,传信也。'"《云梦龙岗秦简考释校正》隶作橐,认为通槽,橐椟即槽椟,这个形体原简作🔲,右上角模糊不清,从泐痕上看,当为"卜"。该形体上下两部分有明显空档,可以认为是写得比较紧凑的两个字,读为启米。类似的情况有273简的"一十"、261简的"出入"、237简的"四月"、180简的"正月"等。

"盗攵米楬罪如盗……"是说盗攵米楬与什么什么同罪。

(10)部主者各二甲,令丞令史各一甲,□□□杀兽□(简188)

《云梦龙岗秦简》:"部主:汉代乡的辖区称乡部,亭的辖区称亭部,'部主'即有关乡、亭的主管官员,下文'令丞'、'令史'当为部主的属官。"这里对部主的解释是对的,对"令丞令史"的解释则非是。

秦汉时期乡有三老、有秩、啬夫、游徼、乡佐,亭有亭长、亭佐、亭候、求盗等属吏,未闻有令丞令史。简文"令丞令史"应分别指县令、县丞、县令史。秦律规定,主管官员触犯法律,不仅本人要受到惩罚,他的上司也要受到牵连。如睡虎地秦简:

臧(藏)皮革橐(蠹)突,赀啬夫一甲,令、丞一盾。臧(藏)律《秦律杂抄》

省殿,赀工师一甲,丞及曹长一盾,徒络组廿给。省三岁比殿,赀工师二甲,丞、曹长一甲,徒络五十给。同上

县工新献,殿,赀啬夫一甲,县啬夫、丞、吏、曹长各一盾。同上

鬃园殿,赀啬夫一甲,令、丞及佐各一盾,徒络组各廿给。

鬃园三岁比殿,赀啬夫二甲而法(废),令、丞各一甲。同上

简188反映的情况与此类似。

(11)诸马牛到所,毋敢穿穿及置它,敢穿穿及置它机能害人马牛者,[虽]未有(简212,残8②,12)

简中"毋敢穿穿及置它"下有重文符号,"机"下没有,因此这一句下不应有机字,《云梦龙岗秦简》的释文正确,但对"它"的解释则非是:

它:读如"杝"(它、也古一字),《广雅·释诂》:"藩、笮,杝

也。"王念孙疏证:"柂,今篱字也。"《众经音义》卷十四引《通俗文》:"柴垣曰柂,木垣曰栅。"今鄂伦春族人冬季于雪地捕兽,悬肉于竹竿之上,竹竿四周以竹木桩圈围,设置机关,野兽若进去吃肉,则能进不能出。简文"它"即此类捕兽设施。

这个"它"不是"柂"的借字,是个代词,当"别的,其他的"讲,指穿穿以外的捕兽设施,即下文所说的"它机"。前面说"它",后面说"它机",这种前后互足的形式,秦简中不乏其例。如:

> 捕盗律曰:捕人相移以受爵者,耐。
>
> 求盗勿令送逆为它,令送逆为它事者,赀二甲。睡虎地简《秦律杂抄》
>
> 诸禁苑有欵者□,去欵廿里毋[敢]每,[敢]每杀□⃞龙岗简 207

(12) 盗死兽,直贾以关。(简 260)

这一简《云梦龙岗秦简考释校证》释为"盗死兽直买以閒(间)",细审照片,"直"下不类"买",确为贾字,"以"下一字从门从北,与古文关字写法相同。《云梦龙岗秦简》释文可从。但该书把"直"解释为"值",把"贾"解释为"作价出售",不确。

睡虎地秦简中,"直"和"贾"常连用。如:

> 悬料而备其见(现)数五分一以上,直(值)其贾(价),其赀、谇如数者然。《效律》
>
> 计脱实及出实多于律程,及不当出而出之,直(值)其贾(价),不盈廿二钱,除。《效律》
>
> 以此直(值)衣贾(价)。《封诊式》

"直(值)"为动词,"贾(价)"是名词,"直(值)贾(价)"是"估价"的意思。

关,关白。《汉书·元后传》:"上曰:'此小事,何须关大将军?'"《文选》汉王子渊(褒)《圣主得贤臣颂》:"进退得关其忠,任职得行其术。"

"直(值)贾(价)以关"就是"估价并向上报告"。

(13) 没入其贩假殹,钱财它物□县道□☑ (简264)

《云梦龙岗秦简》引《说文》解释贩,正确,此处用为动词,是"买贱卖贵"的意思。

"贩假"连用,传世文献罕见,但龙岗简中还有一例:

之亦与买者,敢贩假□赢□ (简169)

揆度文意,假可理解为"租赁"。《汉书·酷吏传》:"乃贳贷陂田千馀顷,假贫民,役使数千家。"颜师古注:"假,谓雇赁也。"《后汉书·和帝纪》永元五年:"其官有陂池,令得采取,勿收假税二岁。"李贤注:"假,犹租赁。"《汉书·食货志》:"而豪民侵陵,分田劫假。"颜师古注:"假亦谓贫人赁富人之田也。"同样用法的假,龙岗简中还有:

黔首钱假其田已□□□者或者□☑ (简161)

诸以钱财它物假田□□□□☑ (简168)

所有这些简文,《云梦龙岗秦简》都并入同类,取名"田赢"。

"没入其贩假殹,钱财它物□悬道□☑"大意是说没收其贬卖租赁赢田所得,钱财它物上缴县道财政。

(14) 侵食道千邮及斩人畴企赀一甲 (简217)

《云梦龙岗秦简》把"千邮"解释为"阡陌",把"企"解释为"田埂"都是对的。"畴"是已耕作的田地,"畴企"相当于湘方言中的"田 jī"也就是书面语说的田埂。

道、千邮和畴企是相互区别的。千邮,《汉书·食货志》作"仟伯",注:"仟伯,田间之道也,南北曰仟,东西曰伯。"《汉书·食货志》载董仲舒云:秦"用商鞅之法,改帝王之制,除井田,民得卖买,富者田连仟伯,贫者亡立锥之地。""千邵"是田间的小路,"道"指供行人通车的大道,"畴企"指田与田之间的埂。

"斩"是"堑"的通假字,睡虎地秦简中斩或通堑。它和《左传》昭公十七年"环而堑之"以及睡虎地简《秦律十八种》"兴徒以斩（堑）垣离（篱）散及补缮之"的"堑"的用法相似,是挖的意思。

简文可标点为:侵食道、千邵及斩人畴企,赀一甲。

(15)诸段两云梦鄏冰及有到云梦禁中者得取灌□□☐(简278)

其中"两云梦"当指秦代左云梦和右云梦。古陶文明博物馆所藏封泥有"左云梦丞"与之相对应有"右云梦丞"。云梦地域辽阔,置左右云梦应是完全可能的。据《汉书·地理志》,汉代南郡编县和江夏西陵县"有云梦官",与秦左、右云梦一脉相承,盖编县"云梦官"相当于秦的"左云梦",西陵"云梦官"相当于秦的右云梦。因此"两云梦"是指两处云梦官,而不是说有两个云梦官。

下面,我们想通过这批简谈谈与"书同文"有关的一些问题。

秦代进行过"书同文",已没有人表示怀疑。至于如何进行"书同文",看法并不一致。有人认为用小篆,有人认为用隶书,有人认为小篆和隶书并用,从龙岗秦简看,后一种说法是最为可信的。

较之睡虎地秦简,龙岗秦简文字体系更趋成熟,从中可看出文字的发展演变和秦人对古隶的规范。

有的字睡虎地秦简用古字,龙岗秦简用后起字。如假,龙岗秦简一般作假,只有278号简作叚,且有疑问。睡虎地秦简未见"假"

字，凡"假"皆作"叚"。

有的字睡虎地秦简有几种异体，龙岗秦简统一用一种写法。如睡虎地简獸作獸、嘼，龙岗简一并作獸。又如睡虎地简詐作詐詐，龙岗简一并作詐。

有的字睡虎地秦简混用，龙岗秦简则作严格区分。如睡虎地简事或作叓(《法律问答》59"廷行事")、或作事(《日书》甲种 130)，多数作叓。龙岗秦简事作事(276"追捕之，追事已")，吏作吏(259"吏弗劾，论皆与同罪")，绝不相混。

秦代对于隶书的规范，所依据的标准有其特点，与《说文》小篆或有不同。如龙岗简"敢行驰道中者，皆罨之"(179)、"宦者其有言罨"(166)、"遷(迁)"皆作罨，与睡虎地秦简同，不从辵作。又如驅(驱)，"疾敺人"(252)"敺入禁苑中勿敢擅杀"(183)"敺迹，赀二甲"(128)，皆作敺，用的是所谓驱的古文，与睡虎地秦简、石鼓文同。遷字见于马王堆汉墓帛书《老子》甲本卷后古佚书 251，驅字见于《老子》乙本卷前古佚书 30 下，都是后起的写法。因此，《说文》说明的小篆的规范并不一定反映秦代的面貌。

秦代对于隶书的规范有明显的效果，但毕竟受到各种因素的限制。从中甚至可以看出六国文字的影响。简 260 号"盗死獸直贾以閒"最后一字与《古钱大辞典》333"中閒"布中的后一字结构相同，应为一字。可隶作閒，《集韵》："閒，同關(关)字。""中閒"布的形制和文字风格与战国时赵的"蔺"布极为相近，可能属于三晋遗物。春秋战国时代，与"閒"写法属于一路的还有齐系文字，如陈獸釜的閒，左关鉼的閒，齐陶的閒閒字。战国楚系文字关只作關，与上述写法不同。楚系文字關在楚人所书的马王堆汉墓帛书《老子》甲本 145

中尚有孑遗。龙岗秦简186、191、199、223号多次出现关字,作𨷂,唯此260号简作閞,似乎表明龙岗秦简的抄写者本为六国遗民,很可能原属于齐或三晋。此人入秦后,学习和使用秦文,但因固习难改,书写时仍偶而夹带古文。

(原载《简帛研究汇刊》第一辑,
台湾中国文化大学史学系,2003年)

"足下"与"马足下"

——尹湾汉简词语札记之一

1993年,江苏东海县温泉镇尹湾村6号墓出土木牍二十四件,两件有"马足下"一词(按原牍释文分行排列):

① 东海大守级谨遣功曹史奉谒为侍谒者徐中孙中郎王

中宾丞相史后中子再拜

请

君兄马足下

木牍一四反面

② 琅邪大守贤迫秉职不得离国谨遣吏奉谒再拜

请

君兄马足下 南阳杨平卿

木牍一六反面

两件都是所谓"谒"。例①是东海太守级遣功曹史请墓主办事,例②是琅邪太守遣吏请谒墓主人。墓主人姓师名饶字君兄。

《居延汉简》(甲乙编)里也有几个用例:

③ 子蒐马足下善毋苦

一四·二七 A(甲 125A)

④ 子路元君马足下远为幸赐承光书奉甚今

三〇三·一四 A(甲 1589A)

属于书信中的部分内容。

"马足下",传世文献罕见行用,《辞源》《辞海》《汉语大词典》也未收入。现在看来,应予补录。

"马足下"的字面意思很显白。古代有身份的人出行,不论骑马、乘车都需用马,就用"马足下"表示对对方的尊敬。它的用法和"足下"很相似。请看尹湾汉墓所出另一件木牍:

⑤ 楚相延谨遣吏奉谒再拜

请

君兄足下　郑良伯

木牍一七反面

内容也是"谒",是楚相遣吏请谒师君兄的。同是对师君兄的尊称,①②用"马足下",这里用"足下"。同样,《居延汉简》(甲乙编)所见书信中,和③④类似的场合,也多用"足下":

⑥ 赏伏地再拜复

子卿足下善毋恙甚苦事谨道囗

毋忧也万未有取之者囗

三四・七 A(乙 27)

⑦ 凤伏地言

保卿足下毋恙囗

二六〇・一五(甲 1365)

宣伏地再拜言

少卿足下良囗为事因言宣宜囗以月晦受官物来囗请囗囗

三一一・一七 B(甲 1653)

⑧ 长实孝君使长卿来取孝君衣至长实孝君所幸赐广意记言孝君衣囗

囗广意丈人毋恙也多向长实足下长实丈人毋恙也广意在此拜囗

伏地再拜多请长实孝君等足下

　　　　四〇八·二A(乙250)

广意伏地再拜　广意丈人即

进书　孝君衣不行

覆长实足下

　　　　四〇八·二B(乙250)

"足下"一词始见于战国,当时多用来指称君主。《战国策·燕策·苏代谓燕昭王》:"足下以为足,则臣不事足下矣。"乐毅《报燕王书》:"恐伤先王之明,有害足下之义,故遁逃走赵。"后多用于同辈之间。《史记·季布传》:"曹丘至,即揖季布曰:'……且仆楚人,足下亦楚人也,仆游扬足下之名于天下,顾不重邪?何足下距仆之深也。"裴骃《集解》引蔡邕曰:"群臣士庶相与言,曰殿下、阁下、足下、侍者、执事,皆谦类。"

"足下"的语源,刘敬叔《异苑》卷十这样解释:

介之推逃禄隐迹,抱树烧死。文公拊木哀嗟,伐而制屐。每怀割股之功,俯视其屐曰:"悲乎足下!""足下"之称将起于此。

介之推"逃禄隐迹"的故事,见于《左传·僖公二十四年》《吕氏春秋·季冬纪·介立》《史记·晋世家》《新序·节士篇》《水经·汾水注》等书。但焚山的细节只见于《新序·节士篇》:

文公待之不肯出,求之不能得,以谓焚其山宜出。及焚其山,遂不出而焚死。

至于"文公拊木哀嗟,伐而制屐",以上各书均未提及。

刘敬叔为南朝宋人,所著《异苑》"志怪异,略如魏晋小说"。这样的书里,出现"文公拊木哀嗟,伐而制屐"的细节,真实性值得怀疑。

退一步说,即使"伐而制屐"可信,这个典故也未必就是"足下"的语源。前面谈到,"足下"是由下对上发展为同辈间使用的敬词,而文公称"足下"是上对下,与之并不相应。因此,把介之推的故事作为足下的语源实在是一种附会。

参照"马足下"看,"足下"的语源其实不必深求,应当就是它的字面意思,指人的足下。

从现有资料考察,"足下"出现在先,"马足下"出现在后,"足下"使用频率高,"马足下"使用频率低。它们同为敬词,用法相近,结构相似,是一对意义相近的词。

(原载《语文建设》1998年第12期)

尹湾汉简地名的整理与研究

江苏东海县温泉镇尹湾六号汉墓简牍(本文简称尹湾汉简),内涵十分丰富,一经问世,便引起学术界的极大关注。

尹湾汉简载有大量地名,集中在《集簿》、《东海郡吏员簿》、《东海郡下辖长吏名籍》、《东海郡下辖长吏不在署、未到官者名籍》和《元延二年日记》中。整理者对其作了很好的隶释[1],为进一步研究提供了巨大的便利。但个别隶释仍有可商榷之处,如简六八:

　　甲寅,宿良县传舍。

依文例,"良县"当为县名。细审原简照片,县与"成"字草书相同[2],"良县"实为良成。它是鲁安王子文德侯国,《汉书·地理志》属东海郡。就是其中的显例。

整理者还简要分析了几个典型的地名[3],包括海西、兰旗、南城、况其、干乡、平曲侯国,提出了精辟的见解,为探讨尹湾汉简地名开了一个好头。

本文拟在整理者所做工作的基础上,对尹湾汉简地名进行一次系统的整理和研究。

尹湾汉简中有州名、郡国名、县邑侯国名、乡亭名等,而以所载

---

[1] 连云港市博物馆等:《尹湾汉墓简牍》,中华书局,1997年。
[2] 参看陆锡兴:《汉代简牍草字编》成字,上海书画出版社,1989年,第278页。
[3] 连云港市博物馆等:《尹湾汉墓简牍·前言》,中华书局,1997年,第5页。

东海郡的县邑侯国名最为完备。现将我们整理的结果分级列举于下。凡多次出现的地名一律去其重复,只留一个作为代表;每个地名之下标明出处,加"简"的为竹简,不加"简"的为木牍。

州名:豫州(三正·一) 杨州(三正·二) 青州(三正·二)

郡名:山阳郡(三正·一) 沛郡(三正·一) 琅邪(三正·一) 渔阳(三正·一) 广陵郡(三正·一) 临淮郡(三正·一) 东郡(三正·一) 丹杨(三正·二) 陈留郡(三正·二) 汝南(三正·二) 北海(三正·二) 颖川郡(三正·三) 南阳(三正·三) 右扶风(三反·一) 南海(三反·一) 左冯翊(三反·一) 信(?)都(?)郡(三反·二) 庐江郡(三反·二) 京兆尹(三反·二) 泰山郡(四·二) 清河郡(四·二) 巨口郡(三反·二) 河南郡(三反·三) 济南郡(四·二) 桂阳(四·二) 东海(一四反)

王国名:六安国(三正·一) 长沙(三正·一) 楚(三正·二) 鲁(三正·二) 梁国(三正·二) 胶东国(三正·三) 定陶国(三反·一) 淮阳国(三反·二) 信都国(四·一) 梁国(四·二)

县邑侯国名:新丰(三反·二) 南陵(三反·三) 奉明(三反·三) 长安(四·一)(以上京兆尹) 广邑(三正·二)(以上齐郡) 敦煌(五正·二)(以上敦煌郡) 许(三正·三) 颖阴(三正·三) 长社(三反·一) 郾(三反·三) 周承休(四·二)(以上颖川郡) 临晋(三反·一) 万年(三反·二)(以上左冯翊) 相(三正·一) 竹(三正·一) 蕲(三正·一) 铚(三正·二) 萧(三反·一) 建平(三反·一) 谷阳(三反·二) 谯(三反·二) 沛(三反·三) 栗(三反·三) 龙亢(三反·三) 敬丘(四·一)(以上沛郡) 诸(三正·一) 房山(三正·三) 柔侯国(三正·三) 石山(三正·三) 高广侯国(三正·三) 柜(三反·一) 博石(三反·一) 即来(三反·二)

东莞(四•一) 东武(简四•一)(以上琅邪郡) 召陵(三反•一) 细阳(三反•二) 西华邑(四•一) 汝南(三正•二)(以上汝南郡) 宁陵(三正•二) 襄邑(三反•三) 陈留(四•一) 傿(四•二) 成安(四•二)(以上陈留郡) 全椒(三正•一)(以上广陵郡) 东阿(三正•三) 顿丘(三正•三) 廪丘(三反•一) 白马(三反•一)(以上东郡) 堵阳邑(三正•三) 涅阳邑(三反•一)(以上南阳郡) 东缗(三正•一) 瑕丘(三正•一) 都关(三正•二) 栗乡侯国(三正•三) 薄(三反•二) 单父(三反•三) 橐(三反•二) 昌邑(三反•三) 方与(四•一) 黄侯国(四•二) 中乡(四•二) 邛成(三反•三)(以上山阳郡) 射阳(三正•一) 徐(三正•一) 取虑(三正•二) 僮(三反•二) 睢陵(三反•二) 淮陵(四•一)(以上临淮郡) 淳于(三正•二)(以上北海郡) 利县(简三八)(以上齐郡) 句容(三正•二) 溧阳(三正•二)(以上丹杨郡) 海盐(三正•一)(以上会稽郡) 营平侯国(四•二)(以上济南郡) 宁阳(四•二) 嬴(?)(四•二)(以上泰山郡) 故市(三反•三) 密(三反•三)(以上河南郡) 清阳(四•二)(以上清河郡) 阴陵(三正•三)(以上九江郡) 平陵(三反•一)(以上右扶风) 虏娄(三反•二)(以上庐江郡) 不夜(三正•三)(以上东莱郡) 砀(三正•二) 蒙(三反•一)(以上梁国) 圂(三反•二) 陈(三反•二)(以上淮阳国) 东昌(四•一) 桃侯国(三反•二)(以上信都国) 莒(简五五)(以上城阳国) 葍丘(三正•二) 武原(简二八) 吕(简五六) 彭城(三正•二) 梧(简四九)(以上楚国) 阳泉(三正•一) 六(三正•三)(以上六安国) 鲁(三正•二) 薛(三反•一)(以上鲁国) 定(三反•一)(以上定陶国) 昌武(三正•三)(以上胶东国) 海西、下邳、郯、兰陵、朐、襄贲、戚、费、即丘、厚丘、利成、况其、开阳、缯、司吾、囧曲

(二正)圜虑、兰旗、容丘、良成、南城、阴平、新阳、东安、平曲、建陵、山乡、武阳、都平、鄩乡、建乡、建阳、都阳(侯国,二反)曲阳(三正·二)(以上东海郡)临朐(四正)博阳(三正·一)㚢土侯(三正·一)(以上隶属不明)

县级以下地名:就(?)陵亭(简二八)中门亭(简二九)羽(简四八)紫(?)朱(?)亭(简三八)良亭(简四八)烦亭(简五七)荣阳亭(简六〇)鹿(?)至(?)亭(简六一)南春亭(简六四)平乡(简一七)鄩=亭(简三六)中亭(简三七)灵亭(简四一)防门亭(简六三)房离亭(简四七)竭虑亭(简四八)阳都亭(简一五)开阳亭(简五四)樊(?)亭(简三九)博望(简四八)南门亭(简三八)都亭(简五八)羽北一(简四九)

级别不明的地名:柘阳(简二一)山邮(简一四)卿(简四八)上伒(四·一)北蒲(四·一)郁州(四·一)

其中州名、郡国名、县邑侯国名,无论在写法上还是隶属关系等方面,绝大多数可与《汉书·地理志》相对应,只有极少数与之歧异。有些县或县级以下的地名,为《地理志》所无。属于后两种情况而又可考者,我们依次进行考辨。所引简牍原文,或长或短,一任所需。

下邳(二正)

《汉书·地理志》作下邳。邳是丕的古形,先在"不"的竖笔上加一点,继而变成一短横,后将短横移到下面,才有了邳[①]。邳出现比较晚,汉代出土资料一般作丕。牍文与"下邳丞印"(《建德周氏藏封泥拓影》)、"下邳中尉司马"印(《汉印文字征》)同。

[①] 关于从丕到邳的演变,请参看商承祚:《石刻篆文说·丕》,载《石刻篆文编》,中华书局,1996年。

广陵郡全椒(三正·一)

全椒,《汉书·地理志》属九江郡,在《后汉书·郡国志》里,全椒也在九江郡下。《后汉书·孝明八王列传》:"下邳惠王衍,永平十五年封。衍有容貌,肃宗即位,常在左右。建初初冠,诏赐衍师傅已下官属金帛各有差。四年,以临淮郡及九江之钟离、当塗、东成、历阳、全椒各十七县益下邳国。"《注》:"全椒,今滁州县也。"《后汉书·刘赵淳于江刘周赵列传》:"后举孝廉,拜济阴郡丞,大守刘育甚重之,任以郡职,上书荐平。会平遭父丧去官。服阕,拜全椒长。"《注》:"全椒,县,属九江郡也。"牍文全椒在广陵郡下,与此不同。如果把牍文解释为偶然的笔误,是说不过去的。作为东海郡下辖长吏名籍,系重要档案资料,不应有如此明显的错误。合理的解释应该是:汉成帝前后,全椒在广陵郡属下。广陵郡和九江郡邻近,而全椒又介于二者之间,隶属关系发生变化是很自然的事情。

汝南郡汝阴(三正·二)

汝南的写法与"汝南大守章"封泥(《封泥考略》)同。女阴,《汉书·地理志》在汝南郡下,东汉作汝阴(《后汉书·郡国志》汝南郡下)。有人说此县西汉作女阴,东汉作汝阴,从木牍看,汝阴的写法西汉成帝时已经有了。

阜阳双古堆西汉汝阴侯墓出土的封泥、铜器和漆器上,汝阴都作"女阴"[1],《汉金文录》著录的汝阴侯鼎,亦作"女阴"。双古堆汝阴侯墓葬年代属文帝时期,汝阴侯鼎年代与之相近[2]。《封泥考

---

[1] 安徽省文物工作队、阜阳地区博物馆、阜阳县文化局:《阜阳双古堆西汉汝阴侯墓发掘简报》,《文物》1978年第8期,第12—31页。

[2] 阜阳双古堆西汉汝阴侯墓早期曾被盗掘,《汉金文录》著录的汝阴侯鼎很可能出自此墓。

略》著录"女阴侯相",封泥两枚,汝作女,时代也属西汉。可以肯定,西汉时期,汝阴一般作女阴,大约西汉晚期才出现汝阴的写法。《地理志》作女阴,应是班氏选择了较古的写法。

楚国甾丘(三正·二)

《汉书·地理志》楚国下有"甾丘",东汉作"葘丘",属彭城国(《后汉书·郡国志》)。此言"楚国葘丘",与《地理志》合,甾作葘,与《后汉书》相同。尹湾汉简属西汉成帝时期,说明葘丘一类写法并非始于东汉。

《说文·艸部》:"葘,不耕田也。从艸甾,《易》曰:'不葘畬。'甾,葘或省艸。"淄水,一作甾,或作葘,葘甾本为一字,可以通作。

丹杨郡(三正·二)

《汉书·地理志》作丹扬,此作丹杨,与《封泥考略》所收"丹杨大守章"写法相同。

故杨州刺史从事史(三正·二)

杨州,汉武帝元封五年所置十三刺史部之一。《汉书·地理志》作扬州。然出土文物作杨州,《上海博物馆藏印选》所收"杨州刺史"印即其证明。杨州之名承《禹贡》州名而来,因此,《曹全碑》"兖豫荆杨"字亦作杨。

颍川郡颍阴(三正·三)

《汉书·地理志》有颍川郡,属下有颍阴县,颍字从水,与牍文从禾不同。从禾的写法见于"颍川大守"、"颍川大守章"和"颍阳丞印"封泥(《续封泥考略》)、"颍阴宰之印"(《秦汉南北朝官印征存》)铜印。还见于《居延汉简》183·18A。汉碑也是如此,《隶辨》颍下:"诸碑皆以颍为颍。"这些表明,汉代多数场合,颍川、颍阳、颍阴都写作颍。

颍和颖是通假字。《战国策·魏策一》:"东有淮颍……。"《史记·苏秦列传》颍作颖。

巨口郡（三反·二）

与《汉书·地理志》对照，知此必为钜鹿郡。《封泥考略》"钜鹿大尹章"、"钜鹿都尉章"都作钜鹿，与《地理志》同。此作巨，用通假字[①]。钜鹿之名，《尹宙碑》作"钜䭍"，足见汉代有多种异体。

龙伉（三反·三）

此县《汉书·地理志》作龙亢。伉从亢得声，二字可以通假。如《韩非子·外储说左上》:"伉礼下布衣之士以百数矣。"《太平御览》一九一引伉作亢。

庐江郡虖娄（三反·三）

《汉书·地理志》庐江郡下有雩娄，即虖娄。虖通雩，《史记·建元以来王子侯者年表》"雩殷"，《索隐》:"《汉表》作虖葭。"《封泥考略》收"虖娄丞印"，与牍文同。

山阳郡邔成（三反·三）

据《汉书·外戚恩泽侯表》邔成为王奉光侯国，其地《表》注在济阴。今本《地理志》济阴郡无邔成。王先谦《汉书补注》以为《地理志》山阳郡郜成即"邔成"之误，先属济阴郡，后属山阳郡。此言"山阳郡邔成"，证明王说当是。邔属东部群母，郜属觉部见母，邔郜声母同为牙音，韵部亦较近，可以通假。《水经注》近刻本"郜城"作"邜城'[②]，邜应是邔的刻误。

济南郡营平侯国（四·二）

[①] 高亨:《古字通假会典》，齐鲁书社，1989年，第870—871页。
[②] 陈桥驿:《水经注》，上海古籍出版社，1990年，第495页。

营平侯国,有刘姓和赵姓两个。《汉书·王子侯表》有营平侯刘信都,文帝四年五月封,十年薨。十四年,侯广嗣,十一年,孝景三年谋反被诛。《史记·建元以来侯者年表》赵充国侯国。汉宣帝本始元年始封,成帝元延三年侯岑时免。牍文营平侯国为赵姓侯国。其地望,《汉书·外戚恩泽侯表》注在济南,可由牍文得到确证。今本《汉书·地理志》济南郡下无营平,系失载。

癸酉,旦之荥阳,莫宿舍。(简二四)

简六〇有"丁未,旦发夕谒宿荥阳亭",此荥阳显系荥阳亭的省略。古汉语中荥、荥字通,从表面看,荥阳似乎可以理解为荥阳。但简文荥阳与荥阳地理位置不相符合。简六〇下面几简说:

戊申,宿鹿(?)至(?)亭。(简六一)

己酉,宿吕传舍。(简六二)

庚戌,宿彭城防门亭。(简六三)

知荥阳与吕、彭城相去不远,不能理解为荥阳。

辛卯,立冬,从卿之羽,宿博望置。(简四八)

这里的博望离羽很近,羽即羽山[1]。联系上下简文"丁亥,宿襄贲传舍"(简四十)、"壬辰,宿羽北一"(简四九)看,博望在襄贲至羽山之间。竹简出土地东海县温泉镇,地近古之博望镇。明张峰

---

[1] 羽即羽山,简文中有内证。如:

丙申,宿羽。(简四九)

戊戌,旦发夕谒,宿邸。(简五〇)

己亥,宿兰陵良亭。(简五一)

庚子,宿武原中乡。(简五三)

简文所记为墓主连续几天的活动,其中羽与兰陵、武原相去最多不过两三天的路程,不可能是平原郡的羽侯国。它应该是东海郡的羽山,地在郯城东北,祝其之南。羽山可称羽,《地理志》:"海、岱及淮惟徐州。淮、沂其乂,蒙、羽其艺。"师古曰:"淮、沂二水已治,蒙、羽二山皆可种艺也。"

《海州志》：温泉在"博望镇东北五里，冬夏如汤"。此博望应即古之博望镇无疑。

和《汉书·地理志》比起来，全椒与之隶属关系不同，营平侯国、荥阳、博望为其所无，下邳、汝阴、葍丘、丹杨、杨州、颖川、颖阴、巨口郡、龙亢、庐娄、邛成与之用字不同。而以后一类所占比重最大。过去，当出土材料和传世文献写法歧异时，人们往往以为当以出土材料的写法为正，其实不能一概而论。地名用字在同时代出现差异，司空见惯，它们互为异体，并行于世，有时无所谓谁正谁误。

对尹湾汉简地名的整理还可以根据简牍内容分类进行。如《东海郡下辖长吏名籍》所记东海郡长吏籍贯包括山阳郡、沛、六安国、琅邪、广陵、临淮、楚国、丹杨、陈留、鲁国、汝南、北海、梁国、颖川、胶东国、东郡、南阳、右扶风、定陶国、左冯翊、信（？）都（?)郡、庐江郡、淮阳国、京兆尹、巨口郡、河南、泰山、清河、济南。集中分布在东海郡临近地区。正如整理者所指出的那样，这一事实印证了严耕望关于县长吏"不但非本县人，且非本郡，但以临近郡国为多"的结论[1]。又《元延二年日记》中的地名分布在东海郡、楚国、齐郡、琅邪、城阳国内，属徐州刺史部和它的临近地区。既然《日记》是墓主行踪的记录，那这一区域似应与墓主生前工作有关，对进一步认识墓主具有重要的参考作用。

尹湾汉简中关于邑的资料很值得特别加以注意。牍一正有一组统计数字：

> 县邑侯国卅八，县十八，侯国十八，邑二，其廿四有堠（？），都官二。

---

[1] 连云港市博物馆等：《尹湾汉墓简牍·前言》，第5页。

把县和邑分开来统计。《汉书·百官公卿表》:"皇太后、皇后、公主所食曰邑。置官与县同。"这很容易给人一种印象,即县邑是有很大区别的。尹湾汉简有七个邑名:

广邑(三正·二),《汉书·地理志》齐郡下作广;

西华邑(四·一),《汉书·地理志》汝南郡下作西华;

堵阳邑(三正·三),《汉书·地理志》南阳郡下作堵阳;

取虑邑(三正·三),《汉书·地理志》临淮郡下作取虑;

涅阳邑(三反·一),《汉书·地理志》南阳郡下作涅阳;

朐邑(三正·二),《汉书·地理志》东海郡下作朐(尹湾汉简二正同);

况其邑(五正·四),《汉书·地理志》东海郡下作祝其(尹湾汉简二正、三正·三作况其)。

这七个邑,都不是"皇太后、皇后、公主所食",称县称邑可以互见,与县似无根本不同。在汉代印章(含封泥)、简牍、金文、陶文等资料里,有不少这类例子,限于篇幅,不能一一论列,拟另写专文进行讨论。

(原载《尹湾汉墓简牍综论》,科学出版社,1999年)

汉简中有关印章的资料*

汉简中有不少关于印章的资料,内容涉及印文、印制和印的使用等方面,也许由于隔行的关系,未能引起印章研究者的注意。对于这些资料,本文将分四个部分进行分析介绍。

一、印文

在汉代的屯戍组织中,经常有文书和实物的传递,在传递之前,东西先由寄件者封好,填入封泥,钤上印章。收件者收到以后,把有关内容记下来,作为存档之用。这在当时成了一种制度。这类文字有人称之为"行书"文书[1]。它实际上包含两类,一类直接书于封检,一类用新简另行书写。在这种"行书"文书里,保存了大量的印文资料。

这些印文资料有不同的表现形式,有的直录印文,如:

师就印

甲渠官

---

* 本文是作者博士后研究报告中的一部分,蒙中国博士后基金会赞助和李学勤先生指导,复蒙裘锡圭、谢桂华先生提出宝贵意见,谨此致谢。

[1] 李均明:《汉简所见"行书"文书述略》,载《秦汉简牍论文集》,甘肃人民出版社,1989年,第113—135页。

　　　　☑卒同以来(《居新》[①]EPT8·10)

　　　　居延丞印

　　甲沟候官以邮行

　　　　十二月辛巳门卒同以来(《居新》EPT14·1)

有的以"印曰……"、"章曰……"、"印章曰……"的形式,如:

　　　　印曰居延都尉印

　　甲渠候官

　　　　四月丙子临桐卒禹以来(《居新》EPT53·55)

　　　　章曰张掖都尉章

　　肩水候

　　　　四月丙辰驿北卒宗以来☑(《合校》[②]54·25)

　　　　☑印章曰犠和农杨丞(《居新》EPT59·497)

有的以"以……封","封……以……"的形式,如:

　　　　☑□以居延仓长印封写移移居延书到☑(《居新》EPT68·209)

　　　　降归义乌孙女子

　　　　复群献驴一匹驿牡

　　回

　　　　两抉齿二岁封颈以

　　　　敦煌玉都尉章(《敦》[③]1906)

由于封检上所录印文有一定的程式,因而辨认起来并不困难。

　　需要注意的是,文书中的印文有时是简略抄下的,并不代表原

---

① 《居延新简》的简称。
② 《居延汉简释文合校》的简称。
③ 《敦煌汉简》的简称。

来的面目。如"北书一封 大守章诣府"(《居新》EPT5·104)"五月丙戌东书一封都尉印诣大守府日旦中时☐"(《敦》2380)中的"大守章"和"都尉印",但这类例子不多,绝大多数的印文是一字不漏地照录下来的。

这些印文有官印也有私印,数量都不小。先介绍官印。

（一）丞相府印(《敦》513)

（二）大将军章(《居新》EPT6·41)

（三）大将军印章(《居新》EPT49·11A)

（四）犠和农杨丞(《居新》EPT59·497)

犠和即羲和,《汉书·百官公卿表》:"治粟内史……景帝后元年更名大农令,武帝太初元年更名大司农。……王莽改大司农曰羲和。""犠和农丞,新莽犠和属官,分部主郡国,《汉书·平帝纪》:元始元年,置'大司农部丞十三人,人部一州,劝课农桑。'犠和农丞当为大司农部丞之继续。简文'犠和农杨丞'之'杨'字,当为部丞之姓。"[①]

（五）居延农令印(《居新》EPT50·207A)

（六）驿马农令印(《合校》513·21)

农令为大司农的属官。

（七）肩水仓长印(《合校》317·1)

（八）居延仓长(《合校》136·43)

（九）城仓长印(《居新》EPT52·16B)

（十）广仓印(《敦》1353)

汉在京师及郡国各地设粮仓,仓有仓长,掌粮储出纳,隶属大

[①] 饶宗颐、李均明:《新莽简辑证》,台北新文丰出版公司,1995年,第126页。

司农。

(十一)☐延水丞(《合校》58·29)

第一字残缺,当为居字。"水丞"见于"南阳水丞"印(《陈簠斋手拓印集》)和"琅邪水丞"封泥(《再续封泥考略》),据王人聪先生考证,水丞为都水丞的省称,是大司农的属官[①]。

(以上朝官及其属官印)

(十二)张掖大守章(《合校》19·22)

(十三)张掖都尉章(《合校》54·25)

(十四)张掖肩水司马印(《合校》14·3)

肩水司马为肩水都尉的属官。

(十五)肩水塞尉印(《合校》506·9B,原作水肩塞尉印,实际应为肩水塞尉印。)

陈直先生认为距离五里左右险要的地方设垒,大的叫障,小的称塞。塞置塞尉。障尉、塞尉和候官组织系统不同,但同归太守、都尉府管辖[②]。

(十六)张掖肩候印(《居新》EPT52·39)

肩候即肩水候,是肩水候官的首长。

(十七)张掖甲渠塞尉(《合校》133·1、《居新》EPT65·328)

(十八)甲渠塞尉印(《合校》552·3、552·4,原作渠甲塞尉印,实际应为甲渠塞尉印。)

(十九)张掖广地候印(《合校》214·12)

---

① 《西汉郡国特设官署印略考》,载《秦汉魏晋南北朝官印研究》,香港中文大学文物馆,1990年,第26—27页。

② 《〈关于居延汉简的发现和研究〉一文的商榷》,《考古》1960年8期,第37—38页。

(二十）广地候印(《居新》EPT51·81)

(二十一）橐佗候印(《合校》502·1A)

(二十二）殄北候印(《合校》30·4)

候为候官之长。

(二十三）尉史胜之印(《居新》EPT56·283B)

据《居新》EPT56·283A、56·283B简文,尉史为甲渠候官尉史,胜之为人名。

(二十四）居延都尉章(《合校》33·16、《居新》EPT51·14)

(二十五）居延塞尉印(《合校》127·25)

(二十六）居延千人(《居新》EPT51·161)

《汉书·冯奉世传》注引如淳曰:"《汉注》边郡置都尉及千人、司马,皆不治民也。"

(二十七）张掖居城司马(《居新》EPT43·29)

居城即居成。《汉书·地理志》张掖郡"居延"下:"莽曰居成。"

(二十八）张且麋尉印(《居新》EPT51·379)

无考。

(二十九）觻得丞印(《合校》317·1)

(三十）氐池长印(《合校》317·1)

(三十一）氐池右尉(《合校》甲附14A)

(三十二）昭武长印(《合校》317·1)

(三十三）昭武丞印(《合校》47·6B)

(三十四）居延令印(《合校》132·28、《居新》EPT51·37)

(三十五）居延丞印(《合校》127·25、《居新》EPT49·27)

(三十六）居成尉(《居新》EPT40·177)

(三十七）居延左尉(《合校》317·1、《居新》EPT48·147)

(三十八) 潘和尉印(《合校》506·6)

潘和即番和,潘通番。

(以上张掖郡及其属官)

(三十九) 敦煌长史印(《合辑》[①]17)

长史,边郡太守的属吏。边郡无郡丞,以长史代丞,总领兵马诸事。

(四十) 敦煌玉都尉章(《敦》1906)

第三字原释王,不确。敦煌简中玉常作王,印文玉中横右边虽不很清晰,但笔意犹存,可定为玉字。玉都尉即玉门都尉。《汉书·地理志》敦煌郡"龙勒"下"有阳关、玉门关,皆都尉治。"

(四十一) 文德大尹章(《敦》1893)

王莽时初改敦煌郡为文德,继而改为敦德[②]。又改太守为大尹。

(四十二) 文德长史印(《敦》1893)

(四十三) 中部司马(《敦》2144)

中部司马为中部都尉属官。《汉书·地理志》敦煌郡"敦煌"下:"中部都尉治步广候官。"

(四十四) 鱼泽尉印(《敦》2228)

《汉书·孙宝传》:"哀帝即位,征宝为谏大夫,迁司隶。初,傅太后与中山孝王母冯太后俱事元帝,有郤,傅太后使有司考冯太后,令自杀,众庶冤之。宝奏请覆治,傅太后大怒,曰:'帝置司隶,主使察我。冯氏反事明白,故欲擿觖以扬恶。我当坐之。'上乃顺

---

① 《散见简牍合辑》的简称。
② 王国维:《敦煌所见汉简跋十》,载《观堂集林》,中华书局,1959年,卷十七,第18—19页。

指下宝狱。尚书仆射唐林争之,上以林朋党比周,左迁敦煌鱼泽障候。大司马傅喜,光禄大夫龚胜固争,上为言太后,出宝复官。"印文鱼泽即此鱼泽障。后改为孝谷县,颜师古在《汉书·地理志》敦煌郡"孝谷"下注:"本鱼泽障也。桑钦说孝武元封六年济南崔不意为鱼泽尉,教力田,以勤效得谷,因立为县名。"

(四十五) 冥安长印(《敦》1291)

(四十六) 龙勒长之印(《敦》1:975A)

(以上敦煌郡及其属官)

(四十七) 酒泉大守章(《敦》1291)

(四十八) 酒泉大尹章(《合校》350·40)

(四十九) 酒泉库令印(《合校》303·12B)

汉代边郡有库令,掌武备等的储存。

(五十) 禄福狱丞印(《合校》495·12、506·20B)

狱丞为县佐吏,掌狱讼。

(以上酒泉郡及其属官印)

(五十一) 河东大守章(《合校》502·9A、505·22A)

(以上河东郡官印)

(五十二) 新成丞印(《敦》1296B)

(五十三) 雒阳丞印(《合校》334·20B)

(五十四) 匽师丞印(《合校》334·40B)

(五十五) 宜禾丞印(《敦》2233)

(以上河南郡属官印)

(五十六) 阿阳丞印(《居新》EPT59·233)

天水和平原两郡都有阿阳县,从地域看,此阿阳属天水郡可能性较大。

(五十七)金城守城印(《敦》1353)

金城郡有金城县,因金城关而得名。金城因有关隘,系险要之地,置守城。

(五十八)广德内史章(《合校》113·18)

广德,王国名。《汉书·诸侯王表》夷王云客王国,成帝鸿嘉二年始封,王一年而薨,无后国除。又静王刘榆王国,平帝元始二年始封,王莽篡位,刘赤被贬为公,第二年废。内史为王国官职,掌民政。

(五十九)毋都相印(《居新》EPT52·118)

(六十)毋都家丞(《居新》EPT52·118)

毋都即"武都"。上古汉语中,母和武同声母同韵部,两声字常有通假之例。如《礼记·曲礼上》:"鹦鹉能言"。《释文》鹉作母,云:"本或作鹉"。《说文·鸟部》鹦鹉作䳇䳇。母可通武,而毋为母的分化字,因此毋武亦可通用。《汉书·地理志》武都郡和五原郡下有武都县,"毋都"当属其中之一。相、家丞为王国或侯国官名。说明此处曾为封地。可补史书缺佚。

(以上封国官印)

和现有印章相比,这批官印有其显著的特点:

它只有印文,没有印体,也没有印蜕。其内容和价值只从记录的印文中反映出来。

它均为实用印。不像现有印章有相当多的明器。

它的时间和地域比较集中。主要是汉代中期到东汉建武初年张掖、敦煌、酒泉数郡的遗物。属于建武初年以后和其他地方的很少。

它的绝大多数为现有印章所未见。除了"居延丞印"(《文博》

1984年2期)等极少几种以外,其他都可以丰富现有印章的内容。

它多为边郡屯戍组织的军印。这类印过去所见甚少,只有从简牍印文才能获得较为全面的了解。

这批印文还给我们留下了一些启示。

譬如说,"大将军章"和"大将军印章","张掖甲渠塞尉"和"甲渠塞尉","张掖广地候印"和"广地候印",同一官印印文字数多少不同。它们可能属于不同的时期,是前后继替的关系,也可能是同一时期同一官署有两枚以上的官印。

有一枚"尉史胜之印"见于下面一简:

神爵二年五月乙巳朔乙巳甲渠候官尉史胜之谨移☐

衣钱财物及毋责爰书一编敢言之(《居新》EPT56·283A)

印曰尉史胜之印

五月乙巳尉史胜之以来(《居新》EPT56·283B)

尉史胜之是甲渠候的属吏。这类小官,为数很大,然而官印却十分罕见。也许本来就不给他们颁发官印。为了行事的方便,他们自刻印章,这类"官名+私名"的形式也许就是这样刻出来的。这当然只是一种推测。但是这类印作为实用印出现,很明显既有官印性质,又有私印特点,值得注意。

我们再来看看私印。先把例子抄录下来:

殷通光印(《敦》1162A)薛章印(《居新》EPT51·127)

恭彭印(《居新》EPT6·129)单充(《居新》EPT51·159)

师就印(《居新》EPT8·10)王建国印(《居新》EPT51·164)

樊循印(《居新》EPT10·31)孙猛(《居新》EPT51·168)

同并私印(《居新》EPT26·7)牟政印(《居新》EPT51·176)

何建印(《居新》EPT27·71)霍辟兵印(《居新》EPT51·226)

格谭印（《居新》EPT40·1）杨褒私印（《居新》EPT51·333）

冯方印（《居新》EPT48·145）纪音印（《居新》EPT51·410B）

侯贤印（《居新》EPT50·24）董至印（《居新》EPT52·389）

东门辅（《居新》EPT50·146）杨齐印（《居新》EPT52·405）

囗充印（《居新》EPT50·197）王辅私印（《居新》EPT52·613B）

孙根印（《居新》EPT51·81）孙商印（《居新》EPT52·625）

李凤印（《居新》EPT56·176）赵安汉（《居新》EPT56·314）

杨褒印（《居新》EPT59·263）徐尊印（《居新》EPT59·317）

徐闳印（《居新》EPT59·362）萧宣印（《居新》EPT65·325）

范昌印（《居新》EPC1·40）

关武印（《合校》4·15）韩猛印（《合校》46·4）

杨音印（《合校》4·29）张并印（《合校》55·19、137·1）

朱千秋（《合校》5·2）李忠印（《合校》58·1）

阚邃私印（《合校》5·19）辛阚私印（《合校》74·5）

兰禹（《合校》10·34B）赵广之印（《合校》88·14）

庄赍印（《合校》10·38）张宗印（《合校》122·2）

王充印（《合校》30·17）刑忠印（《合校》132·32B）

苏当印（《合校》33·23）杨放印（《合校》133·3）

王彭印（《合校》133·4A）陈德昌印（《合校》38·7）

王宪印（《合校》136·43）李赞印（《合校》39·5A）

吕宪印（《合校》180·39、190·33）

李充印（《合校》42·10）

王建国（《合校》180·39、190·33）

李胜（《合校》180·39、190·33）

孙猛印（《合校》214·24）王强印（《合校》214·24）

成宣印（《合校》214·24）李充印（《合校》258·18A）

赵千印（《合校》259·6）秦忠（《合校》264·22）

符普印（《合校》401·2）牛庆（《合校》562·14）

传世私印很多，但在断代上存在诸多困难，不利于全面科学地利用，而年代明确的发掘品又极少。这批私印大多属于西汉中期到东汉建武初年，年代集中，弥足珍贵。

在形式上，这批私印多为姓名加"印"，少数加"私印"、"之印"，不加"印"的例子不多。

这批私印用字有比较明显的取向，多以充、忠、宪、猛、强、音、宣、襃、并为名。

二、印制

汉简中可供研究印制的材料是封泥槽。封泥已经不存，封泥槽做在简牍上和简牍一同保存下来。这些封泥槽，对研究相关印章甚至整个汉印印制有一定参考价值。

封泥槽往往凿在封检的上、中、下等部位，呈方形。为了捆绑的方便，有时也因为简面狭窄，其横向（即左右）往往凿通。这种情况占了绝大多数。横向没有凿通的，不多。对于横向凿通的封泥槽，横长对了解印制作用不大。因此我们调查封泥槽（匣）的尺寸时，一般只记纵长，横向没有凿通的才记下横长。

现将对《居延汉简》甲乙编、《敦煌汉简》、《居延新简》三书中封泥槽（匣）的普查数据胪举于下：

《居延汉简》甲乙编：

简　号	封泥槽(匣)纵长(厘米)	横长(厘米)
甲 453	1.8	1.6
甲 782	2.5	
甲 1082	3.0	
甲 1026	2.0	
甲 1130	3.0	
甲 1150	2.7	
甲 1264A	2.5	
乙 8·4A	3.2	
乙 14·1B	2.0	
乙 22·3B	2.6	
乙 21·1B	2.6	
乙 30·11A	3.0	
乙 34·15B	2.4	
乙 45·1B	2.7	
乙 49·2A	2.9	
乙 51·1B	2.8	
乙 55·1A	2.4	
乙 66·2B	1.9	
乙 67·26A	2.4	
乙 100·1	3.0	
乙 112·18C	3.0	
乙 112·17B	2.4	
乙 162·1	3.4	

乙 175・11	2.5	
乙 179・2B	3.1	
乙 183・18	2.9	
乙 199・21A	3.0	
乙 209・2A	2.8	
乙 209・2A	2.6	
乙 214・1B	2.8	
乙 214・2B	2.2	
乙 257・1	2.0	
乙 262・1B	3.4	
乙 275・24	1.7	
乙 278・7A	2.5	2.0
乙 278・7B	2.5	
乙 393・5	2.6	2.6
乙 305・17A	2.6	2.6
乙 311・28A	2.7	
乙 326・8A	3.2	
乙 363・1A	2.6	
363・2A		
乙 438・1	2.4	
乙 526・1A	2.8	
乙 526・1A	2.3	
乙 524・1B	2.8	
乙 199・20B	3.0	
乙 259・5A	2.8	

《敦煌汉简》

1	2.2
12	3.1
516	5.2
881	2.8
884	3.1
1068	3.2
1124	2.3
1125	2.5
1189	2.4
1218	3.0
1467	3.0
1823	3.0
1906	2.6
2126	4.6

《居延新简》

EPT6・37	2.8	
6・42B	2.8	
EPT25・1	2.5	
EPT40・4	2.3	
EPT40・7	1.6	
EPT40・8	1.9	2.2
EPT40・208	3.0	
EPT43・34	1.9	1.6
EPT48・120	2.6	

EPT48・122A	1.5		1.2
EPT49・68	2.7		2.1
EPT49・70A	2.3		
EPT50・205	2.9		
EPT50・239	2.9		
EPT50・245A	2.9		
EPT51・149	3.1		
EPT51・167	2.2		
EPT51・297	3.0		
EPT51・329	4.0		
EPT51・331	2.0		
EPT51・438	2.5		
EPT51・441	2.8		
EPT51・440	2.3		
	2.5		
	2.5		
EPT51・442	3.0		
EPT51・443	2.3		
EPT53・208	3.0		
EPT56・64	3.2		
EPT56・167	3.0		
EPT56・174	2.6		
EPT56・176	2.4		
EPT56・179	3.0		
EPT56・180	4.4		

EPT57・16	1.8	
EPT58・115	3.0	
EPT59・361	2.8	
EPT59・360A	2.2	
EPT59・367	3.8	
EPT59・368A	3.0	
EPT59・370	2.2	
EPT59・371	3.0	
EPT59・375	2.5	
EPT59・379B	1.9	
EPT59・381A	2.5	
EPT59・603	2.8	
EPT59・676	3.0	
EPT59・677	3.0	2.4
EPT59・678	2.7	
EPT59・687	1.6	
EPT61・13	2.7	2.7
EPT65・118	2.8	
EPT65・159	3.4	
EPT65・329	2.6	
EPF19・13	2.7	
EPF19・12	2.7	
EPF22・151A、B	2.7	
EPF22・152(1)	2.4	
EPF22・467	1.6	

EPF22・472	3.3
EPF22・473A	2.5
EPF22・474A	2.5
EPF22・475B	3.0
EPF22・476	3.0
EPF22・698A	3.4
EPF22・709(1)	3.2
EPS4T2・129	2.4
EPS4T2・130	2.4
EPS4T2・131	1.7
EPS4T2・160	2.8

三书中封泥槽的平均纵长是2.73厘米,其中《居延汉简》甲乙编2.53厘米,《敦煌汉简》3.07厘米,《居延新简》2.66厘米。最小的纵长1.5厘米,最大的纵长5.2厘米。封泥嵌在槽中,印文钤在封泥上,因此,印面应小于封泥槽。这些封泥槽的数据,实际上给我们提供了这些印章个体尺寸、平均尺寸的上限资料。在没有实物、没有封泥留传的情况下,要了解这些印章的印制,这也是唯一的办法。

三、印的使用

关于印的使用,汉简也有一些新的信息。如官吏可以私印代行公事。

(一) 二月庚辰甲沟候长戎以私印行候文书事敢言之谨
　　写移敢言之●候君诣府　尉史阳
　　　《居新》EPT48・25)

(二)☐年六月己巳朔丁丑甲渠候破胡以私印行事敢言之谨
移戍卒朱宽等五人
贳卖候史郑武所贫毋以偿坐诈☐☐名籍一编敢言之
（《居新》EPT51·199）

(三)☐☐以私印兼行候事谓第十候长霸候史敞
（《居新》EPT51·342）

(四)☐长良以私印兼行候事谓不侵候长宗☐
（《居新》EPT51·401）

(五)八月庚戌甲渠候长 以私印行候文书事告尉谓第四
候长宪等写移
（《居新》EPT22·158）

(六)七月丁未敦煌中部士吏福以私印行都尉事谓平望破胡
吞胡万岁候官写移檄到
（《合辑》180）

(七)二月丙子肩水候房以私印行事敢言之郭☐
（《合校》10·4）

(八)闰月庚子肩水关啬夫成以私印行候事
（《合校》10·6）

(九)闰月庚申肩水士吏横以私印行候事下尉候长承书从事
下
当用者如诏书/令史得
（《合校》10·31）

(十)地节五年正月丙子朔丁丑肩水候房以私印行事敢
言之都尉府₌移大守府所移敦煌大守府书曰故大司马博
（《合校》10·35A）

(十一) 元康二年六月戊戌朔戊戌肩水候长=生以私印
行候事写移昭武狱如律令
(《合校》20·11)

(十二) 四月丙子肩水驿北亭长敞以私印兼行候事谓关啬夫
吏写移书
□如律令　令史憙∨光∨博　尉史贤
(《合校》29·7)

(十三)☐日甲☐☐☐☐以私印行事敢言之谨戍卒
☐言之
(《合校》38·20A)

(十四) 永光二年三月壬戌朔己卯甲渠士吏强以私印
行候事敢言之候長郑郝父望之不幸死癸巳
予郝宁敢言之
(《合校》57·1A)

(十五) 十二月戊辰甲渠候长汤以私印行候事告塞尉谓士吏
辅候长
段贤等
(《合校》82·38)

(十六) 三月丙戌甲渠士吏强以私印行候事下尉士吏□章
候长毋害
等承书从事下当用者/令史充
(《合校》160·15)

(十七) 五月丙戌殄隧北长宣以私印兼行候事移甲渠写移
书到如律令/尉史并
(《合校》206·9)

(十八) ☐长政以私印兼行候文书事下尉部士吏☐候长☐等
下当用者明☐☐
☐知之如诏书书到言　掾相
(《合校》240・2A、240・22A)

(十九) 甘露四年七月甲子甲渠候长充以私印行候事敢言之
府移左农右
(《合校》267・20)

(二十) 七月丁未敦煌中部士吏福以私印行都尉事谓平望破
胡吞胡
万岁候官写移檄到
(《敦》1367)

还可以以小官印行大官事。如：

(一) ☐元年十一月壬辰朔甲午肩水关啬夫光以小官印兼行
候事敢言之☐
☐出入薄一编敢言之
(《合校》199・1A)

(二) 初元五年四月壬子居延库啬夫贺以小官印行丞事敢言
☐
(《合校》312・16)

四、关于封泥的名称

封检如有坏裂，收件人收到后，要在题署中对它的状况进行描写。如：

<u>印破</u>

（一）甲渠官
　　　　正月甲辰门卒同以来　　　令史定
　　　（《居新》EPT6·36）

（二）□北行诏书一封　封破□□□
　　　（《居新》EPT7·31）

　　　　　　　　　　　　　　　十二月丁丑□
（三）北书一封章破乐官丞□房封　诣居延　二分当□
　　　　　　　　　　　　　　　三时□
　　　（《居新》EPT51·197）

（四）北书一封章破不□
　　　（《居新》EPT51·621）

　　　印破
（五）甲渠候官以邮行
　　　　四月己未日餔时第一燧长巨老以来
　　　（《居新》EPT56·47）

（六）合檄二章皆破摩灭不可知其一诣刺史赵掾□
　　　合檄一张掖肩候印诣刺史赵掾在所●合檄一□
　　　（《居新》EPT52·39）

　　　　　　　　　其一封大守章诣府
（七）北书四封　不校　一封居延司马诣府□
　　　　　　　　　二封章破
　　　（《居新》EPT52·168，"不校"二字乃后书）

　　　　　　　　　其一封诣居延千人
（八）北书二封　　一封章破诣□□赵卿治所
　　　（《居新》EPT59·156，以上第一栏）

（九）丁丑到留迟封破毋旁封记到各推☐

　　（《居新》EPT59·504）

（十）书一封＝破宋诩

　　（《居新》EPW1·53）

（十一）☐一封张掖大守章　诣府　·一封＝破张尊为旁封

　　　　☐一封张掖都尉章　诣府　诣居延

　　　　☐一封不可知诣居延千人彭君治所

　　（《居新》EPC1·24，以上第一栏）

　　印破

（十二）肩水候官吏马驰行

　　　　　　十二月丙寅金关卒外人以来

（《合校》20·1）

其中提到封破、印破、章破，很明显，印破和章破是指钤在封泥上的印章坏裂，而封破应与之有所区别，程度应更深，可能指整个封检坏裂。这就告诉我们，封泥上的印文称印或章。《周礼·秋官·职金》"辨其物之媺恶与其数量，楬而玺之"，郑玄注说："玺者印也，既楬书揃其数量，又以印封之。"《礼记·月令》有"固封玺"一语，睡虎地秦简《秦律十八种·仓律》："入禾石，万石一积而比黎之为户。县啬夫若丞及仓、乡相杂以印之，而遗仓啬夫及离邑仓佐主稟者各一户以气，自封印。"这些记述表明用封泥封和在封泥上盖上玺印是两个既相联系，又有区别的过程，不能混为一谈。这和汉简中把"封"与"印章"加以区别是相对应的。

　　在封泥刚刚问世的时候，有人称之为"汉世印范子"[1]。刘喜

---

[1] 吴荣光：《筠清馆金石文字》，卷五，道光二十二年（1842年）。

海据《后汉书·百官志》守宫令下本注"主御纸笔墨及尚书财用诸物及封泥"①,定名为封泥,后来沿用至今。其实守宫令本注的"封泥"是指没有钤印的备用的封泥,与钤印的封泥是有本质的不同的。

根据汉人的习惯,我们认为钤印的封泥应称之为"封印"或"封章"较为合适。先秦因印多称玺,封泥可称之为"封玺"。

(原载《简帛研究》第三辑,广西教育出版社,1998年)

---

① 《泥封印古录》胡琨序,1912年。

后　　记

新出简帛一直是我关注的一个重点。这方面所写的文章占我全部文章的三分之一以上。其中有关于简帛本体的，有以简帛研究文献、考释文字的，有探寻汉字结构、汉字演变、用字特点的。与简帛有关的文章，凡公开发表的，大多已收入本集。

这些文章时间跨度大，发表刊物多。原来有简体有繁体，有横排有竖排。标点符号，引文注释，规范各不相同。这次结集已尽量统一。至于内容方面，除纠正排印错误外，基本保持原貌。偶有新的信息需要补充说明，则出"编按"加以区别。

李学勤师拨冗为本书赐序，吴福祥、周洪波、陈双新先生大力推动本书出版，责编李晓静女士严格把关，付出许多辛勤劳动，在此谨表示衷心的感谢。

赵平安

2008 年 7 月 8 日